**Panorama do direito
eleitoral e partidário**

O selo DIALÓGICA da Editora InterSaberes faz referência às publicações que privilegiam uma linguagem na qual o autor dialoga com o leitor por meio de recursos textuais e visuais, o que torna o conteúdo muito mais dinâmico. São livros que criam um ambiente de interação com o leitor – seu universo cultural, social e de elaboração de conhecimentos –, possibilitando um real processo de interlocução para que a comunicação se efetive.

Panorama do direito eleitoral e partidário

Rogério Carlos Born

Rua Clara Vendramin, 58 . Mossunguê . CEP 81200-170 . Curitiba . PR . Brasil
Fone: (41) 2106-4170 . www.intersaberes.com . editora@editoraintersaberes.com.br

Conselho editorial
   Dr. Ivo José Both (presidente)
   Drª. Elena Godoy
   Dr. Neri dos Santos
   Dr. Ulf Gregor Baranow
Editora-chefe
   Lindsay Azambuja
Gerente editorial
   Ariadne Nunes Wenger
Preparação de originais
   Arte e Texto Edição e Revisão de Textos
Edição de texto
   Caroline Rabelo Gomes

Capa
   Débora Gipiela (*design*)
   PhotoGranary e Tawat Kambum/ Shutterstock (imagens)
Projeto gráfico
   Bruno de Oliveira
Diagramação
   Mayra Yoshizawa
Equipe de design
   Mayra Yoshizawa
   Charles L. da Silva
Iconografia
   Sandra Lopis da Silveira
   Regina Claudia Cruz Prestes

Dados Internacionais de Catalogação na Publicação (CIP)
(Câmara Brasileira do Livro, SP, Brasil)

> Born, Rogério Carlos
>   Panorama do direito eleitoral e partidário/Rogério Carlos Born. Curitiba: InterSaberes, 2020.
>
>   Bibliografia.
>   ISBN 978-65-5517-628-5
>
>   1. Campanhas eleitorais – Brasil 2. Direito eleitoral 3. Direito eleitoral – Brasil 4. Direito eleitoral – Legislação 5. Partidos políticos 6. Prestação de contas – Brasil I. Título.
>
> 20-35987   CDU-342.8(81)

Índices para catálogo sistemático:
1. Brasil: Direito eleitoral 342.8(81)

Cibele Maria Dias – Bibliotecária – CRB-8/9427

1ª edição, 2020.

Foi feito o depósito legal.

Informamos que é de inteira responsabilidade do autor a emissão de conceitos.

Nenhuma parte desta publicação poderá ser reproduzida por qualquer meio ou forma sem a prévia autorização da Editora InterSaberes.

A violação dos direitos autorais é crime estabelecido na Lei n. 9.610/1998 e punido pelo art. 184 do Código Penal.

Sumário

11 *Agradecimentos*
15 *Prefácio*
17 *Apresentação*
21 *Como aproveitar ao máximo este livro*
25 *Introdução*

Capítulo 1
31 **Fontes e hermenêutica do direito eleitoral**

(1.1)
33 Contextualização

(1.2)
34 A Constituição da República e as leis eleitorais

(1.3)
41 Atos normativos e o poder normativo do Tribunal Superior Eleitoral

(1.4)
45 As lacunas do direito eleitoral e partidário

(1.5)
48 Normas eleitorais aparentes

Capítulo 2

61 Direitos políticos ativos:
o alistamento e a votação

(2.1)

63 Contextualização

(2.2)

65 Alistamento e voto obrigatórios

(2.3)

70 Alistamento e voto facultativo e proibido

(2.4)

76 Domicílio eleitoral na circunscrição

(2.5)

80 Sistema informatizado de votação e totalização

Capítulo 3

93 Direitos políticos passivos:
a elegibilidade e as restrições

(3.1)

95 Contextualização

(3.2)

97 Perda e suspensão dos direitos políticos

(3.3)

101 Condições de elegibilidade

(3.4)

106 Inelegibilidades e *impeachment*

(3.5)

118 Incompatibilidades

Capítulo 4

137 **Propaganda, pesquisas e debates**

(4.1)

139 Contextualização

(4.2)

140 Propaganda institucional, intrapartidária e na imprensa escrita

(4.3)

144 Propaganda em geral

(4.4)

151 Propaganda na rede mundial de computadores (internet)

(4.5)

156 Propaganda no rádio e na televisão, pesquisas e debates

Capítulo 5

171 **Processo judicial e penal eleitoral**

(5.1)

173 Contextualização

(5.2)

173 Competência e organização da Justiça Eleitoral

(5.4)

196 Ações judiciais e recursos eleitorais

(5.5)

205 Processo e direito penal eleitoral

Capítulo 6

225 **Partidos e coligações**

(6.1)

227 Contextualização

(6.2)

227 Criação, apoiamento e organização dos partidos e as coligações

(6.3)

234 Filiação partidária e fidelidade partidária

(6.4)

239 Finanças, contabilidade e prestação de contas

(6.5)

254 Convenções partidárias e registro de candidatos

271 *Considerações finais*

273 *Referências*

305 *Lista de siglas*

307 *Respostas*

323 *Sobre o autor*

Dedico esta obra à minha esposa, Silvana Herzer
Born, à minha mãe, Violeta Odette Weber
Born, ao meu saudoso pai, Lauro Born, ao meu
saudoso irmão, José Augusto Weber Born, e aos
meus sogros, Mathias Herzer e Zulenka Herzer
(*in memoriam*).

Agradecimentos

A Deus, o nosso Grande Arquiteto do Universo, fonte imortal de luz que ilumina minha consciência e me resplandece com a oportunidade de desvendar os mistérios do conhecimento, enriquecendo meu aperfeiçoamento como ser humano em busca da construção de um mundo mais justo. Aos santos de minha devoção, Nossa Senhora do Perpétuo Socorro, Santa Rita, Santo Antônio e Dom Bosco. A todos os profissionais da educação e a todas as instituições de ensino superior que me ofereceram oportunidades de ingresso e manutenção no magistério, minha verdadeira vocação.

Aos meus mestres – de todas as instituições de ensino pelas quais passei em Irati e em Curitiba, desde o ensino fundamental até o doutorado –, que semearam e somaram os seus conhecimentos nesta obra.

Também não posso me esquecer daqueles doutrinadores que me fizeram chegar os seus conhecimentos por meio de suas obras, sobre as quais se debruçaram por um tempo quase infindável para disponibilizá-las para o mundo acadêmico.

Aos meus discentes e verdadeiros discípulos, agradeço pela dedicação e disposição em aprender, ensinando-me a ensinar, e pelos maravilhosos momentos de aprendizado que compartilhamos. Professores e acadêmicos se distanciam após a formatura, mas a amizade fica para sempre.

Aos meus confrades e confreiras da Academia de Letras, Artes e Ciências da Região Centro-Sul do Paraná, em Irati, e aos integrantes da Banda Padre José Maurício, de Mafra, Santa Catarina.

Por fim, agradeço àqueles que sempre me apoiam, incentivam e colaboram com meus projetos e depois vibram com meu crescimento e me amparam nos momentos de angústia.

"Para os homens de hoje a República federativa é uma religião que não se discute. Outros virão completar ou destruir a nossa obra, como nós derrocamos instituições e derrubamos um trono. Ainda uma vez reflitamos, antes de dar o nosso voto, e principalmente consideremos que está acima de tudo a União, o Brasil, a grande pátria que devemos amar e fazer amada, deixando que o futuro cumpra a sua missão como julgar mais acertado! [...] Não quero discutir eleições; neste assunto quase nunca se apura a verdade; e são de todo estéreis os lamentos e recriminações. [...] É de se presumir que os vencedores representem o número, a riqueza, a virtude, o saber e a glória; é de se presumir que nós, os vencidos, sejam a antítese de tudo isto. [...] A perpetuidade não existe nas coisas humanas, nada é indissolúvel, mas importa que cada geração tenha sua crença e sua afirmação".

(Ubaldino do Amaral, citado por Vargas, 1992)

Rogério Carlos Born

Prefácio

Panorama do direito eleitoral e partidário, ao mesmo tempo em que é uma valiosa obra didática para profissionais das áreas de direito, ciência política, jornalismo, magistério, história, administração, sociologia e política, é um precioso documento para a formação do cidadão.

Ao analisarmos e discutirmos o processo eleitoral e partidário da urna primitiva à urna eletrônica, fica evidente a preocupação do autor em aprimorar todas as ações que possam inibir e derrotar atitudes egoístas e oportunistas que são usurpadoras do poder.

Neste livro, encontramos a sabedoria de quem está colocando o conhecimento a serviço da justiça, e a justiça a nortear ações em benefício das pessoas. É inegável que a ciência política é fundamental para todas as esferas, principalmente a humana.

Ao acompanharmos a trajetória do menino Rogério Carlos Born até o hoje respeitado profissional da educação e do Judiciário, membro da Academia de Letras, Artes e Ciências do Centro Sul do Paraná, constatamos muito estudo, além de dedicação, superação, perseverança, competência e fé.

Todo aprimoramento de uma pessoa e de uma sociedade é obra e graça de uma educação que coloca o saber científico, a sensibilidade que a arte desenvolve e a fé que dignifica a serviço da vida.

Devo agradecer à mãe do autor, a professora Violeta Odette Weber Born. Valeu sua luta – E que luta! – para o crescimento dos filhos! Sinto-me feliz e honrada por participar da história da sua família como professora de seus filhos e colher os frutos nesta obra.

As escolas de Irati receberam missionários do Caraça, Minas Gerais, da Sorbonne, Paris, e de outras universidades europeias que aqui atuaram. Alguns professores homenageados por Rogério foram alunos desses mestres e confirmam que o espirito do professor se materializa no espírito daqueles que ensina.

Honrada com o convite para redigir este prefácio, agradeço ao Professor Mestre Rogério Carlos Born.

O amor de filho que você manifesta aos seus ex-professores e a dedicação de pai para com seus alunos muito nos orgulha!

Por certo, o presente livro é mais uma excelente contribuição para o desenvolvimento democrático.

IRATI, PARANÁ, 6 DE AGOSTO DE 2019.

LENITA RUVA

Professora aposentada do ensino fundamental que, na Escola Estadual Nossa Senhora das Graças (Ideb 8.1), em Irati, Paraná, ministrou as primeiras lições de Política e Direito ao autor desta obra.

Apresentação

Panorama do direito eleitoral e partidário foi concebido, de forma didática, a promover um estudo da matéria dentro das sete etapas cíclicas do processo eleitoral que se intercalam no tempo. Assim, é divido em alistamento, convenções e registro de candidatos, preparação, campanha eleitoral, votação, apuração e diplomação. Esses ciclos não são sequenciais, pois não dependem do anterior para iniciarem, uma vez que existem fases concomitantes, como a preparação e a campanha eleitoral.

Para que ocorra um bom rendimento, o primeiro capítulo destina-se à identificação das fontes do direito eleitoral e partidário, bem como dos métodos de interpretação da Constituição da República Federativa do Brasil (CRFB) de 1988 (Brasil, 1988) e das normas eleitorais, que antecedem a imersão no processo eleitoral, que, por sua vez, será objeto de análise mais profunda ainda neste capítulo.

O alistamento se inicia após a homologação do resultado das eleições e termina, nos cento e cinquenta dias anteriores às eleições – conforme consta no *caput* do art. 91 da Lei n. 9.504, de 30 de setembro de 1997 (Brasil, 1997). Neste ínterim, os novos eleitores, pela inscrição nos cadernos eleitorais, habilitam-se a votar e cumprem um dos requisitos constitucionais necessários para elegibilidade:

o alistamento eleitoral – assunto que consta no inciso III, § 3º, art. 14, da Constituição. É ainda nessa fase que os eleitores já alistados devem requerer a transferência do domicílio eleitoral, que se constitui em outra exigência necessária para a elegibilidade na circunscrição (Brasil, 1988, art. 14, § 3º, IV). O estudo aprofundado dessa fase será objeto do segundo capítulo desta obra, que trata dos direitos políticos ativos.

O registro de candidatos se inicia com as convenções partidárias (de 20 de julho a 5 de agosto do ano eleitoral, conforme o art. 8º, *caput*, da Lei n. 9.504/1997) e se encerra no termo final para o registro das candidaturas, ou seja, às 19 horas do dia 15 de agosto do ano eleitoral (Brasil, 1997, art. 11, *caput*). Esse tema será amplamente abordado no terceiro e sexto capítulos deste livro, que tratam de direitos políticos passivos e restrições e de partidos e coligações, respectivamente.

Ocorre, paralelamente, a fase interna denominada *preparação*, que se inicia no dia seguinte ao prazo final para o alistamento e a transferência de eleitores (150 dias anteriores às eleições) e termina no dia anterior às eleições, interregno em que são convocados e treinados os mesários, os escrutinadores e os membros das juntas eleitorais, confeccionados e distribuídos os cadernos eleitorais, programadas as urnas eletrônicas, impressas as cédulas de contingência etc. (Brasil, 1997, art. 91, *caput*). Esse tema será encartado nos diversos capítulos que compõe esta obra.

Na fase da campanha eleitoral – que se inicia em 15 de agosto[1] (Brasil, 1997, art. 36) e se encerra na antevéspera do dia das eleições – os candidatos apresentam publicamente suas propostas por meio dos comícios, dos debates, da presença física, da propaganda eleitoral e

---

1   Na redação original do art. 36 da Lei n. 9.504/1997, a campanha eleitoral iniciava em 5 de julho. Com a minirreforma pela Lei n. 13.165, de 29 de setembro de2015, o termo inicial foi alterado para 15 de agosto (Brasil, 2015c). O Congresso Nacional, pelo processo legislativo de aprovação de lei ordinária, poderá alterar essa data.

de outros meios lícitos de captação de sufrágio e os eleitores avaliam e fazem sua escolha. Essa fase será analisada no quarto capítulo, que aborda a propaganda eleitoral, os debates e as pesquisas eleitorais.

A votação é restrita ao dia das eleições, inicia-se às 8 horas e se encerra às 17 horas do dia da eleição, período no qual os eleitores cumprem com a obrigação de comparecer à seção de votação e exercem o direito de escolher os seus representantes, de se abster por meio do voto em branco ou de justificar a ausência do domicílio eleitoral.

Na apuração, que se inicia quando votar o último eleitor que ingressou na fila de votação antes das 17 horas do dia da eleição e finda com a homologação do resultado das eleições pelo juízo competente, é efetuada a contagem eletrônica ou manual dos votos registrados e solucionadas as impugnações pela junta eleitoral.

Por derradeiro, o processo eleitoral é encerrado com a diplomação dos eleitos, que se inicia com a homologação do resultado e se estende até quinze dias após a data da solenidade de entrega dos diplomas, que é o prazo para ação de impugnação do mandato eletivo (Brasil, 1988, art. 14, § 10). O diploma é o documento que atesta que o candidato eleito preencheu todos os requisitos para a posse no cargo eletivo, ao mesmo tempo em que proporciona a segurança ao poder destinatário para empossar o eleito.

A votação, a apuração e a diplomação serão encartados nos diversos capítulos que compõe esta obra.

No entanto, em todas essas fases estão envolvidos os conflitos decorrentes das impugnações de registros de candidatos, como a invocação das inelegibilidades, as demandas relativas à propaganda e aos pedidos de direito de resposta, os pedidos de cassação de mandatos e diplomas, as análises das contas eleitorais e os respectivos recursos. Todo o mecanismo judiciário eleitoral será abordado no quinto capítulo.

Rogério Carlos Born

Por fim, não existem eleições e mandatos sem partidos, e é necessário que seja entendido o mecanismo de organização e manutenção de disciplina dessas agremiações, bem com os mecanismos das convenções para a escolha de candidatos e a deliberação quanto às coligações, o que será delineado no sexto e último capítulo desta obra.

Assim, a nossa proposta não é esgotar o tema, mas proporcionar uma visão especial como se o direito eleitoral e partidário fosse visto sob a lente de um drone, em que você, leitor, detém o controle para aterrissar nos pontos que forem de seu interesse e registrar todas as imagens e informações na sua memória.

Que seus estudos nesta área, de uma forma justa e perfeita, sejam produtivos para seu aperfeiçoamento e sua capacitação, que enriqueçam os seus conhecimentos e sirvam como alavanca para sua carreira.

Um abraço fraterno.

Como aproveitar ao máximo este livro

Empregamos nesta obra recursos que visam enriquecer seu aprendizado, facilitar a compreensão dos conteúdos e tornar a leitura mais dinâmica. Conheça a seguir cada uma dessas ferramentas e saiba como estão distribuídas no decorrer deste livro para bem aproveitá-las.

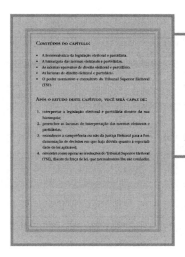

Conteúdos do capítulo:

Logo na abertura do capítulo, relacionamos os conteúdos que nele serão abordados.

Após o estudo deste capítulo, você será capaz de:

Antes de iniciarmos nossa abordagem, listamos as habilidades trabalhadas no capítulo e os conhecimentos que você assimilará no decorrer do texto.

Consultando a legislação

Listamos e comentamos nesta seção os documentos legais que fundamentam a área de conhecimento, o campo profissional ou os temas tratados no capítulo para você consultar a legislação e se atualizar.

Síntese

Ao final de cada capítulo, relacionamos as principais informações nele abordadas a fim de que você avalie as conclusões a que chegou, confirmando-as ou redefinindo-as.

Questões para revisão

Ao realizar estas atividades, você poderá rever os principais conceitos analisados. Ao final do livro, disponibilizamos as respostas às questões para a verificação de sua aprendizagem.

Questões para reflexão

Ao propor estas questões, pretendemos estimular sua reflexão crítica sobre temas que ampliam a discussão dos conteúdos tratados no capítulo, contemplando ideias e experiências que podem ser compartilhadas com seus pares.

Para saber mais

Sugerimos a leitura de diferentes conteúdos digitais e impressos para que você aprofunde sua aprendizagem e siga buscando conhecimento.

Introdução

Frans de Waal, primatólogo belga, descobriu que a disputa pelo poder entre os chimpanzés é cercada por nuances parecidas com a militância partidária humana, por meio de formação de alianças, ilusões e simulações. Há registros, inclusive, dos vícios que cercam a eleição humana, como a imposição da força e, em sentido figurado, a troca de favores mediante o apoio político contraposto ao fornecimento de alimentos – na comunidade das zebras, a "compra de votos" é comutada por sexo. Na administração primata, o nepotismo também se faz presente, pois as chances do filho do macho dominante ascender ao poder se constitui em evento costumeiro (Araújo, 2002).

Essa é uma constatação de que política não se constitui em atributo exclusivo do ser humano, sendo que a ciência comprova que os animais formam colônias e estabelecem disputas pelo domínio do poder.

Para acrescentar, recentemente, os pesquisadores Bill Hughes, da Universidade de Leeds, na Grã-Bretanha, e Jacobus Boomsma, da Universidade de Copenhagen, na Dinamarca, descobriram, em pesquisa financiada pela Fundação Carlsberg e publicada em *Proceedings of the National Academy of Sciences*, que "determinadas formigas conseguem burlar o sistema, garantindo que seus filhotes se tornem rainhas reprodutivas ao invés de operárias estéreis" (BBC Brasil, 2008), sugerindo, consequentemente, que "as formigas são traiçoeiras, egoístas e corruptas, contrariando a imagem de insetos de convivência harmoniosa e com predisposição para colocar o bem da comunidade acima de preocupações pessoais" (BBC Brasil, 2008).

Quanto à política entre os seres humanos, os cientistas políticos se ocupam prioritariamente de analisar todas as virtudes e todos os vícios dos políticos. Para isso, desde a Antiguidade, construíram verdadeiros manuais de orientação aos governantes de como tomar, manter-se, controlar e fiscalizar o poder. Por incrível que pareça, as obras clássicas demonstram que a maioria das práticas e dos comportamentos não mudaram, apenas se modernizaram.

Kautilya (371 a.C.-283 a.C.), na Índia, editou o *Arthaschastra* ou "A arte de governar", que, dentro das virtudes, ensinava os governantes que eles deviam ser disciplinados estadistas assessorados por hábeis e capacitados conselheiros. Dentro dos vícios, orientava que, para conquistar e manter o poder, a estratégia do detentor devia ser recorrer aos meios morais e imorais necessários, justificando a espionagem, as operações clandestinas e o extermínio de opositores do regime (Born, 2017).

Podemos perceber, pelos registros de Marco Túlio Cícero (106 a.C-43 a.C.), em Roma, que não são recentes as mazelas que cercam a política, demonstrando que o comportamento da classe política não mudou, apenas se "modernizou". Para exemplificar, no livro VI do *Manual do candidato às eleições*, no *commentariolum petitionis*, Cícero (2000) identificou como atributos necessários à conquista do apoio popular: a troca de favores, a esperança e a simpatia espontânea. Na visão de Born (2017, p. 64):

A troca de favores aliena os líderes políticos, que trocam o apoio por bens materiais, principalmente de cargos; a esperança é semeada pelas promessas de campanha para "parecer" pronto e disponível à prestação de serviço, bem como um observador cuidadoso das tarefas do administrador, a fim de fidelizar o eleitor mais zeloso e devotado; e pela simpatia espontânea, o candidato que esteja sempre sorrindo e cumprimentando as pessoas tem um poder muito grande de ascender ao poder, afastando concorrentes competentes e bem-intencionados, mas apáticos pelo perfil técnico.

Em Roma, Nicolau Maquiavel (1469-1527), na obra *O príncipe*, defendia que o Estado deveria ser uma fortaleza verticalizada. Caberia, então, ao governo o monopólio da violência para prevenir a desordem e a anarquia. Frisava ainda que o Estado é laico, ou seja, nenhuma religião deveria ter poder sobre a coletividade. Ainda que fosse mau, o soberano deveria sempre transmitir a imagem de um bom homem, para convencer os seus súditos de aparentes adjetivos a seu respeito. Ademais, os conselhos somente deveriam ser aceitos quando o soberano solicitasse. O príncipe deveria ser dotado da *virtù* pela utilização das qualidades dos militares mescladas à organização, à disciplina e à ousadia na estratégia da governança. Por fim, defendia a conspiração e que o governante não deveria honrar as suas promessas se o cumprimento oferecesse riscos à sua governança ou à manutenção no poder. Isso porque, para Maquiavel, "os fins justificam os meios", ou seja, o importante é alcançar o escopo coletivo, independentemente da instrumentalização (Born, 2017).

A ciência política consiste, assim, na pesquisa, pelos teóricos da disciplina, de como governar e, ainda, na experimentação das ideologias desenvolvidas pelos governantes, como ocorreu com Karl Marx (teórico) e Vladimir Lênin (governante).

O regime político resultante dos estudos da ciência política é efetivado por vários instrumentos, como a sociologia, a psicologia, a administração e, principalmente, o direito.

Nessa esteira, o autor desta obra, primeiramente, publicou, em 2017, a obra *Valores políticos, ideológicos, cívicos e culturais*, traçando uma perspectiva da ciência política pela evolução das ideologias e dos pensadores.

Panorama de direito eleitoral e partidário, inspirando-se na linha dos doutrinadores citados, tem por escopo o aprofundamento do estudo de uma das ferramentas da ciência política que é o direito. Como um verdadeiro atlas de orientação política, traz uma visão ampla das normas que disciplinam o acesso e a manutenção de um cidadão no poder, o controle social e judicial e a condução dos destinos do Estado.

A obra foi idealizada para, didaticamente, subsidiar a disciplina na graduação e na pós-graduação em Direito, em Ciência Política e áreas afins.

Como a maioria dos cursos de graduação ofertam apenas o direito eleitoral ou o partidário como disciplinas eletivas e são raras as instituições que as exigem como matéria obrigatória, esta obra é importante também para os graduados nessas áreas que necessitam de instrução e capacitação nessas disciplinas, como assessores legislativos, assessores jurídicos do Poder Público, procuradores municipais, advogados iniciantes e novos servidores da Justiça Eleitoral e professores.

Nesse contexto, este estudo é valioso não somente para os bacharéis e acadêmicos em Direito e em Ciência Política, que obrigatoriamente necessitam do conhecimento do seu conteúdo integral, mas também para profissionais que precisarão apenas de alguns capítulos da obra pela natureza de sua atividade. Assim, os contadores e coordenadores de campanha se servirão do capítulo do financiamento, que trata da contabilidade e da prestação de contas de campanha de partidos e candidatos; os estatísticos, dos aspectos técnicos e de procedimentos de registro e divulgação de pesquisas eleitorais; os jornalistas, da propaganda antecipada, dos debates, da liberdade de expressão e da assessoria de imprensa de candidatos e partidos; os psicólogos, dos capítulos que tratam do comportamento dos eleitores e candidatos no direito penal eleitoral (compra de votos, "boca de urna" etc.) e das restrições aos direitos políticos (causas subjetivas); os publicitários, dos recursos permitidos de *marketing* e propaganda eleitoral; os servidores públicos, dos capítulos sobre "publicidade" institucional, incompatibilidades e condutas vedadas; e os sociólogos, do efeito do resultado das eleições nas políticas públicas e outras áreas que se subsidiam da política.

Por fim, é um trabalho que poderá auxiliar ou apoiar os estudos daqueles que prestam concursos para carreiras que exijam conhecimentos de direito eleitoral e partidário, como técnicos e analistas judiciários, meio e fim da Justiça Eleitoral e comum; advogados, procuradores e defensores públicos; assessores parlamentares; magistrados, promotores e procuradores do Ministério Público; e até mesmo para os que vão prestar o exame da Ordem dos Advogados do Brasil (OAB).

Rogério Carlos Born

Capítulo 1
Fontes e hermenêutica
do direito eleitoral

Conteúdos do capítulo:

- A hermenêutica da legislação eleitoral e partidária.
- A hierarquia das normas eleitorais e partidárias.
- As normas aparentes do direito eleitoral e partidário.
- As lacunas do direito eleitoral e partidário.
- O poder normativo e consultivo do Tribunal Superior Eleitoral (TSE).

Após o estudo deste capítulo, você será capaz de:

1. interpretar a legislação eleitoral e partidária dentro da sua hierarquia;
2. preencher as lacunas de interpretação das normas eleitorais e partidárias;
3. reconhecer a competência ou não da Justiça Eleitoral para a fundamentação de decisões em que haja dúvida quanto à especialidade de lei aplicável;
4. entender como operar as resoluções do Tribunal Superior Eleitoral (TSE), diante da força de lei, que normalmente lhe são confiadas.

(1.1)
Contextualização

Diante da importância da escolha dos governantes e legisladores =do Brasil, foi necessário que a Constituição da República Federativa do Brasil (CRFB) de 1988 (Brasil, 1988) dedicasse alguns capítulos e dispositivos exclusivamente à questão eleitoral e partidária.

Assim, o constituinte reservou à própria Carta Magna as normas fundamentais acerca dos direitos políticos e seu exercício, incluindo as condições para alistamento, voto e elegibilidade, bem como as hipóteses que afastam esses direitos, como a suspensão dos direitos políticos, as inelegibilidades e as incompatibilidades.

A Constituição promulgada em 1988 também estruturou o sistema eleitoral e político do Brasil, fixando as regras para as eleições majoritárias e proporcionais, os limites para a reeleição, bem como a competência e a organização dos órgãos de controle das eleições.

Por fim, ditou as diretrizes para a criação e a manutenção dos partidos políticos e coligações.

Normas constitucionais e eleitorais de eficácia contida e limitada foram regulamentadas pela Lei das Inelegibilidades – Lei Complementar n. 64, de 18 de maio de 1990 (Brasil, 1990) –, pelo Código Eleitoral – Lei n. 4.737, de 15 de julho de 1965 (Brasil, 1965b) –, pela Lei das Eleições – Lei n. 9.504, de 30 de setembro de 1997(Brasil, 1997) –, pela Lei dos Partidos Políticos – Lei n. 9.096, de 19 de setembro de 1995 (Brasil, 1995) – e outras leis esparsas.

Rogério Carlos Born

(1.2)
A Constituição da República
E AS LEIS ELEITORAIS

As fontes do direito eleitoral e partidário são a Constituição da República, a Lei das Inelegibilidades, o Código Eleitoral, a Lei das Eleições, a Lei dos Partidos Políticos, as leis eleitorais esparsas, as resoluções do Tribunal Superior Eleitoral (TSE) e dos tribunais regionais, as portarias dos juízes e das juntas eleitorais, bem como a jurisprudência, a doutrina, os princípios gerais e específicos do direito eleitoral e partidário.

A União tem a competência privativa para legislar sobre direito eleitoral (Brasil, 1988, art. 22, I), não podendo, inclusive, ser editada medida provisória sobre as matérias de cidadania, direitos políticos, partidos políticos e direito eleitoral (Brasil, 1988, art. 62, § 1º, I, "a").

Na Constituição também são previstas as datas ordinárias ou periódicas e extraordinárias ou suplementares para realização das eleições.

As eleições para presidente, vice-presidente, governador e vice-governador, para mandato de quatro anos, em primeiro e, se houver, segundo turno, respectivamente, realizam-se no primeiro e no último domingo de outubro dos anos pares, que não são múltiplos de quatro, sendo, na sequência, 2018, 2022, 2026, 2030 etc. Ocorrerá segundo turno se nenhum candidato alcançar maioria absoluta dos votos válidos na primeira votação, quando concorrerão apenas os dois candidatos mais votados. As eleições para deputado federal, estadual ou distrital, com legislatura de quatro anos, e para senador, com legislatura de oito anos, ocorrem com o primeiro turno da eleição para o Poder Executivo federal, estadual e distrital (Brasil, 1988, art. 28, 77; Brasil, 1997, art. 1º, *caput*; art. 2º, § 1º).

As eleições para prefeito e vice-prefeito, para mandato de quatro anos, em primeiro e, se houver, segundo turno (nos municípios com mais de 200 mil eleitores), respectivamente, realizam-se no primeiro e no último domingo de outubro dos anos pares que são múltiplos de quatro, sendo, na sequência, 2016, 2020, 2024, 2028 etc. (Brasil, 1988, art. 29, I-II). Ocorrerá segundo turno se nenhum candidato alcançar maioria absoluta dos votos válidos na primeira votação, quando concorrerão apenas os dois candidatos mais votados. A eleição para vereador, com legislatura de quatro anos, ocorre concomitante ao primeiro turno da eleição para o Poder Executivo municipal (Brasil, 1988, art. 32, § 2º; art. 77; Brasil, 1997, art. 1º, *caput*; art. 2º, § 1º).

As eleições extemporâneas poderão ocorrer em três hipóteses, descritas a seguir.

A **primeira** decorre da vacância dos cargos de Presidente e Vice-Presidente, governador e vice-governador, prefeito e vice-prefeito, fazendo-se a eleição noventa dias depois de aberta a última vaga. No caso da Presidência da República, se a vacância ocorrer nos últimos dois anos, a eleição será feita pelo Congresso Nacional trinta dias depois da última vaga e os eleitos deverão apenas completar o período remanescente do mandato (Brasil, 1988, art. 81). Quando se tratar das vacâncias nos cargos de governador e prefeito, a regra permanece por simetria, mas as Constituições estaduais e as leis orgânicas poderão fixar prazos diferenciados para eleição indireta, desde que superiores a dois anos. Nas unidades da Federação, se a causa das novas eleições for a cassação do candidato eleito por inelegibilidade, aplicar-se-á a regra do Código Eleitoral, que enuncia em seu art. 224, § 4º, I, que a eleição correrá a expensas da Justiça Eleitoral e será "indireta, se a vacância do cargo ocorrer a menos de seis meses

Rogério Carlos Born

do final do mandato" (Brasil, 1965b)[1]. Nos impedimentos e no ínterim entre a vacância e a realização das novas eleições, na Presidência da República, assume interinamente o Presidente da Câmara dos Deputados, o do Senado Federal e o do Supremo Tribunal Federal (STF) (Brasil, 1988, art. 80). Nos estados, assumem temporariamente o Presidente da Assembleia Legislativa e o do Tribunal de Justiça, conforme Constituições estaduais e o art. 93 da Lei Orgânica do Distrito Federal (Distrito Federal, 1993). Nos municípios, o Presidente da Câmara Municipal e, em sequência, a autoridade que foi designada pelas leis orgânicas é quem assume.

A **segunda** hipótese ocorre se houver a vacância no Senado por não haver suplentes e faltarem mais de quinze meses para o término do mandato, quando far-se-á nova eleição. O Tribunal Superior Eleitoral – TSE (2008a), de forma elucidativa, entende que "O artigo 81, § 1º, da Constituição Federal, ao prever a realização de eleições indiretas no segundo biênio dos mandatos a que se refere, é igualmente aplicável, por simetria, aos estados e municípios, independentemente da causa de vacância, eleitoral ou não eleitoral", uma vez que "A autonomia municipal de que trata o art. 30 da Constituição Federal não se sobrepõe – no regime federativo brasileiro – à competência especial e privativa da União para legislar sobre direito eleitoral,

---

1   *Supremo Tribunal Federal. Ação direta de inconstitucionalidade (ADI) n. 5.525/DF. Relator ministro Roberto Barros. Diário da Justiça Eletrônico 46, 9 mar. 2018. O Tribunal, por maioria e nos termos do voto do Relator, julgou parcialmente procedente a ação para "declarar a inconstitucionalidade da locução 'após o trânsito em julgado', prevista no § 3º do art. 224 do Código Eleitoral, e para conferir interpretação conforme a Constituição ao § 4º do mesmo artigo, de modo a afastar do seu âmbito de incidência as situações de vacância nos cargos de Presidente e Vice-Presidente da República, bem como no de Senador da República" (STF, 2018). Vencido, em parte, o Ministro Alexandre de Moraes, nos termos de seu voto. Presidiu o julgamento a Ministra Cármen Lúcia. Plenário, 8.3.2018.*

expressamente prevista no art. 22, I, da Carta Magna" (TSE, 2008a). Por fim, "Em razão da interpretação sistemática desses dispositivos, a lei reguladora das eleições – e por conseguinte do preenchimento dos cargos em razão de vacância – há de ser federal, em face da uniformidade da disciplina normativa, conforme preconizado na Constituição Federal" (TSE, 2008a).

Na **terceira** hipótese, encontram-se as eleições suplementares, muito comuns em municípios, nas quais a disciplina está prevista no Código Eleitoral:

> *Art. 224. Se a nulidade atingir a mais de metade dos votos do país nas eleições presidenciais, do Estado nas eleições federais e estaduais ou do município nas eleições municipais, julgar-se-ão prejudicadas as demais votações e o Tribunal marcará dia para nova eleição dentro do prazo de 20 (vinte) a 40 (quarenta) dias.*
>
> *§ 1º Se o Tribunal Regional na área de sua competência, deixar de cumprir o disposto neste artigo, o Procurador Regional levará o fato ao conhecimento do Procurador Geral, que providenciará junto ao Tribunal Superior para que seja marcada imediatamente nova eleição.*
>
> *§ 2º Ocorrendo qualquer dos casos previstos neste capítulo o Ministério Público promoverá, imediatamente a punição dos culpados.*
>
> *§ 3º A decisão da Justiça Eleitoral que importe o indeferimento do registro, a cassação do diploma ou a perda do mandato de candidato eleito em pleito majoritário acarreta, após o trânsito em julgado, a realização de novas eleições, independentemente do número de votos anulados.*
>
> *§ 4º A eleição a que se refere o § 3º correrá a expensas da Justiça Eleitoral e será:*

I – indireta, se a vacância do cargo ocorrer a menos de seis meses do final do mandato;

II – direta, nos demais casos. (Brasil, 1965b)

Nesse caso, é assente a jurisprudência do Tribunal Superior que, "havendo renovação da eleição, em obediência ao artigo 224 do CE, o candidato que tiver dado causa à nulidade da eleição não poderá participar da renovação do pleito, em respeito ao princípio da razoabilidade" e, assim, "é preciso que o candidato cassado (sozinho) haja obtido mais de 50% (cinquenta por cento) dos votos válidos, não entrando neste cálculo os votos originariamente nulos" (TSE, 2008d).

Os conflitos aparentes de normas (antinomias) devem ser solucionados pelos critérios hierárquico, cronológico e da especialidade.

Pelo critério hierárquico, em primeiro plano deverão ser aplicadas as normas constitucionais que tratam dos direitos políticos (Brasil, 1988, arts. 14-16); dos partidos políticos (Brasil, 1988, art. 17) e da competência e organização da Justiça Eleitoral (Brasil, 1988, art. 118-121).

O princípio da anterioridade eleitoral está previsto na Constituição quando esta prevê, no art. 16, que "a lei que alterar o processo eleitoral entrará em vigor na data de sua publicação, não se aplicando à eleição que ocorra até um ano da data de sua vigência" (Brasil, 1988). Trata-se de uma cláusula pétrea que visa à proteção do eleitor que não pode ser afastada nem mesmo por emenda constitucional.

Dessa forma, quando o Congresso Nacional edita uma lei eleitoral a menos de um ano das eleições, esse diploma estará adequado no plano da existência – pois se trata de uma norma que foi votada nas duas casas legislativas, sancionada e publicada no plano da validade –, uma vez que goza de presunção relativa de constitucionalidade e de legalidade, mas não está respaldada no plano da eficácia – haja vista que tem a sua vigência condicionada ao tempo, ou seja, no transcurso mínimo de um ano das próximas eleições.

No segundo degrau, o STF (2001b) reconhece a prevalência dos tratados acerca dos direitos humanos sobre as leis infraconstitucionais, o que atinge a matéria eleitoral disposta na Declaração Universal dos Direitos Humanos (DUDH), de 10 de dezembro de 1948, e no Pacto de San Jose da Costa Rica, cujos princípios já se encontram incorporados na Constituição brasileira.

No terceiro degrau hierárquico são aplicadas as normas que possuem a natureza jurídica de leis complementares em sentido amplo e que são integradas pela Lei Complementar n. 64/1990 (Inelegibilidades) com as alterações da Lei Complementar n. 135, de 4 de junho de 2010 (Brasil, 2010) ("Ficha Limpa"), que regulamentam o art. 14, § 9°, da CRFB; pela Lei Complementar n. 78, de 30 de dezembro de 1993 (Brasil, 1994a) (fixa o número de deputados), que regulamenta o art. 45, § 1°, da CRFB; e pela parte segunda da Lei n. 4.737/1965 (Código Eleitoral), que regulamenta o art. 121 da CRFB. A Carta Magna, ainda, no art. 22, parágrafo único, prevê que "lei complementar poderá autorizar os Estados a legislar sobre questões específicas das matérias relacionadas neste artigo" (Brasil, 1988), mas essa lei jamais foi editada.

Para o STF, a parte segunda do Código Eleitoral é uma lei materialmente complementar e formalmente ordinária, quando decidiu que é recepcionado "como lei material complementar" na parte que disciplina a organização e a competência da Justiça Eleitoral, conforme rege a Constituição em seu art. 121 (STF, 2008). Isso porque foi editada sob a égide da Constituição de 1946, que não previa a existência das leis complementares.

Rogério Carlos Born

O conflito anterior entre as espécies de leis complementares é solucionado pelo critério cronológico, ou seja, as normas mais recentes revogam as mais antigas. A Constituição reserva à edição de leis complementares as normas que exigem um quórum qualificado de aprovação por maioria absoluta do Congresso Nacional.

Por fim, na categoria de leis ordinárias em sentido lato, em ordem cronológica, concorrem o art. 1º do Decreto n. 6.105, de 30 de abril de 2007 (Brasil, 2007) (Protocolo Constitutivo do Parlamento do Mercosul, Montevidéu, de 5 de dezembro de 2005)[2]; o Decreto n. 3.927, de 19 de setembro de 2001 (Brasil, 2001) (Tratado de Amizade, Cooperação e Consulta entre a República Federativa do Brasil e a República Portuguesa, celebrado em Porto Seguro em 22 de abril de 2000)[3]; a Lei n. 9.709, de 18 de novembro de 1998 (Brasil, 1998) (Plebiscito e referendo); a Lei n. 9.504/1997 (Lei das Eleições); a Lei n. 9.096/1995 (Partidos Políticos); a Lei n. 6.999, de 7 de junho de 1982 (Brasil, 1982b) (Requisição de servidores); Lei n. 6.996, de 7 de junho de 1982 (Brasil, 1982a) (Processamento eletrônico de dados); a Lei n. 6.236, de 18 de setembro de 1975 (Brasil, 1975) (cumprimento da obrigatoriedade do alistamento); a Lei n. 6.091, de 15 de agosto de 1974 (Brasil, 1974) (gratuidade de transporte nas zonas rurais); a Lei n. 4.410, de 24 de setembro de 1964 (Brasil, 1964) (prioridade feitos eleitorais); a Lei n. 7.444, de 20 de dezembro de 1985 (Brasil, 1985) (alistamento e revisão eleitorado); e Lei n. 4.737/1965 (Código Eleitoral, exceto a parte segunda).

O Código Penal (CP) – Decreto-Lei n. 2.848, de 7 de dezembro de 1940 (Brasil, 1940) –, o Código de Processo Penal (CPP) – Decreto-Lei

---

2   *Disciplina as eleições para o Parlamento do Mercosul.*

3   *Disciplina o exercício dos direitos políticos pelos portugueses no Brasil e pelos brasileiros em Portugal.*

n. 3.689, de 3 de outubro de 1941 (Brasil, 1941) –, o Código de Processo Civil (CPC) – Lei n. 13.105, de 16 de março de 2015 (Brasil, 2015a) – e as leis gerais compatíveis com a matéria eleitoral são aplicados subsidiariamente nas lacunas da legislação eleitoral e partidária.

(1.3)
ATOS NORMATIVOS E O PODER NORMATIVO DO TRIBUNAL SUPERIOR ELEITORAL

O poder normativo se reflete, de forma concorrente e subsidiária, na edição de resoluções pelo TSE e pelos tribunais regionais eleitorais, bem como pelas portarias editadas pelos juízes e pelas juntas eleitorais.

Nas lições de Maria Sylvia Zanella Di Pietro (2000, p. 215), "resolução e portaria são formas de que se revestem os atos, gerais ou individuais, emanados de autoridades outras que não o Chefe do Executivo".

Nessa esteira, Helly Lopes Meirelles (1998, p. 162) ensina que as "resoluções são atos administrativos expedidos pelas altas autoridades do Executivo (mas não pelo Chefe do Executivo, que só deve expedir decretos) ou pelos presidentes dos tribunais, órgãos legislativos e colegiados administrativos, para disciplinar matéria de sua competência específica".

As *portarias*, por seu turno, são definidas como "atos de natureza geral objetivando aplicar, em casos concretos, os dispositivos legais à atividade funcional dos magistrados, serventuários e funcionários da justiça" (TJ-PR, 2005).

As resoluções dos órgãos da Justiça Eleitoral são atos normativos de efeitos gerais (Di Pietro, 2000). Segundo Carvalho Filho (2007), são emanados de autoridades colegiadas, a partir das consultas (Código Eleitoral, art. 23, XII e XVIII) formuladas por autoridades ou partidos ou decorrentes de reiteradas decisões judiciais, e têm por escopo regulamentar a legislação eleitoral, não podendo dispor diversa ou contrariamente ao ordenamento regulamentado.

Para Di Pietro (2000, p. 218), "os atos gerais atingem todas as pessoas que se encontram na mesma situação; são atos normativos praticados pela Administração como regulamentos, portarias, resoluções, circulares, instruções, deliberações, regimentos".

Para Carvalho Filho (2007, p. 123):

> *Resoluções são atos, normativos ou individuais, emanados de autoridades de elevado escalão administrativo [...]. Constituem matéria das resoluções todas as que se inserem na competência específica dos agentes ou pessoas jurídicas responsáveis por sua expedição. Tais resoluções são típicos atos administrativos, tendo, portanto, natureza derivada; pressupõem sempre a existência de lei ou outro ato legislativo a que estejam subordinadas.*

A jurisprudência discute a força normativa das leis eleitorais que autorizam o TSE a expedir instruções e a tomar quaisquer providências que julgar convenientes para a fiel execução da legislação eleitoral. O Código Eleitoral (Lei n. 4.737/1965), no art. 1º, parágrafo único, prevê que o TSE "expedirá instruções para sua fiel execução", e no art. 23, IX, que deverá "expedir as instruções que julgar convenientes à execução deste código" (Brasil, 1965b); já a Lei das Eleições (Lei n. 9.504/1997), no art. 105, prevê que:

> *Art. 105. Até o dia 5 de março do ano da eleição, o Tribunal Superior Eleitoral, atendendo ao caráter regulamentar e sem restringir direitos ou estabelecer sanções distintas das previstas nesta Lei, poderá expedir todas as instruções necessárias para sua fiel execução, ouvidos, previamente, em*

audiência pública, os delegados ou representantes dos partidos políticos.
(Brasil, 1997)

O TSE e os tribunais regionais eleitorais normalmente editam as resoluções, as matérias respondidas, em tese, que entendam serem relevantes para a fiel execução da lei eleitoral. Ressalte-se que a Justiça Eleitoral é o único órgão do Poder Judiciário que é consultivo por força do Código Eleitoral, que, no art. 23, XII, fixa que "compete privativamente, ao Tribunal Superior [...] responder, sobre matéria eleitoral, às consultas que lhe forem feitas em tese por autoridade com jurisdição federal ou órgão nacional de partido político", e no art. 30, VIII, que "compete, privativamente, aos tribunais regionais [...] responder, sobre matéria eleitoral, às consultas que lhe forem feitas, em tese, por autoridade pública ou partido político" (Brasil, 1965b).

A Lei de Introdução ao Direito – Decreto-Lei n. 4.657, de 4 de setembro de 1942 (Brasil, 1942), com redação determinada pela Lei n. 13.655/2018 –, outorga o caráter vinculante das respostas às consultas prevendo:

Art. 30. As autoridades públicas devem atuar para aumentar a segurança jurídica na aplicação das normas, inclusive por meio de regulamentos, súmulas administrativas e respostas a consultas.

Parágrafo único. Os instrumentos previstos no caput deste artigo terão caráter vinculante em relação ao órgão ou entidade a que se destinam, até ulterior revisão. (Brasil, 1942)

O STF, em controle abstrato, manifestou-se "no que concerne às Resoluções referidas do TSE, em respostas a consultas, porque não possuem a natureza de atos normativos, nem caráter vinculativo" (STF, 2003), em posição adversa da jurisprudência do TSE (1952), que entende que "as resoluções do TSE têm força de lei geral e a ofensa à sua letra expressa motiva recurso especial, nos termos do art. 167 do Código", reforçando que "têm força de lei" (TSE, 2001a)

Ruitemberg Nunes Pereira (2002, p. 7) identifica que o Código Eleitoral de 1965 perenizou as regras de legislações eleitorais vinculadas ao texto da Constituição de 1934, que atribuía ao Tribunal Superior Eleitoral a competência para "regular a forma e o processo dos recursos de que lhe caiba conhecer", que já se encontrava ab-rogada desde a Carta de 1937, que "os textos constitucionais republicanos brasileiros limitaram o poder de expedir regulamentos privativamente ao presidente da República" e que "o poder normativo do Tribunal Superior Eleitoral deve cingir-se ao exame dos seus pressupostos de legitimidade e não dos seus limites de atuação competencial".

Em sentido contrário, acompanhando a jurisprudência do TSE, defende Joel José Cândido (2000, p. 21) que, "ainda como fontes diretas do direito eleitoral, aparece a lei, exclusivamente federal, assim como as resoluções do Tribunal Superior Eleitoral, que têm força de lei ordinária".

O que se supôs foi a existência de um degrau hierárquico quando o próprio legislador ordinário, no Código Eleitoral e na Lei n. 9.504/1997, dispôs da competência do TSE para edição, instruções e normatizações que julgar convenientes para a execução da legislação eleitoral.

O acatamento e o respeito às resoluções do TSE como lei ordinária pelos operadores do direito se devem ao fato de que o direito eleitoral é extremamente dinâmico e não há tempo hábil para que as regras se submetam ao processo legislativo antes das eleições. Outro fato que fortalece essa aceitação é a elevada tecnicidade com que são elaborados os atos normativos e a proximidade com os problemas que envolvem os pleitos.

As resoluções que disciplinaram a fórmula de cálculo do número de vereadores por município antes da edição de uma emenda constitucional e a perda de mandato por infidelidade partidária são exemplos do poder normativo do TSE.

As resoluções dos tribunais regionais e as portarias dos juízes eleitorais, singular ou como presidente da Junta, revestem-se apenas de caráter concorrente e subsidiário às resoluções e aos provimentos do TSE e disciplinam peculiaridades de caráter regional e local.

(1.4)
AS LACUNAS DO DIREITO ELEITORAL E PARTIDÁRIO

O preenchimento das lacunas do direito eleitoral e partidário segue as regras de interpretação contidas na Lei de Introdução ao Direito (Decreto-Lei n. 4.657/1942), para o direito material, e as normas do CPC (Lei n. 13.105/2015), para o direito formal.

Em se tratando de direito material, por consequência, "quando a lei for omissa, o juiz decidirá o caso de acordo com a analogia, os costumes e os princípios gerais do direito" (TRE-DF, 2008), e, como prevê o art. 5º da Lei de Introdução ao Direito "na aplicação da lei, o juiz atenderá aos fins sociais a que ela se dirige e às exigências do bem comum" (Brasil, 1942).

Conforme o CPC, no direito eleitoral processual, "o juiz não se exime de decidir sob a alegação de lacuna ou obscuridade do ordenamento jurídico" (Brasil, 2015a, art. 140) e "o juiz aplicará as regras de experiência comum subministradas pela observação do que ordinariamente acontece e, ainda, as regras de experiência técnica, ressalvado, quanto a estas, o exame pericial" (Brasil, 2015a, art. 375).

Rogério Carlos Born

A Justiça Eleitoral, por exemplo, já utilizou, por analogia, o critério de desempate pela idade, favorecendo o mais idoso em eleições realizadas em municípios com menos de 200 mil habitantes (TSE, 2001b).

A integração da lei também poderá ser realizada pela doutrina, ou seja, a *opinio iuris doctorum* – que consiste em opiniões, pareceres e comentários contidos nas obras jurídicas.

A legislação e a jurisprudência dão o tratamento de norma comum para algumas matérias de natureza eleitoral e partidária. Em contraposição, algumas matérias comuns recebem o tratamento especializado da legislação e da jurisprudência eleitoral e partidária.

O TSE, com o intuito de pacificar o entendimento, além das resoluções citadas no capítulo anterior, também edita a súmula cujos enunciados refletem o pensamento corrente da Corte, que será adotado em caso de análise de recursos oriundos dos tribunais regionais eleitorais.

Os princípios eleitorais também são interpretados não somente como lacuna, mas como regra. A Constituição, em seu art. 5º, LXXVII, traz o princípio da imunidade tributária dos atos necessários ao exercício da cidadania, impedindo a criação, pelo legislador ordinário, de taxas para os serviços de alistamento eleitoral, custas ou emolumentos nas ações judiciais que tramitam na Justiça Eleitoral. São considerados atos necessários ao exercício da cidadania na área eleitoral, de acordo com o art. 1º da Lei n. 9.265, de 12 de fevereiro de 1996, os que capacitam o cidadão ao exercício da soberania popular e de "ações de impugnação de mandato eletivo por abuso do poder econômico, corrupção ou fraude", bem como "quaisquer requerimentos ou petições que visem as garantias individuais e a defesa do interesse público" (Brasil, 1996). Esse princípio é um dos reflexos do movimento liderado por Martin Luther King Junior nos Estados

Unidos, em 1965, para que os negros pudessem se inscrever nos cadernos eleitorais (Selma, 2015).

Eneida Desiree Salgado (2010) elenca os princípios aplicados em primazia no direito eleitoral. A autora, primeiramente, menciona o princípio constitucional da autenticidade eleitoral, subdividindo-o nos subprincípios da autenticidade do voto, da veracidade do escrutínio e da fidedignidade da representação política, frisando que sua efetivação decorre da formação da vontade política emanada diretamente do povo ou de um corpo representativo (Salgado, 2010). Depois, menciona o princípio constitucional da liberdade para o exercício do mandato, frisando aspectos da adoção da democracia deliberativa pela Constituição do Brasil e a vedação ao mandato imperativo; a inconstitucionalidade do "mandato partidário" e a impossibilidade de perda de mandato por desfiliação partidária (Salgado, 2010). Em terceira ordem, cita o princípio constitucional da necessária participação das minorias no debate público e nas instituições políticas, destacando o sistema eleitoral, a inconstitucionalidade do sistema distrital e a proibição de cláusula de desempenho (Salgado, 2010). Em quarta ordem, pontua o princípio constitucional da máxima igualdade na disputa eleitoral, que busca a regulação da propaganda, o uso consciente dos meios de comunicação, a atuação dos agentes públicos, a utilização do poder político e o controle dos recursos de campanha, além da prevenção contra o abuso do poder econômico (Salgado, 2010). Por fim, menciona o princípio constitucional da legalidade específica em matéria eleitoral, absorvendo o princípio da anterioridade eleitoral, a "reserva de lei" do parlamento e o poder normativo do TSE (Salgado, 2010).

(1.5)
Normas eleitorais aparentes

Na legislação eleitoral, existem as normas aparentemente eleitorais ou partidárias, e vice-versa, a normas eleitorais e partidárias aparentes.

As ações que discutem matéria *interna corporis* dos partidos políticos – ou seja, as discussões em juízo de questões relacionadas à organização e ao funcionamento interno dos partidos e das questões – são independentes e não são interligadas ao processo eleitoral. Isso porque os partidos são pessoas jurídicas de direito privado ou associações sem fins lucrativos.

Para o TSE (2016b):

> *A Justiça Eleitoral possui competência para apreciar as controvérsias internas de partido político, sempre que delas advierem reflexos no processo eleitoral, circunstância que mitiga o postulado fundamental da autonomia partidária, ex vi do art. 17, § 1º, da Constituição da República–cânone normativo invocado para censurar intervenções externas nas deliberações da entidade –, o qual cede terreno para maior controle jurisdicional.*

A ação relativa à decretação da perda de mandato por infidelidade partidária tem seu processo e julgamento na Justiça Eleitoral, conforme determina o art. 2º da Resolução n. 22.610, de 25 de outubro de 2007, do TSE (2007c). Na edição da lei, a doutrina e a jurisprudência discutiram, primeiramente, a inconstitucionalidade da resolução, questionando se um ato normativo teria força suficiente para autorizar que o TSE avocasse a competência reservada à lei complementar pelo art. 121 da CRFB; depois, se não se tratava de matéria *interna corporis* dos partidos e a consequente usurpação de competência da Justiça comum estadual ou do Distrito Federal. Porém, o STF (2009) reconheceu a constitucionalidade da Resolução, afastando a invalidade com base nesses pontos.

Essa competência é expressa pelo Código Eleitoral no art. 367, IV, que determina que a cobrança de "qualquer multa, salvo no caso das condenações criminais, [...] será feita por ação executiva na forma prevista para a cobrança da dívida ativa da Fazenda Pública, correndo a ação perante os Juízes Eleitorais" (Brasil, 1965b). O inciso III desse mesmo artigo também prevê que: "Se o eleitor não satisfizer o pagamento no prazo de 30 (trinta) dias, será considerada dívida líquida e certa, para efeito de cobrança mediante executivo fiscal, a que for inscrita em livro próprio no Cartório Eleitoral" (Brasil, 1965b). Quando se discute a validade da Certidão da Dívida Ativa por meio de embargos ou de exceção de pré-executividade que originou a multa, o Verbete 374 da Súmula do Superior Tribunal de Justiça (STJ, 2009b) pacificou também que: "Compete à Justiça Eleitoral processar e julgar a ação para anular débito decorrente de multa eleitoral".

O Verbete 368 da Súmula do STJ (2008) prevê que: "Compete à Justiça Comum estadual processar e julgar os pedidos de retificação de dados cadastrais da Justiça Eleitoral". A Corte interpretou que os arts. 121 da Constituição e 35 do Código Eleitoral não arrolam as ações que versem sobre matéria registral nas competências atribuídas à Justiça Eleitoral. Como o art. 109 da Carta Magna também não fixa essa competência para a Justiça Federal, residualmente, caberá à Justiça comum estadual ou do Distrito Federal processar e julgar esses feitos.

A "lei seca" não integra a legislação eleitoral, haja vista que se trata de uma portaria editada pelo Secretário de Segurança Pública (Poder Executivo) proibindo o comércio de bebidas alcoólicas a partir da zero hora de domingo (dia das eleições) até zero hora de segunda-feira. Enfim, não é uma lei, mas um ato normativo. Note-se que não é

Rogério Carlos Born

proibido o consumo de bebidas alcoólicas desde que em ambientes ou festas particulares. Essa norma constantemente é declarada *inconstitucional*, uma vez que é um ato normativo emanado pelo Poder Executivo (que cria uma norma), o que é de competência do Poder Legislativo por meio de lei. Por isso, a competência para dirimir litígios relativos à "lei seca" é da Justiça comum estadual ou distrital.

A Lei das Eleições (Lei n. 9.504/1997), em norma de duvidosa constitucionalidade, dispõe no art. 100 que: "A contratação de pessoal para prestação de serviços nas campanhas eleitorais não gera vínculo empregatício com o candidato ou partido contratantes" (Brasil, 1997). Na parte final, a Lei equipara, para fins previdenciários, o "cabo" eleitoral contratado como segurado obrigatório da Previdência Social, na forma de contribuinte individual, como "pessoa física que exerce, por conta própria, atividade econômica de natureza urbana, com fins lucrativos ou não", conforme o art. 12, V, "h", da Lei n. 8.212, de 24 de julho de 1991 (Brasil, 1991). Por outro lado, no art. 15 dessa mesma lei, afasta os partidos da obrigação patronal, deixando de equipará-los à associação ou à entidade de qualquer natureza ou finalidade. Os "cabos" eleitorais diferenciam-se dos militantes pelo fato de que estes são atores voluntários nas campanhas e votam no candidato para qual colaboram, ao passo que aqueles trabalham para partidos mediante retribuição e não necessariamente votam no candidato que lhes contratou. A violação de direitos dos "cabos" eleitorais, como o não pagamento e o descumprimento de cláusulas contratuais, são processadas e julgadas na Justiça do Trabalho com fundamento nos arts. 593 à 609 do Código Civil – Lei n. 10.406, de 10 de janeiro de 2002 (Brasil, 2002).

Os empregados e os servidores públicos poderão se ausentar do trabalho por até dois dias, sem prejuízo do salário ou vencimento, para o alistamento e a transferência da inscrição eleitoral, desde que comuniquem o empregador ou o chefe do órgão com antecedência de quarenta e oito horas. As normas que dispensam os eleitores do trabalho são híbridas, haja vista que envolve o direito eleitoral, pelo art. 48 do Código Eleitoral (Lei n. 4.737/1965); os empregados, pelo art. 473 da Consolidação das Leis do Trabalho – Decreto-Lei n. 5.452, de 1º de maio de 1943 (Brasil, 1943); e os servidores, pelo Regime Jurídico da Lei n. 8.112/1990.

Os eleitores empregados e servidores nomeados como mesários ou membros das juntas eleitorais, bem como os requisitados para auxiliar trabalhos eleitorais, também serão dispensados do serviço pelo dobro dos dias de convocação, sem prejuízo do salário, vencimento ou qualquer outra vantagem, mediante declaração expedida pela Justiça Eleitoral. Trata-se de norma eleitoral que dispõe de matéria trabalhista e estatutária prevista no art. 98 da Lei n. 9.504/1997 e no art. 15 da Lei n. 8.868/1994.

Se o empregador negar a dispensa do empregado em decorrência da convocação para os trabalhos eleitorais, a questão deverá ser apreciada pela Justiça do Trabalho, e não pela Justiça Eleitoral. Se a negativa de dispensa for de servidor público e partir de chefe de repartição federal, a competência será da Justiça Federal e, se de funcionário público municipal ou estadual, será da Justiça dos Estados e do Distrito Federal.

Por fim, as emissoras de rádio e televisão têm direito à compensação fiscal pela cedência do horário gratuito destinado à propaganda eleitoral de partidos, coligações, candidatos, plebiscitos e referendos, conforme regem o art. 99, *caput*, § 1º, da Lei n. 9.504/1997 e o Decreto n. 7.791/2012.

Rogério Carlos Born

A alíquota de compensação fiscal será correspondente a oito décimos da multiplicação de 100% do tempo das inserções ou de 25% das transmissões em bloco, pelo preço do espaço comercial publicitário, segundo prevê a Lei n. 9.504/1997, art. 99, § 1º, II.

Conforme ensina Born (2016b):

Na apuração do IRPJ, a Lei 9.504/1997, no artigo 99, § 1º, III, prevê que o valor passível de compensação Fiscal em decorrência da veiculação da propaganda política gratuita poderá ser deduzido do lucro líquido para efeito de determinação do lucro real, inclusive da base de cálculo dos recolhimentos mensais previstos na legislação fiscal, bem como da base de cálculo do lucro presumido.

Quando se tratar de empresas de radiodifusão constituídas sob a forma de microempresas ou empresas de pequeno porte optantes pelo Regime Especial Unificado de Arrecadação de Tributos e Contribuições (Simples Nacional), o valor da compensação será deduzido da base de cálculo de imposto e contribuições federais devidos pelos critérios definidos pelo Comitê Gestor do Simples Nacional (CGSN).

Consultando a legislação

A fim de facilitar a interpretação do direito eleitoral e partidário, foi elaborado a seguir um quadro mnemônico detalhado.

Critérios de solução de antinomias	Constituição da República Ordem geral (art. 59)	Legislação Eleitoral Ordem específica
CRITÉRIO HIERÁRQUICO	Constituição da República (exemplifica-tivo)	Direitos Políticos: Título II, capítulo IV Partidos políticos: Título II – Capítulo V Tribunais e juízes eleitorais: Título IV, Capítulo III, Seção VI Art. 5º, LXXVII – imunidade tributária eleitoral Art. 16, anterioridade eleitoral Art. 22, I, competência privativa da União Arts. 28; 29, I e II; 77, 80 e 81, data das eleições
	Emendas à Constituição	Emenda n. 52/2006 – art. 17, § 1º, CRFB
	Tratados internacio-nais relati-vos à direitos humanos	Declaração Universal dos Direitos Humanos Decreto n. 678, de 6 de novembro de 1992 Convenção Americana Sobre os Direitos Humanos – Pacto de San Jose da Costa Rica
CRITÉRIO CRONOLÓGICO	Leis Comple-mentares – reserva do art. 121, CRFB Organização e competên-cia, da Justiça Eleitoral	Lei Complementar n. 64/1990 – Lei das Inelegibilidades Lei n. 4.737/1965 – Código Eleitoral: Parte segunda – órgãos da Justiça Eleitoral Lei Complementar n. 78/1993 – fixa o número de deputados Lei Complementar autoriza os Estados a legislar sobre questões específicas das matérias relacionadas neste artigo (art. 22, parágrafo único, CRFB)

(continua)

(continuação)

Critérios de solução de antinomias		Constituição da República Ordem geral (art. 59)	Legislação Eleitoral Ordem específica
CRITÉRIO DA ESPECIALIDADE	CRITÉRIO CRONOLÓGICO	Leis ordinárias Leis delegadas Medidas provisórias Decretos legislativos Decretos-Lei Resoluções do Senado Federal Tratados internacionais que não tratam de direitos humanos	Decreto n. 6.105/2007 – Protocolo Constitutivo do Parlamento do Mercosul – Montevidéu, 05/12/2005 (art. 6º) Decreto n. 3.927/2001 – Tratado de Amizade, Cooperação e Consulta entre a República Federativa do Brasil e a República Portuguesa, celebrado em Porto Seguro em 22 de abril de 2000 (art. 12) Lei n. 9.709/1998 – Plebiscito e referendo Lei n. 9.096/1995 – Partidos políticos Lei n. 6.999/1982 – Requisição de servidores Lei n. 6.996/1982 – Processamento eletrônico de dados Lei n. 6.236/1975 – Cumprimento de obrigatoriedade do alistamento Lei n. 6.091/1974 – Gratuidade de transporte nas zonas rurais Lei n. 4.410/1964 – Prioridade feitos eleitorais
			Lei n. 9.504/1995 – Lei das Eleições Lei n. 7.444/1985 – Alistamento e revisão eleitorado Lei n. 4.737/1965 – Código Eleitoral, exceto a parte segunda

(conclusão)

Critérios de solução de antinomias		Constituição da República Ordem geral (art. 59)	Legislação Eleitoral Ordem específica
		Resoluções do Tribunal Superior Eleitoral	Resolução n. 22.610, de 25 de outubro de 2007 – Brasília/DF – disciplina o processo de perda de cargo eletivo, bem como de justificação de desfiliação partidária Resolução n. 21.538, de 14 de outubro de 2003 – Brasília/DF – dispõe sobre o alistamento e os serviços eleitorais Resolução n. 9.641, de 29 de agosto de 1974 – Brasília/DF – fornecimento gratuito de transporte e alimentação, em dias de eleição, a eleitores residentes nas zonas rurais
	CRITÉRIO CRONOLÓGICO	Resoluções do Tribunal Regional Eleitoral	Verificar em cada Estado e no Distrito Federal
		Portarias dos Juízos Eleitorais	Verificar em cada Zona Eleitoral

Síntese

O doutrinador tcheco Hans Kelsen desenvolveu a pirâmide normativa colocando no vértice a norma hipotética fundamental, que é a Constituição da República; a doutrina e a jurisprudência brasileira colocam, estrategicamente, as emendas no primeiro trapézio (menor), as leis complementares no segundo (médio), as leis ordinárias, em sentido amplo, no terceiro (maior) e os atos normativos na base[4].

---

4   *Na teoria, não há hierarquia entre as leis infraconstitucionais, mas sim reservas de competências constitucionais para as leis complementares.*

Rogério Carlos Born

A Constituição ergue os pilares das inelegibilidades, da competência e organização da Justiça Eleitoral e da fixação do número de deputados, respectivamente, com norma de eficácia contida e limitada, com reserva de lei complementar, contentando-se com a edição de lei ordinária para as demais matérias.

A Justiça Eleitoral é o único órgão do Poder Judiciário autorizado a responder consultas sobre a lei em tese; se a resposta for de interesse público, edita uma resolução que, no âmbito do TSE, é respeitada com a força de lei ordinária, apesar da sua divergente natureza jurídica.

Por fim, algumas normas não eleitorais tratam de matéria eleitoral, e vice-versa, algumas normas eleitorais tratam de matérias comuns.

Questões para revisão

1. Na interpretação das leis eleitorais e partidárias, marque a alternativa correta:

    a) A lei que alterar o processo eleitoral entrará em vigor na data de sua publicação, aplicando-se sempre e imediatamente na eleição seguinte à data de sua vigência.

    b) As matérias reservadas à lei complementar pela Constituição estão regulamentadas pela Lei Complementar n. 64/1990 e pela Lei n. 4.737/1965 (Código Eleitoral) na parte segunda.

    c) Todas as matérias disciplinadas na Lei n. 4.737/1965 (Código Eleitoral) poderão ser alteradas ou suprimidas por uma simples lei ordinária.

    d) A competência para legislar sobre matéria eleitoral é privativa da União, não podendo os estados, nesse caso, em nenhuma hipótese, exercer a atividade legiferante.

e) Medida provisória poderá dispor sobre matéria eleitoral e partidária.

2. Quanto aos atos normativos da Justiça Eleitoral, marque a alternativa correta:
a) As resoluções do TSE, na prática, possuem uma discutível força relativa de lei ordinária em matérias que não conflitem com a própria lei editada pelo Congresso Nacional.
b) As resoluções do TSE e dos tribunais regionais eleitorais, bem como as portarias dos juízos e das juntas eleitorais, na prática, possuem uma discutível força relativa de lei ordinária em matérias que não conflitem com a própria lei editada pelo Congresso Nacional.
c) Qualquer eleitor é legitimado para formular consultas acerca de lei em tese ou de caso concreto ao TSE, que serão necessariamente convertidas em resoluções de obediência geral.
d) É da competência do TSE responder, sobre matéria eleitoral, às consultas que lhe forem feitas em tese e em concreto por autoridade com jurisdição federal ou órgão nacional de partido político.
e) A autorização legislativa para editar as resoluções para fiel execução da legislação eleitoral está prevista somente no Código Eleitoral.

3. Quanto às lacunas e às leis eleitorais aparentes, marque a alternativa correta:
a) A Justiça Eleitoral possui a atribuição de efetuar as inscrições eleitorais e emitir o título de eleitor. Caso haja uma divergência nos dados cadastrais e a correção

Rogério Carlos Born

for negada pelo juiz eleitoral, o eleitor deverá impetrar o *habeas data* perante o respectivo TRE.

b) As divergências internas decorrentes da interpretação do estatuto dos partidos deverão ser dirimidas pelo juízo eleitoral competente da circunscrição eleitoral do diretório em conflito.

c) A "lei seca", que proíbe o comércio de bebidas alcoólicas, é um ato normativo expedido pela Secretaria de Segurança Pública dos estados ou do Distrito Federal que traz uma sanção de desobediência não amparada em lei. Nesse caso, o prejudicado deverá ingressar com um *habeas corpus* ou mandado de segurança na Justiça Eleitoral.

d) Os "cabos" eleitorais que não receberam pelos seus serviços, como não se sujeitam à lei trabalhista, deverão procurar seus direitos na Justiça Eleitoral.

e) Compete à Justiça Eleitoral a execução das multas eleitorais com a aplicação da Lei de Execução Fiscal.

4. O que é definido como o poder normativo do Tribunal Superior Eleitoral?

5. O que é o princípio da anterioridade eleitoral?

Questões para reflexão

1. O Código Eleitoral estabeleceu como competência dos juízos eleitorais o processo e o julgamento das execuções fiscais de multas eleitorais, que, naturalmente, seria da Justiça Federal. As zonas eleitorais possuem estrutura para promover essa execução?

2. Algumas emendas constitucionais que dispõe de matéria eleitoral, como a que alterou o número de vereadores, expressamente afastam a aplicabilidade do princípio da anterioridade eleitoral. Isto é constitucional?

Para saber mais

STF – Supremo Tribunal Federal. Ação Direta de Inconstitucionalidade – Medida Cautelar n. 1.805/DF. Relator: Ministro Néri da Silveira. **Diário da Justiça Eletrônico**, Brasília, DF, 14 nov. 2003. Disponível em: <https://stf.jusbrasil. com.br/jurisprudencia/741152/medida-cautelar-na-acao-direta-de-inconstitucionalidade-adi-mc-1805-df>. Acesso em: 15 fev. 2020.

Um estudo interessante é analisar o teor integral dos acórdãos que fundamentaram as duas decisões conflitantes que foram os primeiros entendimentos jurisprudência quanto à força normativa das resoluções do TSE. O STF (2003), em controle abstrato, manifestou-se que "não possuem a natureza de atos normativos, nem caráter vinculativo", em contraposição ao TSE (1952), que entende que "as resoluções do Tribunal Superior Eleitoral têm força de lei geral e a ofensa a sua letra expressa motiva recurso especial, nos termos do art. 167 do Código", reforçando que "têm força de lei" (TSE, 2001a) .

Rogério Carlos Born

BORN, R. C. A tributação das emissoras de rádio e de televisão pela propaganda política obrigatória. **Paraná Eleitoral**, Curitiba, v. 5, n. 1, p. 145-164, jan./maio 2016.

O artigo do autor desta obra, como professor de Direito Eleitoral e Tributário, faz uma interessante abordagem sobre o tema da compensação fiscal pela propaganda política obrigatória. Para isso, faz um desenho da regra matriz de incidência do imposto de renda compensado pelas empresas de comunicação social com pormenores.

BORN, R. C.; KARPSTEIN, C. **Direito eleitoral para concursos**. 2. ed. Curitiba: Iesde, 2012.

O autor deste livro dedica um capítulo especial detalhando as fórmulas de interpretação da legislação eleitoral e partidária de forma didática. A obra também é acompanhada de uma gravação em vídeo com a aula do professor Rogério Born, trazendo pormenores da hermenêutica no direito eleitoral e partidário.

Capítulo 2
Direitos políticos ativos:
o alistamento e a votação

Conteúdos do capítulo:

- O alistamento e o voto obrigatório, facultativo e proibido.
- As situações especiais de facultatividade previstas no Código Eleitoral.
- As convocações de eleitores para atuar nas eleições.
- As divergências que envolvem o domicílio eleitoral.
- Os eleitores brasileiros em Portugal e os portugueses no Brasil.

Após o estudo deste capítulo, você será capaz de:

1. diferenciar as situações de eleitores obrigatórios, facultativos e obrigatórios;
2. entender a importância da atuação dos eleitores para compor as mesas das seções de votação;
3. identificar os direitos dos eleitores brasileiros em Portugal garantidos pelas Constituições e tratados de ambos os países;
4. conhecer as situações que envolvem os direitos ativo e passivo em relação ao domicílio eleitoral.

(2.1)
CONTEXTUALIZAÇÃO

O conceito legal de cidadão é definido pela Lei de Ação Popular – Lei n. 4.717, de 29 de junho de 1965 –, que, no art. 1º, § 3º, define que "fazem prova da cidadania, para ingresso em juízo, com o título eleitoral, ou com documento que a ele corresponda" (certidão de quitação eleitoral) (Brasil, 1965a).

O alistamento e o voto, em regra, são obrigatórios para todos os brasileiros natos e naturalizados, alfabetizados, com idade acima de 18 anos e inferior a 70 anos de idade, conforme o art. 14, § 1º, I, da Constituição da República Federativa do Brasil (CRFB) de 1988 (Brasil, 1988). São facultativos para os analfabetos, os relativamente incapazes, com 16 e 17 anos de idade; os que possuam idade superior a 70 anos (Brasil, 1988, art. 14, § 1º, II); e os portugueses que optaram por exercer os direitos políticos no Brasil com base na Constituição e no Tratado de Cooperação e Amizade entre Brasil e Portugal (Brasil, 1988, art. 12, § 1º). Por fim, é proibido aos estrangeiros e aos conscritos durante o serviço militar obrigatório (Brasil, 1988, art. 14, § 2º).

A capacidade política plena, ensina José Afonso da Silva (1998),[1] somente é atingida aos 35 anos, idade na qual o cidadão alfabetizado poderá gozar da máxima plenitude de participação nos destinos políticos, podendo votar e ser votado para Presidente e Senador da República. A Carta brasileira foi inspirada no direito romano, que exigia essa maturidade aos postulantes ao Senado de Roma.

O alistamento eleitoral se faz mediante a qualificação e a inscrição do eleitor na unidade de atendimento da Justiça Eleitoral

---

1   *"[...] finalmente, aos 35 anos o cidadão chega ao ápice da cidadania formal com o direito de ser votado para Presidente e vice-Presidente da República e para Senador Federal ([CRFB] art. 14, § 3º)" (Silva, 1998, p. 348).*

Rogério Carlos Born

correspondente à zona eleitoral do município do requerente, considerando como *domicílio eleitoral*, segundo o art. 42 do Código Eleitoral – Lei n. 4.737, de 15 de julho de 1965 –, "o lugar de residência ou moradia do requerente, e, verificado ter o alistando mais de uma, considerar-se-á domicílio qualquer delas" (Brasil, 1965b).

As transferências, que são operações de mudança de domicílio dos eleitores entre os municípios ou entre estes e o Distrito Federal ou repartições consulares, deverão ser requeridas no prazo de cento e cinquenta dias antecedentes às eleições – conforme o art. 91, *caput*, da Lei das Eleições – Lei n. 9.504, de 30 de setembro de 1997 (Brasil, 1997). As mudanças de locais de votação realizadas dentro dessas unidades da Federação não são consideradas transferências, mas simples revisões.

O prazo para o requerimento de qualquer alteração no cadastro eleitoral é de **cento e cinquenta dias** anteriores às eleições (Brasil, 1997, art. 91, *caput*).

O Código Eleitoral prevê como causas de cancelamento do título de eleitor o desconhecimento da língua nacional; a privação temporária ou definitiva dos direitos políticos; a ausência de domicílio na circunscrição; a suspensão ou perda dos direitos políticos; a pluralidade de inscrições; o falecimento do eleitor; a ausência por três eleições consecutivas sem justificar a ausência ou promover a quitação das multas; e, pela Lei das Eleições, o não comparecimento na revisão do eleitorado.

(2.2)
ALISTAMENTO E VOTO OBRIGATÓRIOS

A Constituição brasileira prevê que o alistamento eleitoral e o voto são obrigatórios para todos os brasileiros e naturalizados alfabetizados maiores de 18 e menores de 70 anos de idade.

As cláusulas pétreas impedem apenas a deliberação tendente a abolir o voto direto, secreto, universal e periódico, mas não impedem que o constituinte derivado transforme o voto obrigatório em facultativo (Brasil, 1988, art. 14, 60, § 4º, II).

Para Flávio Cheim Jorge, Ludgero Liberato e Marcelo Abelha Rodrigues (2016, p. 94, grifo nosso):

> *É de se notar que a imunização material trazida pelo texto constitucional conferindo a estas matérias o* **status jurídico** *de cláusula pétrea não deixou dúvidas de que o direito político ao sufrágio está protegido (petrificado) tanto na condição específica, descrita no inciso III quando também petrifica o voto* **direto, secreto, universal e periódico** *como sendo imunes à tentativa de serem abolidos por reforma constitucional.*

> *Por fim, é de se destacar que foi excluído deste rol a obrigatoriedade do voto, isto é, pelo menos em tese é possível a existência de emenda constitucional que transforme a regra geral de obrigatoriedade do voto à condição de facultativo.*

Na prática, a obrigatoriedade se restringe apenas ao comparecimento à seção de votação e à manifestação na urna, mas não é compulsória a escolha entre dois ou mais candidatos. Os eleitores têm a opção de se abster (voto em branco), anular o sufrágio ou justificar a ausência, quando estiver fora do seu domicílio.

Rogério Carlos Born

O voto branco se difere do voto nulo.

O eleitor aperta a tecla *branco* quando sabe votar, mas não deseja votar em nenhum candidato ou em nenhuma legenda ou mesmo para manifestar sua indignação. O termo *voto em branco* é contraditório, pois "votar" pressupõe uma ação, enquanto "em branco" é uma omissão. Apesar disto, o uso dessa terminologia nas teclas no sistema eletrônico – herdada da apuração dos votos manuais, mas que já está consagrada no vocabulário do eleitor – não é condenável, uma vez que facilita o manuseio da urna eletrônica.

No voto nulo o eleitor tem candidato, mas não sabe votar e acaba por digitar na urna um número que não é registrado por nenhum partido ou candidato. A urna eletrônica não dispõe da tecla "nulo" justamente porque é uma manifestação inconsciente ou mesmo um erro do eleitor.

Uma confusão comum propagada é a de que, nas eleições proporcionais municipais e distritais, em decorrência do cálculo do coeficiente eleitoral, os votos em branco beneficiariam com um maior número de cadeiras os partidos mais votados.

Isso decorre da norma contida no art. 186 do Código Eleitoral, a qual reza:

> *Art. 186. Com relação às eleições municipais e distritais, uma vez terminada a apuração de todas as urnas, a Junta resolverá as dúvidas não decididas, verificará o total dos votos apurados, inclusive os votos em branco, determinará o quociente eleitoral e os quocientes partidários e proclamará os candidatos eleitos.* (Brasil, 1965b)

No entanto, a Lei das Eleições e a Constituição ab-rogaram esse dispositivo. O art. 3º da Lei das Eleições dispõe que "será considerado eleito prefeito o candidato que obtiver a maioria dos votos, não computados os em branco e os nulos". Já a Constituição o faz por meio do art. 29, II e III, em concurso como o art. 77, especialmente, nesse caso, o § 2º.

O primeiro requisito para o exercício dos direitos políticos é a nacionalidade brasileira originária – quando o indivíduo já nasce com a nacionalidade – ou adquirida – quando opta por ter a nacionalidade do país de residência.

O Brasil adota um critério misto de nacionalidade originária, que abrange o *ius soli* e o *ius sanguinis* – este beneficiando os descendentes de brasileiros e aquele os nascidos em território nacional. A Constituição, no art. 12, I, adota o *ius soli* quando define que são brasileiros natos "os nascidos na República Federativa do Brasil, ainda que de pais estrangeiros, desde que estes não estejam a serviço de seu país" (Brasil, 1988), bem como o *ius sanguinis* quando equipara aos brasileiros "os nascidos no estrangeiro, de pai brasileiro ou mãe brasileira, desde que qualquer deles esteja a serviço da República Federativa do Brasil" ou "desde que sejam registrados em repartição brasileira competente ou venham a residir na República Federativa do Brasil e optem, em qualquer tempo, depois de atingida a maioridade, pela nacionalidade brasileira" (Brasil, 1988).

Os brasileiros naturalizados são os que, "na forma da lei, adquiram a nacionalidade brasileira, exigidas aos originários de países de língua portuguesa apenas residência por um ano ininterrupto e idoneidade moral" e "os estrangeiros de qualquer nacionalidade, residentes na República Federativa do Brasil há mais de quinze anos ininterruptos e sem condenação penal, desde que requeiram a nacionalidade brasileira", conforme o art. 12, II da Constituição (Brasil, 1988).

O naturalizado está sujeito, obrigatoriamente, ao voto e dispõe do prazo de até um ano depois de adquirida a nacionalidade brasileira para se alistar sem o pagamento de multa (Lei n. 4.737/1965, art. 8º; Lei n. 9.504/1997, art. 91), se for alfabetizado, capaz e estar

Rogério Carlos Born

compreendido na faixa etária entre 19 e 70 anos (Código Eleitoral, art. 8º, *caput*).

Os brasileiros naturalizados somente não podem ser votados nos cargos eletivos privativos de brasileiros natos, que são o de Presidente e Vice-Presidente da República; o de presidente da Câmara dos Deputados e o de presidente do Senado Federal (Brasil, 1988, art. 12, § 3º, I-III). Convém ressaltar que os naturalizados são proibidos apenas de presidir as casas legislativas da República, mas não estão impedidos de serem eleitos como deputados ou senadores.

A Constituição deixa uma lacuna quanto à compulsoriedade do alistamento e do voto em relação aos eleitores que, no prazo final de alistamento ou no dia da eleição, tenham exatamente 18 anos. Isso porque o art. 14, § 1º, I, prevê que "O alistamento eleitoral e o voto são: I – obrigatórios para os maiores de dezoito anos", enquanto o inciso II, "c", do mesmo dispositivo, faculta para "os maiores de dezesseis e menores de dezoito anos" (Brasil, 1988, grifo nosso).

Porém, ao que parece, a intenção do constituinte de 1988 de elevar a obrigatoriedade do voto para 19 anos foi consciente e atenta, haja vista que a Constituição de 1967/1969, no art. 147, previa que "são eleitores os brasileiros que, à data da eleição, contém dezoito anos ou mais, alistados na forma da lei" (Brasil, 1967).

Nessa questão, o legislador do Código Eleitoral, no art. 8º, parágrafo único, regulamenta pela obrigatoriedade decanonagesimal quando estabelece que "não se aplicará a pena ao não alistado que requerer sua inscrição eleitoral até o centésimo quinquagésimo primeiro dia anterior à eleição subsequente à data em que completar dezenove anos" (Brasil, 1965b).

Os eleitores que estiverem ausentes do seu domicílio deverão justificar em qualquer local de votação do município onde se encontra, sendo vedada a justificativa no mesmo município.

Os enfermos, funcionários públicos civis e militares impossibilitados de votar em razão dos trabalhos nas eleições têm sessenta dias, a partir de cada turno, para justificar perante o juiz eleitoral. Após esse prazo, cabe somente o pagamento de multa, conforme regem os arts. 7º e 16, *caput*, da Lei n. 6.091, de 15 de agosto de 1974 (Brasil, 1974).

Os eleitores residentes no exterior têm o prazo de trinta dias, contados do ingresso em território nacional, para justificar perante o juiz eleitoral, munidos de documentos (em regra, passaporte e passagens) que comprovem a sua estada no exterior (Brasil, 1974, art. 16, § 2º).

Os eleitores que deixarem de votar ou justificar por três turnos consecutivos, para evitar o cancelamento, terão o prazo de seis meses da última eleição para comparecer perante o juiz eleitoral.

A multa pela ausência aos pleitos é de 3% a 10% do salário mínimo, que, devido à vedação constitucional à vinculação ao salário mínimo, foi convertida em Unidades Fiscais de Referência (Ufir) e totalizada em R$ 3,51 por turno previsto (Brasil, 1974, art. 7º). O eleitor que declarar sob as penas da lei a carência de recursos poderá receber a anistia da multa, conforme regem o art. 366, § 3º, da Lei n. 4.737/1965, e o art. 1º da Lei n. 7.115, de 29 de agosto de 1983 (Brasil, 1983a).

Os eleitores que deixarem de comparecer aos pleitos e de justificar terão como sanções a impossibilidade de: inscrever-se em concurso público; receber vencimentos da Administração direta, indireta e instituições subvencionadas ou que exerçam serviço delegado pelo Estado, a partir do segundo mês subsequente à eleição; participar de concorrência pública; obter empréstimos de qualquer instituição vinculada ao Estado; obter passaporte, carteira de identidade ou Cadastro de Pessoa Física (CPF) (Brasil, 1965b, art. 7º, § 1º).

Outro dever dos eleitores obrigatórios é o atendimento às convocações para os trabalhos eleitorais como mesário ou escrutinador.

Rogério Carlos Born

De acordo com o art. 120, *caput*, do Código Eleitoral, a seção de votação deverá ser formada por "um presidente, um primeiro e um segundo mesários, dois secretários e um suplente, nomeados pelo juiz eleitoral sessenta dias antes da eleição, em audiência pública, anunciada pelo menos com cinco dias de antecedência" (Brasil, 1965b).

Os candidatos, seus parentes e o cônjuge; os membros de diretórios de partidos que exerçam função executiva; as autoridades e os agentes policiais; os ocupantes de cargos de confiança do Executivo; e os que pertencerem ao serviço eleitoral não poderão ser nomeados como presidentes e mesários (Brasil, 1965b, art. 120, § 1º).

Os membros da mesa receptora que injustificadamente não comparecerem incorrerão na multa administrativa entre 50% a um salário mínimo, aplicada em dobro se a mesa receptora deixar de funcionar por culpa dos faltosos (Brasil, 1965b, art. 124). Ainda fica sujeito à detenção até dois meses, e multa penal de noventa a cento e vinte dias-multa pela recusa ou o abandono do serviço eleitoral sem justa causa (Brasil, 1965b, art. 344). Se o mesário inadimplente for servidor público ou autárquico, poderá receber suspensão de até quinze dias (Brasil, 1965b, art. 124, § 2º).

(2.3)
ALISTAMENTO E VOTO FACULTATIVO E PROIBIDO

A Constituição da República, em seu art. 14, § 1º, ampara com a facultatividade do alistamento e do voto os eleitores analfabetos, os maiores de 16 e menores de 18 anos e os maiores de 70 anos.

O Código Eleitoral (Lei n. 4.737/1965), em duas vertentes, no art. 6º, prevê que o alistamento é facultado, ainda, aos inválidos e aos que se encontrem fora do país, e o voto, aos enfermos, aos que se que se encontrem fora do seu domicílio e aos funcionários civis e os militares em serviço que os impossibilite de votar.

Os analfabetos que se alfabetizarem poderão requerer, revisar ou transferir a sua inscrição eleitoral, independentemente de multa, segundo o art. 16, parágrafo único, da Resolução n. 21.538, de 14 de outubro de 2003 (TSE, 2003a).

Em relação aos eleitores facultativos maiores de 16 e menores de 18 anos, os direitos políticos somente serão implementados no primeiro momento do dia do aniversário do eleitor (Carvalho Neto, 2008)[2], e o fato de o eleitor exercer a faculdade de se alistar nessa faixa etária não o obriga a votar enquanto não atingir a idade de 19 anos.

No ano em que se realizarem as eleições, é facultado o alistamento àquele que conta com 15 anos de idade, mas que completa 16 anos de idade até o dia do pleito (inclusive), desde que solicitada a inscrição até os cento e cinquenta dias anteriores às eleições.

A legislação eleitoral não permite a nomeação, para presidente e mesários, de menores de 18 anos (Brasil, 1997, art. 63, § 2º), principalmente porque o eleitor dessa faixa etária que praticar um delito previsto na legislação eleitoral não responderá por crime eleitoral, mas por ato infracional previsto pelo Estatuto da Criança e do Adolescente (ECA), ficando sujeito às medidas socioeducativas.

---

2   *A opinião mais correta é no sentido de que o indivíduo se torna maior e capaz no primeiro momento do dia em que faz 18 anos. Se ele nasceu em ano bissexto, em 29 de fevereiro, a maioridade será alcançada no décimo oitavo ano, mas em 1º de março.*

Os idosos, apesar do alistamento e do voto facultativo acima de 70 anos, se optarem pelo exercício do direito do voto, têm a garantia de preferência nas filas e nos procedimentos para votar (Brasil, 1965b, art. 143, §2º) e nos cartórios eleitorais e centrais de atendimento ao eleitor[3], além de ser assegurado, se contar com mais de 60 anos, poder figurar como parte ou interveniente e ter prioridade na tramitação dos processos e procedimentos em qualquer instância da Justiça Eleitoral – de acordo com o art. 71, *caput*, da Lei n. 10.741, de 1º de outubro de 2003 (Brasil, 2003).

A legislação eleitoral garante aos eleitores que deixaram de comparecer às urnas por motivo de doença a quitação eleitoral independente de multa, desde que o eleitor compareça perante o cartório eleitoral no prazo de sessenta dias após o pleito para justificar perante o Juiz Eleitoral sua ausência (Brasil, 1965b, art. 7º). Os eleitores enfermos que tenham o desejo de votar, apesar da dificuldade, têm preferência na fila e a Justiça Eleitoral deverá promover todos os meios para que possa exercer sua escolha (Brasil, 1965b, art. 143, § 2º).

O portador de deficiência, por si só, não está desobrigado do alistamento eleitoral, do voto e do trabalho nas mesas coletoras de votos, porém, não estará sujeito à sanção quanto se torne impossível ou demasiadamente oneroso o cumprimento das obrigações eleitorais.

O art. 2º, III, da Lei n. 13.146, de 6 de julho de 2015, define *pessoa portadora de deficiência ou com mobilidade reduzida* aquela que "temporária ou permanentemente tem limitada sua capacidade de relacionar-se com o meio e de utilizá-lo" (Brasil, 2015b).

---

3   O Estatuto do Idoso, art. 71, § 4º, reduziu para 60 anos a idade prevista no art. 1º, Lei 10.048/2000 ("dá prioridade de atendimento às pessoas que especifica, e dá outras providências") que era de 65 anos.

O art. 135, § 6º, do Código Eleitoral prevê que os tribunais regionais deverão, a cada eleição, "expedir instruções aos juízes eleitorais, para orientá-los na escolha dos locais de votação de mais fácil acesso para o eleitor *deficiente físico*" (Brasil, 1965b).

A *International Foundation for Electoral Systems* (Ifes) é uma entidade sem fins lucrativos fundada em 1987 que, mantida por donativos e por serviços voluntários de *experts* em direito eleitoral e ciência política, busca auxiliar e prestar assistência na realização de eleições em Estados em que a democracia é emergente e está com dificuldades em se afirmar.

Para isso, realiza constantes ações afirmativas em busca de inclusão dos portadores de deficiência nos processos eleitorais, principalmente em países em que há um número muito grande de vítimas de catástrofes, guerras e revoluções, principalmente com minas terrestres.

A seguir, encontram-se ilustrações de cartazes e *banners* de campanhas realizadas em parceria com órgãos nacionais para a inclusão de eleitores portadores de deficiência motora. Em Uganda, são duas campanhas, a primeira para informar que está assegurada a preferência e a adaptação no atendimento para inscrição eleitoral, e a segunda, para incentivar o comparecimento nos pleitos. Em Gana e Indonésia, ficou restrita a votação. No Camboja, a preocupação alcançou os eleitores cegos.

Rogério Carlos Born

Figura 2.1 – Campanhas de inclusão nas eleições pelo mundo

ELECTION ACCESS. **Voter Assistance Poster**. 2018. Disponível em: <http://www.electionaccess.org/en/resources/voter-education/voter-education/548/>. Acesso em: 24 abr. 2020.

ELECTION ACCESS. **Presidential Run-off**. 2017. Disponível em: <http://www.electionaccess.org/en/resources/voter-education/voter-education/511/>. Acesso em: 24 abr. 2020.

ELECTION ACCESS. **Voting without Discrimination**. 2016. Disponível em: <http://www.electionaccess.org/en/resources/voter-education/voter-education/462/>. Acesso em: 24 abr. 2020.

ELECTION ACCESS. **Searching the Voter Lists**. 2014. Disponível em: <http://www.electionaccess.org/en/resources/voter-education/voter-education/226/>. Acesso em: 24 abr. 2020.

O Brasil possui uma das legislações eleitorais mais avançadas nesse sentido, principalmente pela criação de seções especiais e por aparelhar as urnas eletrônicas com o sistema *Braille* e o teclado padrão referenciando a tecla 5, bem como fones de ouvido para a confirmação da escolha.

Embora seja incentivada a participação efetiva dos portadores de deficiência, o Tribunal Superior Eleitoral (TSE), em respeito ao princípio constitucional da dignidade humana, criou uma situação de anistia prévia e posterior dos débitos eleitorais quando estabeleceu que não estará sujeita a sanção a pessoa portadora de deficiência que torne impossível ou demasiadamente oneroso o cumprimento das obrigações eleitorais, relativas ao alistamento e ao exercício do voto.

Segundo rege o Decreto n. 5.296, de 2 de dezembro de 2004 (Brasil, 2004b), art. 21, parágrafo único, os locais de votação deverão ser acessíveis e com estacionamento próximo e as seções eleitorais devem ser adaptadas à utilização e à locomoção dos eleitores portadores de deficiência ou com mobilidade reduzida.

A Constituição da República, em seu art. 14, § 2º, proíbe expressamente o alistamento eleitoral de estrangeiros e dos conscritos durante o período do serviço militar obrigatório.

O conceito de estrangeiros é obtido por exclusão, ou seja, são aqueles que não são brasileiros natos ou naturalizados, com exceção dos portugueses, optantes pelo exercício dos direitos políticos no Brasil, com base no Tratado de Cooperação e Amizade entre as Repúblicas de Brasil e Portugal.

Quanto ao estrangeiro, a Declaração Americana dos Direitos e Deveres do Homem (Bogotá, Colômbia, 1948), art. XXXVIII, reza que este "tem o dever de se abster de tomar parte nas atividades políticas que, de acordo com a Lei, sejam privativas dos cidadãos do Estado onde se encontrar" (CIDH, 1948).

Rogério Carlos Born

Os *conscritos*, segundo ao Regulamento da Lei do Serviço Militar – Decreto n. 57.654, de 20 de janeiro de 1966 –, art. 3º, item 5, são definidos como os "Brasileiros que compõem a classe chamada para a seleção, tendo em vista a prestação do Serviço Militar inicial" (Brasil, 1966a), sendo também equiparados os que se encontram cumprindo prestação alternativa; os médicos dentistas, farmacêuticos e veterinários que terão a incorporação adiada para depois da colação de grau (Lei n. 5.292/1967, art. 7º) e os residentes no exterior, além dos considerados temporariamente inaptos ao serviço militar (Brasil, 1966a, art. 96, § 4º, 97).

Não estão abrangidos entre os conscritos os engajados e os reengajados, uma vez que permanecem voluntariamente no serviço militar e segundo as conveniências das Forças Armadas – art. 33 da Lei n. 4.375, de 17 de agosto de 1964 (Brasil, 1964a).

(2.4)
DOMICÍLIO ELEITORAL NA CIRCUNSCRIÇÃO

Circunscrição é a área de atuação do titular do Poder Executivo, sendo, nas eleições presidenciais, o país; nas eleições federais e estaduais, o Estado ou o Distrito Federal; e, nas municipais, o respectivo município. Nenhum candidato poderá ser registrado por mais de uma circunscrição ou para mais de um cargo na mesma circunscrição (Brasil, 1965b, art. 88).

Os arts. 70 e 71 do Código Civil (CC) – Lei n. 10.406, de 10 de janeiro de 2002 – definem que:

> *Art. 70. O domicílio da pessoa natural é o lugar onde ela estabelece a sua residência com ânimo definitivo.*

Art. 71. Se, porém, a pessoa natural tiver diversas residências, onde, alternadamente, viva, considerar-se-á domicílio seu qualquer delas. (Brasil, 2002)

O Código Eleitoral, art. 42, parágrafo único, diferentemente, é mais amplo quando fixa o domicílio eleitoral como "o lugar de residência ou moradia do requerente, e, verificado ter o alistando mais de uma, considerar-se-á domicílio qualquer delas" (Brasil, 1965b).

Assim, enquanto a pessoa natural somente pode eleger o local de estabelecimento definitivo (residência) para o exercício das relações jurídicas civis, os eleitores poderão exercer os direitos de cidadão também no local de residência temporário (moradia), ou seja, um estudante residente num pensionato da capital tem domicílio civil no município de sua residência no interior, mas, na fixação do domicílio eleitoral, tem a liberdade de escolher a capital ou o interior para exercer os direitos políticos.

Na definição extraída da jurisprudência,

> *o domicílio eleitoral não se confunde necessariamente com o domicílio civil, pois, enquanto este corresponde ao lugar onde a pessoa natural fixa residência com ânimo definitivo, o domicílio eleitoral corresponde ao local onde a pessoa, atendidas as exigências legais, validamente se aparelha para votar em eleições públicas e oficiais.* (TRC-SC, 2000)

Embora a legislação eleitoral somente autorize a exigência da comprovação documental de domicílio para o eleitor em duas oportunidades – na revisão do eleitorado e para registro de candidatura –, alguns tribunais regionais exigem esses documentos para o alistamento, o que gera uma certa celeuma.

A redação originária do Código Eleitoral, art. 55, § 1º, III, estabelece que a transferência só será admitida se satisfeita a exigência do tempo de "residência mínima de três 3 (três) meses no novo domicílio, atestada pela autoridade policial ou provada por outros meios convincentes" (Brasil, 1965b).

Posteriormente, uma lei extravagante – Lei n. 6.996, de 7 de junho de 1982 – já regulamentada por resolução do TSE, derrogou tacitamente, por meio do art. 8º, III, o retrocitado dispositivo, estabelecendo que a transferência do eleitor só será admitida se satisfeita a "residência mínima de 3 (três) meses no novo domicílio, declarada, sob as penas da lei, pelo próprio eleitor" (Brasil, 1982a).

Paralelamente, uma lei de caráter geral (Lei n. 7.115/1983) ainda prescreve, no art. 1º, que "A declaração destinada a fazer prova de vida, residência, pobreza, dependência econômica, homonímia ou bons antecedentes, quando firmada pelo próprio interessado ou por procurador bastante, e sob as penas da Lei, presume-se verdadeira" (Brasil, 1983a), cuja aplicação foi reconhecida pelo TSE[4].

Conforme percebeu Joel José Cândido (2000, p. 82, grifo nosso):

> *Dentre as espécies de fraudes eleitorais, no alistamento, talvez a de prática mais disseminada seja aquela cuja execução se opera em eleições municipais e que consiste na arregimentação criminosa de eleitores de municípios geralmente vizinhos. Seus autores atuam induzindo eleitores – geralmente oriundos das camadas mais humildes da população – a solicitar inscrições ou transferências, **declarando falsamente seus endereços**, para municípios onde possam votar em determinado candidato.*

---

4   *Tribunal Superior Eleitoral. Processo Administrativo n. 6.971/Fortaleza – CE. Relator ministro José Guilherme Villela, Diário de Justiça, Data 17/08/1984: "As regras de direito probatório contidas na recente Lei 7.115/83, que presumem verdadeiras as declarações do próprio interessado para prova de vida, residência, pobreza, dependência econômica, homonímia ou bons antecedentes, são aplicáveis ao processo eleitoral, salvo quando se cuide de processo penal eleitoral".*

Para Thales Tácito da Luz de Pádua Cerqueira (2004, p. 469),

a transferência de domicílio eleitoral não se confunde com o mero pedido de alistamento eleitoral, pois enquanto este, porquanto inscrição originária, possibilita ao eleitor a escolha do domicílio (cujo conceito em Direito Eleitoral é amplo, incluindo a simples moradia) no qual pretende se inscrever, mormente em casos de multiplicidade de domicílio na transferência, a eleição do domicílio circunscreve-se a critérios mais rígidos, nos exatos termos do que dispõe o artigo 55, parágrafo 1º, do Código Eleitoral, entre eles, residência (lugar onde a pessoa reside, com residência constante ou permanente ou de certa forma estável, que faça a mesma ter vínculo com a terra, no período de 3 meses).

Já Vera Michels (1998, p. 19) observa que "a transferência eleitoral é mais limitada, não possuindo a elasticidade de domicílio eleitoral dada ao alistamento inicial, já que deve existir a prova cabal da nova residência ou moradia com período mínimo de habitação de 3 meses".

O TSE, respondendo a uma consulta formulada pelo Tribunal Regional Eleitoral do Paraná (TRE-PR) propondo a exigência da apresentação de comprovante de endereço, respondeu negativamente com o fundamento de que "o procedimento para a matéria sob exame, encontra-se previsto na Lei 6.996/82 e na Resolução 13.568/87 que impõe 'residência mínima' de 3 (três) meses no novo domicilio, declarada, sob as penas da lei, pelo próprio eleitor" (TSE, 1988).

A resolução do TSE que disciplina o alistamento eleitoral e regulamenta a questão não faz qualquer menção à exigência do comprovante de domicílio para o **alistamento** e, apenas repete o mandamento legal quanto à **transferência** do eleitor, que "só será admitida se satisfeitas as seguintes exigências: [...] III. Residência mínima de 3 (três) meses no novo domicílio, **declarada, sob as penas da lei, pelo próprio eleitor**" (TSE, 2003a, art. 18, III, grifo nosso).

O mesmo ato normativo faz a exigência da prova de residência, unicamente nos casos de revisão do eleitorado – situação excepcional decorrente de indícios de fraude coletiva –, disciplinando que os eleitores "deverão se apresentar munidos de documento de identidade, comprovante de domicílio [...]", sendo que "a comprovação de domicílio poderá ser feita mediante um ou mais documentos dos quais se infira ser o eleitor residente ou ter vínculo profissional, patrimonial ou comunitário no município a abonar a residência exigida" (TSE, 2003a, art. 65, *caput,* e § 1º, grifo nosso).

(2.5)
SISTEMA INFORMATIZADO DE VOTAÇÃO E TOTALIZAÇÃO

No Brasil, tanto a votação quanto à totalização da votação será realizada, em regra, pelo sistema eletrônico e informatizado e, em caso de impossibilidade ou de falhas, será utilizado o antigo sistema de cédulas de papel (Brasil, 1965b, art. 82-89).

O sistema brasileiro de votação eletrônico é considerado um dos mais modernos, confiáveis e seguros do mundo, o que é atestado pelas quatro oportunidades de controle e fiscalização direta que está aberta aos partidos, às entidades e aos eleitores.

O primeiro controle ocorre nos seis meses anteriores às eleições, quando o TSE disponibiliza aos técnicos indicados pelos partidos, à Ordem dos Advogados do Brasil (OAB) e ao Ministério Público, em todas as fases de especificação e de desenvolvimento, todos os programas utilizados nas urnas eletrônicas para votação, apuração e totalização. Deverá ainda dar conhecimento a essas entidades de qualquer alteração nos programas antes que sejam novamente analisados e lacrados. É possível a impugnação de qualquer programa e procedimento. Os partidos estruturam o próprio sistema de fiscalização, apuração e totalização, podendo contratar, se assim desejarem, empresas de auditoria de sistemas credenciadas na Justiça Eleitoral, que receberão previamente os programas de computador e os dados alimentadores do sistema oficial (Brasil, 1997, art. 66, § 1º, 4º, 7º).

O segundo controle ocorre na cerimônia de carga ou preparação das urnas eletrônicas em sessão pública, quando os fiscais dos partidos e das coligações são convocados previamente para assistirem, fiscalizarem e verificarem a coincidência dos programas carregados com os que foram lacrados na verificação anterior dos programas (Brasil, 1997, art. 66, § 5º).

O terceiro controle é realizado no dia da eleição, com a auditoria da votação eletrônica por meio de amostragem mediante sorteio realizado no sábado anterior às eleições. As urnas normais são retiradas do local de votação, substituídas por urna de contingência e levadas para a sede do respectivos tribunal regional eleitoral. Na presença dos fiscais dos partidos e das coligações, em votação paralela, será simulada a votação, documentado os votos sufragados, e, ao final, serão conferidos os votos com o boletim sem o envio para a apuração eletrônica (Brasil, 1997, art. 66, § 6º).

O quarto controle é a zerézima, que atesta no início da votação que a urna contém zero votos, e emite o boletim de urna, que relatará os nomes e os números dos candidatos nela votados e não votados. O presidente da seção é obrigado a efetuar a entrega de vias do boletim de urna aos representantes dos partidos e coligações concorrentes ao pleito, desde que requeiram até uma hora após a expedição, sob pena de responder pelo crime, punível com detenção de um a três meses, com a alternativa de prestação de serviço à comunidade pelo mesmo período e multa de 1 mil à 5 mil Ufir (Brasil, 1997, art. 68). Em regra, devido ao grande número de fiscais e delegados, os boletins são fixados na porta da seção e contém um QR Code a fim de que todos tenham acesso a ele. Como a urna não é ligada à rede de dados, o boletim de urna é um instrumento importante de batimento dos votos apurados na urna com o resultado divulgado pela Justiça Eleitoral (Brasil, 1997, art. 68).

A Lei das Eleições (Lei n. 9.504/1997) tipifica:

Art. 72. Constituem crimes, puníveis com reclusão, de cinco a dez anos:

I – obter acesso a sistema de tratamento automático de dados usado pelo serviço eleitoral, a fim de alterar a apuração ou a contagem de votos;

II – desenvolver ou introduzir comando, instrução, ou programa de computador capaz de destruir, apagar, eliminar, alterar, gravar ou transmitir dado, instrução ou programa ou provocar qualquer outro resultado diverso do esperado em sistema de tratamento automático de dados usados pelo serviço eleitoral;

III – causar, propositadamente, dano físico ao equipamento usado na votação ou na totalização de votos ou a suas partes. (Brasil, 1997)

A Lei n. 6.996/1982, que dispõe sobre a utilização de processamento eletrônico de dados nos serviços eleitorais, tipifica no art. 15 que "incorrerá nas penas do art. 315 do Código Eleitoral quem, no processamento eletrônico das cédulas, alterar resultados, qualquer que seja o método utilizado" (Brasil, 1982a).

Para o TSE (2017a), "não se aplica o princípio da insignificância ao dano cometido contra o patrimônio público em detrimento de serviços públicos essenciais", e, por isso, "o dano decorrente do crime previsto no art. 72, inciso III, da Lei n. 9.504/1997 não pode ser considerado irrelevante, em razão do prejuízo ao patrimônio público e da violação aos símbolos e serviços essenciais da Justiça Eleitoral".

Em caso de suspeita de fraude, o eleitor deverá impugnar no ato por meio da ata de registro da mesa coletora de voto, cuja competência para apreciação será da junta eleitoral, que, se não receber, poderá ser apresentada diretamente ao Tribunal Regional Eleitoral (TRE), em quarenta e oito horas, acompanhada de declaração de duas testemunhas (Brasil, 1997, art. 69). A Lei das Eleições, no art. 70, ainda prevê que o presidente de junta que não receber ou mencionar em ata os protestos recebidos, bem como impedir o exercício de fiscalização pelos partidos ou coligações, deverá ser afastado, bem como está sujeito a responder pelos crimes previstos no Código Eleitoral (Brasil, 1997).

A urna eletrônica deverá resguardar o anonimato do eleitor e o sigilo do voto por meio de assinatura digital, bem como o computo apartado de cada voto com a identificação da urna em que foi sufragado (Brasil, 1997, art. 59, § 4º, 5º). Ainda segundo o art. 61 da Lei das Eleições, "a urna eletrônica contabilizará cada voto, assegurando-lhe o sigilo e inviolabilidade, garantida aos partidos políticos, coligações e candidatos ampla fiscalização" (Brasil, 1997), e, se houver apenas um voto na urna, mesmo assim ele será computado, "ainda que isso implique, em tese, o afastamento do sigilo" (TSE, 2010c).

No encerramento da votação, de acordo com o art. 59, § 6º, procederá a "assinatura digital do arquivo de votos, com aplicação do registro de horário e do arquivo do boletim de urna, de maneira a impedir a substituição de votos e a alteração dos registros dos termos de início e término da votação" (Brasil, 1997).

Para o TSE, por usurpação de competência, é nula a edição de resolução por tribunal regional que permite a substituição de urnas biométricas por urnas convencionais em descompasso com as normas fixadas na Resolução n. 23.399/2013 dessa Corte (TSE, 2014a).

Rogério Carlos Born

A Justiça Eleitoral implantará gradativamente o sistema de impressão da votação para auditoria pelo qual a urna registrará, em papel, cada voto sem a identificação do eleitor, que será depositado automaticamente e sem contato manual em urna acoplada e previamente lacrada (Brasil, 1997, art. 59-A, *caput*). Segundo o art. 59-A, parágrafo único, da Lei das Eleições, na tela, "o processo de votação não será concluído até que o eleitor confirme a correspondência entre o teor de seu voto e o registro impresso e exibido pela urna eletrônica" (Brasil, 1997).

No procedimento de votação, a sequência que será exibida no painel terá, nas eleições gerais, deputado federal, deputado estadual ou distrital, senador, governador e vice-governador de estado ou do Distrito Federal, presidente e vice-presidente da República. Nas eleições municipais, o eleitor votará primeiramente para vereador e, depois, para prefeito e vice-prefeito (Brasil, 1997, art. 59, § 3º).

O eleitor, em cada cargo, digita o número de registro do candidato ou da legenda partidária e, na tela, deverá aparecer para a verificação o cargo disputado (no gênero pertinente), o nome e a fotografia do candidato, bem como o partido ou a legenda partidária. Nas eleições majoritárias, também deverá aparecer o nome e a fotografia do vice nas eleições para o Poder Executivo e do primeiro e segundo suplente nas eleições para o Senado (Brasil, 1997, art. 59, § 1º).

Para o TSE, não é possível a substituição dos dados de candidatos entre o 1º e o 2º turno nem a realocação das urnas de contingência por motivação técnica e relativas à segurança dos sistemas eleitorais (TSE, 2010d).

Os votos em que não haja possibilidade de identificar o candidato pela insuficiência de números digitados serão computados para a legenda, desde que o partido seja identificado e esteja concorrendo no pleito (Brasil, 1997, art. 59, § 2º).

Consultando a legislação

A legislação eleitoral pertinente aos direitos políticos ativos se encontra disposta no seguinte quadro mnemônico:

CONDIÇÕES DE ALISTABILIDADE	
Obrigatório	
Brasileiros maiores de 18 anos e menores de 70 anos (Constituição, art. 14, § 1º, I)	
Facultativos	
Alistamento	Voto
Analfabetos (Constituição, art. 14, II, "a")	
Maiores de 16 anos e menores de 18 anos	
Maiores de 70 anos	
Inválidos (Código Eleitoral, art. 6º, I)	Enfermos (Código Eleitoral, art. 6º, II, "a")
Ausentes do país (Código Eleitoral, art. 6º, I)	Ausentes do domicílio no país (Código Eleitoral, art. 6º, II)
Portugueses equiparados aos brasileiros após três anos (Constituição, art. 12, § 1º)	Funcionários públicos em serviço (Código Eleitoral, art. 6º, III)
Indígenas não integrados (Estatuto do Índio)	
Impedidos de se alistar	
Estrangeiros, exceto os portugueses optantes pela Convenção da Igualdade (Constituição, art. 12, § 1º; art. 14, § 2º)	
Conscritos, durante o serviço militar obrigatório (Constituição, art. 14, § 2º)	
Os que não saibam exprimir-se na língua nacional (Código Eleitoral, art. 42, 88; Lei n. 6.996/1982, art. 8º, III; Lei n. 7.115/1983, art. 1º)	
Os privados dos direitos políticos	

(continua)

Rogério Carlos Born

(conclusão)

CONDIÇÕES DE ALISTABILIDADE
Outros temas abordados no capítulo
Sistema informatizado de votação e totalização (Lei n. 9.504/1997, art. 59-62)
Controle e fiscalização das eleições (Lei n. 9.504/1997, art. 65-72)
Domicílio eleitoral (Código Eleitoral, art. 42)

Síntese

No Brasil, o exercício dos direitos políticos ativos ocorre pelo voto, pelo plebiscito, pelo referendo e pela iniciativa popular, sendo o cidadão – aquele que possui a inscrição e a quitação eleitoral válida – o titular do poder e da escolha do governante.

A regra é a obrigatoriedade do voto para todos os eleitores de 18 até 70 anos, e a exceção é a facultatividade para os analfabetos, os maiores de 16 e menores de 18 anos e aqueles que têm acima de 70 anos. São impedidos de votar aqueles que estão cumprindo o serviço militar obrigatório (conscritos) e os estrangeiros.

O domicílio eleitoral é escolhido voluntariamente pelo eleitor e poderá recair em qualquer de suas residências ou local de trabalho. No entanto, somente poderá se candidatar para circunscrição de onde estiver inscrito como eleitor.

Assim, por exemplo, um eleitor tem, no Paraná, o domicílio civil em Curitiba e uma segunda residência em Irati; em Santa Catarina, uma terceira residência em São Bento do Sul; uma casa de veraneio em Aracaju, Sergipe; uma chácara em Camaquã, Rio Grande do Sul; mora num apartamento funcional em Brasília; e ainda, como exerce um cargo no Ministério das Relações Exteriores, possui residência em Munique, na Alemanha. Esse cidadão poderá escolher o município de quaisquer das residências para exercer o seu direito de voto, inclusive no consulado de Munique. No entanto, somente poderá se candidatar para os cargos e municípios em que tiver inscrito. Assim, para ser prefeito de Curitiba, deverá ser eleitor de Curitiba; e para ser governador de Santa Catarina, também será necessário que seja inscrito nesse Estado.

Questões para revisão

1. Em relação ao alistamento e ao voto obrigatório, marque a alternativa correta:
    a) A obrigatoriedade do alistamento e do voto é cláusula pétrea e, por isso, somente uma nova Constituição pode torná-los facultativos.
    b) Quando mais da metade dos eleitores anularem seus votos, far-se-á novas eleições em vinte dias.
    c) O eleitor com 15 anos que completar 16 anos até a data da eleição poderá se alistar como eleitor no ano da eleição até os cento e cinquenta e um dias anteriores ao pleito.
    d) O voto nulo é o voto de protesto, uma vez que o eleitor sabe votar, mas não tem candidatos ou legendas de sua preferência
    e) O eleitor poderá justificar a sua ausência aos pleitos quando estiver fora do seu domicílio, inclusive no mesmo município.

2. Em relação ao alistamento e ao voto facultativo e proibido, marque a alternativa correta:
    a) A obrigatoriedade do alistamento e do voto é cláusula pétrea e, por isso, somente uma nova Constituição pode torná-los facultativos.

Rogério Carlos Born

b) Os analfabetos possuem todos os direitos políticos ativos e passivos garantidos pela Constituição, podendo votar e ser votados.

c) Com a edição do Estatuto do Idoso, o alistamento e o voto passaram a ser facultativos a partir dos 60 anos de idade.

d) Os portugueses optantes podem exercer facultativamente os direitos políticos no Brasil após três anos de residência.

e) Os brasileiros do sexo masculino, no ano que completarem 18 anos, por serem conscritos, são impedidos de se alistar como eleitores a partir do momento que efetuam o alistamento militar.

3. Quanto ao domicílio eleitoral, marque a alternativa correta:

a) No direito eleitoral, a regra é o domicílio por eleição, uma vez que o eleitor poderá escolher o município de qualquer uma de suas residências.

b) Pelo Código Eleitoral, o domicílio eleitoral é o lugar onde o cidadão estabelece a sua residência com ânimo definitivo.

c) A transferência da inscrição eleitoral entre municípios pode ser realizada a qualquer tempo, uma vez que o Código Eleitoral não exige um tempo mínimo de residência no município.

d) No direito eleitoral, a regra é o domicílio por eleição e, consequentemente, o eleitor poderá escolher o município de qualquer uma de suas residências ou moradias para se candidatar a cargo eletivo.

e) É pacífica na jurisprudência a exigência da prova de residência do eleitor.

4. Quanto ao domicílio eleitoral, qual é a divergência em relação à prova de residência ou moradia?

5. A Constituição estabelece que os estrangeiros são inalistáveis.
    Essa vedação é absoluta?

Questões para reflexão

1. Na eleição para prefeito de um município litorâneo do Brasil,
    que possui 10 mil eleitores, houve a ausência de 30% deles,
    e dos 7 mil que votaram, 3 mil votaram em branco ou tiveram
    seus votos anulados. Dos 4 mil votos válidos, o candidato
    "A" alcançou 13,6% dos votos, o "B" 13,4% e o "C" 13%.
    Na Câmara Municipal, 65% dos vereadores são do partido de
    "B" e "C". Considerando que 86,4% dos eleitores do município
    não votaram no candidato eleito, a soberania popular foi
    respeitada? Existirá governabilidade nesse município?

2. Pedro possui certidão de nascimento e certificado de
    dispensa da incorporação das Forças Armadas por excesso de
    contingente. No entanto, é catador de recicláveis e dorme no
    próprio carrinho em cima do papelão que recolhe; portanto,
    não tem endereço fixo e muito menos comprovante de
    residência. É possível que se aliste como eleitor?

Para saber mais

BERNARDI, D. P. S. **Curso didático de direito eleitoral**. 2. ed.
Curitiba: Juruá, 2016.

A obra de Dieison Bernardi busca o embasamento teórico siste-
matizado e didaticamente harmônico de estudo das questões
que envolvem a tutela jurídica dos eleitores de modo claro,
objetivo e preciso. Dedica os capítulos 5 a 7, com profundidade

Rogério Carlos Born

e proficiência, ao alistamento, aos direitos políticos, ao voto e ao sufrágio, aliando aspectos teóricos e práticos.

BORN, R. C. **Direito eleitoral internacional e comunitário.** 2. ed. Curitiba: Juruá, 2016.

O autor dessa obra aborda situações relacionadas a eleitores brasileiros em Portugal e eleitores portugueses no Brasil, em relação à equivalência de direitos políticos aos residentes nesses países por três anos. Avalia com pormenores as Constituições e o Tratado de Amizade, Cooperação e Consulta entre a República Federativa do Brasil e a República Portuguesa, celebrado em Porto Seguro em 22 de abril de 2000. Em outro ponto, também esclarece situações relacionadas ao exercício obrigatório e facultativo do alistamento e do voto pelos eleitores brasileiros residentes no exterior e a possibilidade de exercer o direito de sufrágio nos consulados. Por fim, pontua como serão as futuras eleições para os membros do Parlamento do Mercosul em situação com o direito comparadas à eleição para o Parlamento Europeu.

BORN, R. C.; KARPSTEIN, C. **Direito eleitoral para concursos.** 2. ed. Curitiba: Iesde, 2012.

Em razão dessa obra ser direcionada para concursos, ela se aprofunda mais nos aspectos práticos para quem atua como servidor da Justiça Eleitoral, como os procedimentos para o alistamento, a transferência, a revisão e as segundas vias, os documentos exigidos e seus pormenores, a comprovação do endereço, as quitações eleitorais e os batimentos de inscrições eleitorais. Encontra-se associado a um vídeo com uma aula do professor Rogério Born.

SELMA: uma luta pela igualdade. Direção: Ava DuVernay. EUA, 2015. 128 min.

Esse filme tem como enredo a saga do pastor protestante e ativista Martin Luther King Junior, interpretado por David Oyelowo, ao constatar que os negros norte-americanos, embora possuíssem direitos políticos, eram impedidos de se inscrever no cadastro eleitoral por imposição de requisitos impossíveis de serem preenchidos.

Em um movimento pacífico, liderou e incentivou, em 1965, uma marcha de protesto entre a cidade de Selma até Montgomery, Alabama, nos Estados Unidos, movimento que foi violentamente reprimido pela polícia diante de toda a imprensa americana.

Capítulo 3
Direitos políticos
passivos: a elegibilidade e
as restrições

Conteúdos do capítulo:

- As condições de elegibilidade.
- As causas de perda e suspensão dos direitos políticos.
- As inelegibilidades.
- As inabilitações.
- As incompatibilidades.

Após o estudo deste capítulo, você será capaz de:

1. relacionar os pressupostos positivos de elegibilidade (condições de elegibilidade);
2. identificar e analisar os pressupostos negativos de elegibilidade (inelegibilidades, perda e suspensão dos direitos políticos, inabilitações e incompatibilidades).

(3.1)
CONTEXTUALIZAÇÃO

Quadro 3.1 – Efeitos das restrições aos direitos políticos

Instituto	Natureza Jurídica	Restrição	Alcance	Período	Recuperação
Cassação dos direitos políticos (Vedada no Brasil)	Sanção política	**Direitos políticos + exercício** desses direitos	**Total:** não pode votar nem ser votado	Definitivo	Não é possível a recuperação ou a reaquisição em nenhuma hipótese
Perda dos direitos políticos	Sanção (Brasil, 1988, art., 15, IV) e Inexistência (Brasil, 1988, art. 15, I)	**Direitos políticos + exercício** desses direitos	**Total:** não pode votar nem ser votado	Definitivo	Aquisição de **novos direitos políticos**
Suspensão dos direitos políticos	Sanção (Brasil, 1988, art. 15, II, III, V, VI)	**Direitos políticos + exercício** desses direitos	**Total:** não pode votar nem ser votado	Temporário	Cessação das causas que ensejaram
Condições de elegibilidade (Brasil, 1988, art. 14, § 3°)	Inabilitação subjetiva ou ausência de capacidade	**Exercício** dos direitos políticos	**Parcial:** não pode apenas ser votado	Temporário	Cessação das causas que ensejaram
Inelegibilidade em sentido estrito (Brasil, 1988, art. 14, § 9°)	Sanção	**Exercício** dos direitos políticos	**Parcial:** não pode apenas ser votado	Temporário	Cessação das causas que ensejaram
Incompatibilidades (Brasil, 1988, art. 14, § 5°, 9°; LC n. 64/1990)	Inabilitação objetiva	**Exercício** dos direitos políticos	**Parcial:** não pode apenas ser votado	Temporário	Cessação das causas que ensejaram

Rogério Carlos Born

As restrições dos direitos políticos podem ser ativas e passivas quando envolvem o direito de votar e de ser votado, ou somente passivas, quando envolvem apenas o direito de ser eleito, mas mantendo o dever de votar.

As restrições meramente passivas são aquelas que impedem o eleitor de concorrer a um cargo eletivo, mas não o exercício do sufrágio, como: as inelegibilidades, as incompatibilidades e a ausência de prestação de contas de campanha na Justiça Eleitoral.

As restrições ativas e passivas materiais ou objetivas (bipolares) são aquelas em que a reabilitação ou reaquisição não depende somente de um ato do eleitor, sendo evidenciada pela perda e pela suspensão dos direitos políticos.

As restrições ativas e passivas, formais ou subjetivas (unipolares), são as irregularidades na inscrição eleitoral em que o exercício dos direitos políticos e a reabilitação depende de um ato do eleitor, como: o cancelamento do título de eleitor por inalistabilidade, a ausência às urnas ou o não comparecimento à revisão do eleitorado.

Os direitos políticos passivos, ou seja, o direito de ser votado, envolve os pressupostos positivos – requisitos que o candidato deve possuir obrigatoriamente – e os pressupostos negativos – que não deve possuir de forma alguma.

Os pressupostos positivos são as condições de elegibilidade, e os pressupostos negativos são a ausência de inelegibilidade, de incompatibilidade e de condutas vedadas aos agentes públicos.

A Constituição da República Federativa do Brasil (CRFB) de 1988 prevê, em seu art. 14, § 9º:

> *Lei complementar estabelecerá outros casos de inelegibilidade e os prazos de sua cessação, a fim de proteger a probidade administrativa, a moralidade para exercício de mandato considerada vida pregressa do candidato,*

e a normalidade e legitimidade das eleições contra a influência do poder econômico ou o abuso do exercício de função, cargo ou emprego na administração direta ou indireta. (Brasil, 1988)

Para efeitos didáticos, esta obra classificará as inelegibilidades em sentido amplo, dividindo-as em inelegibilidade em sentido estrito e incompatibilidades. A Constituição aplica apenas o termo *inelegibilidade* em sentido amplo.

As **inelegibilidades em sentido estrito** são as restrições aos direitos políticos passivos aplicadas como sanções (punições) pela prática de atos ilícitos – políticos ou comuns. São subjetivas, uma vez que decorrem da prática de um ato (livre-arbítrio) e dependem do cumprimento de uma pena ou sanção pelo infrator.

As incompatibilidades, por sua vez, são as restrições aos direitos políticos passivos aplicadas na prevenção do uso da "máquina" administrativa em campanhas e são circunstanciais, não decorrendo da atividade ilícita do postulante ao cargo. São objetivas, haja vista que dependem apenas de circunstâncias temporais previstas na lei, fora do alcance do livre-arbítrio do postulante ao cargo.

(3.2)
PERDA E SUSPENSÃO DOS DIREITOS POLÍTICOS

A Constituição da República, no art. 15, proíbe a cassação de direitos políticos, o que só poderá ocorrer nos seguintes casos:

I – cancelamento da naturalização por sentença transitada em julgado;

II – incapacidade civil absoluta;

III – condenação criminal transitada em julgado, enquanto durarem seus efeitos;

IV – recusa de cumprir obrigação a todos imposta ou prestação alternativa, nos termos do art. 5º, VIII;

V – improbidade administrativa, nos termos do art. 37, § 4º". (Brasil, 1988)

Conforme ensina alhures o autor desta obra:

A perda dos direitos políticos é definitiva, o que significa que, cessadas as causas desta perda, o cidadão adquire originariamente novos direitos políticos, pois os antigos desapareceram. A cassação se difere da perda dos direitos políticos. A perda é definitiva, mas permite a reaquisição, enquanto a cassação é perpétua e não permite a reabilitação ou reaquisição. A perda é uma sanção social (objeção de consciência) ou a superveniência da inexistência de requisitos (perda da nacionalidade), ao passo que a cassação é um banimento político, porquanto vedada pelo art. 15 da Constituição. Na suspensão, o titular mantém estes direitos políticos, mas ficará temporariamente impedido ao seu exercício por lei. (Born, 2014b, p. 160)

No entanto, note-se que a Carta Magna não distinguiu quais são os casos de perda e suspensão dos direitos políticos, deixando ao legislador ordinário a definição da natureza jurídica da privação dos direitos políticos.

A doutrina e a jurisprudência definiram o primeiro caso, que é a perda da nacionalidade que ocorre – consoante o art. 12, § 4º, da Constituição – quando o naturalizado tiver cancelada sua naturalização, por sentença judicial, em virtude de atividade nociva ao interesse nacional ou no caso de brasileiro nato adquirir outra nacionalidade, com exceção de reconhecimento de nacionalidade originária pela lei estrangeira ou da imposição de naturalização, pela norma estrangeira, ao brasileiro residente em estado estrangeiro, como condição para permanência em seu território ou para o exercício de direitos civis.

O segundo caso é a recusa de cumprir obrigação a todos imposta ou prestação alternativa em razão de crença religiosa ou convicção filosófica ou política, o que é comum com aqueles que, sem justificativa, deixam de efetuar o alistamento militar, servir como jurado no Tribunal do Júri ou atuar como mesário nas eleições, como no caso das testemunhas de Jeová, que deixam de cumprir a prestação alternativa ao serviço militar obrigatório.

Nesse caso, apesar da Justiça Eleitoral, em regra, continuar a aplicar a perda dos direitos políticos e não a suspensão aos objetores conforme previsão da derrogada Constituição de 1967 e da Emenda n. 1, de 1969, o autor desta obra em outro livro defende que é um caso de suspensão dos direitos políticos fundamentando que:

> O Código de Processo Penal, com a reforma determinada pela Lei 11.689, de 2008, no art. 438, ratificou que "a recusa ao serviço do júri fundada em convicção religiosa, filosófica ou política importará no dever de prestar serviço alternativo, sob pena de suspensão dos direitos políticos, enquanto não prestar o serviço imposto". A aplicação da suspensão dos direitos políticos pelo Direito é necessária para impor a obrigação, pois há um interesse coletivo em que o serviço público seja prestado e que o seu ônus seja distribuído a todos os cidadãos conforme impõe a norma fundamental, no caso em estudo, a Constituição. (Born, 2014b, p. 158)

Enfim, é pacífica a perda dos direitos políticos em relação aos indivíduos que perderam a nacionalidade brasileira originária ou adquirida, mas é divergente quanto ao descumprimento de prestação alternativa devido à objeção, à exceção ou ao imperativo de crença ou consciência.

O primeiro caso de suspensão dos direitos políticos é a incapacidade civil absoluta, o que praticamente se tornou inaplicável pela legislação eleitoral. O art. 3º do Código Civil, com a redação determinada pela Lei n. 13.146, de 6 de julho de 2015, restringiu a definição de *absolutamente incapaz* aos menores de 16 anos, deixando uma lacuna quanto aos casos revogados daqueles que, "por enfermidade ou deficiência mental, não tiverem o necessário discernimento para a prática desses atos" e "os que, mesmo por causa transitória, não puderem exprimir sua vontade" (Brasil, 2015b). Assim, o caminho para esses casos será a facultatividade como analfabeto ou a justificativa como enfermo.

O segundo caso é a condenação criminal transitada enquanto durarem os seus efeitos, que incide sobre crimes e contravenções, crimes comuns ou políticos, crimes militares, dolosos e culposos, ainda que haja liberdade condicional, regime aberto, absolvição imprópria, suspensão condicional da pena, restritivas de direito ou multa. Não incide em condenação por ato infracional do Estatuto da Criança e do Adolescente (ECA), bem como em prisão provisória, prisão preventiva, liberdade provisória, prisão decorrente de pronúncia e prisão para recurso.

Por fim, a suspensão ocorre nos casos de condenação pela prática de atos de improbidade administrativa. A Constituição, no art. 37, § 4º, prevê que

> *os atos de improbidade administrativa importarão a suspensão dos direitos políticos, a perda da função pública, a indisponibilidade dos bens e o ressarcimento ao erário, na forma e gradação previstas em lei, sem prejuízo da ação penal cabível.* (Brasil, 1988)

A Lei de Improbidade Administrativa, Lei n. 8.429, de 2 de junho de 1992 (Brasil, 1992), nos arts. 9º a 12, tipifica a suspensão dos direitos políticos da seguinte forma: de oito a dez anos, quando há enriquecimento ilícito; de cinco a oito anos, quando ocorre prejuízo ao erário; e de três a cinco anos, pela prática de atos atentatórios contra princípios da Administração Pública.

A suspensão dos direitos políticos nas condenações criminais apresentam a natureza jurídica de efeito da condenação com duração coincidente com a pena aplicada, ao passo que nas condenações pela prática de ato de improbidade é a própria pena aplicada proporcionalmente à gravidade do delito na decisão condenatória.

Por fim, um caso em que, na prática, é aplicada a suspensão dos direitos políticos é o dos conscritos que se encontram no serviço militar obrigatório e que já se encontravam inscritos no cadastro eleitoral anteriormente à data do alistamento militar (Brasil, 1988, art. 14, § 2º). Isso ocorre porque a Constituição, a lei eleitoral e a lei militar são omissas quanto ao procedimento a ser aplicado.

(3.3)
CONDIÇÕES DE ELEGIBILIDADE

As condições constitucionais de elegibilidade são: a nacionalidade brasileira; o pleno exercício dos direitos políticos; o alistamento eleitoral; o domicílio eleitoral na circunscrição; a filiação partidária; e a idade mínima para o cargo (Brasil, 1988, art. 14, § 3º, I-IV).

A primeira condição de elegibilidade é a nacionalidade brasileira. O Brasil adota um critério misto de nacionalidade originária que abrange o *ius soli* e o *ius sanguinis* – este beneficiando os descendentes de brasileiros e aquele os nascidos em território nacional. Repisamos, ainda, que são brasileiros naturalizados, desde que requeiram a nacionalidade brasileira, os originários de países de língua portuguesa residentes no Brasil por um ano ininterrupto e idoneidade moral e os demais estrangeiros, residentes no país há mais de quinze anos ininterruptos e sem condenação penal (Brasil, 1988, art. 12, II).

Rogério Carlos Born

Quanto aos portugueses, ainda, as constituições do Brasil[1] e de Portugal[2], bem como o Tratado de Amizade, Cooperação e Consulta entre a República Federativa do Brasil e a República Portuguesa, celebrado em Porto Seguro em 2000 – Decreto n. 3.927, de 19 de setembro de 2001 (Brasil, 2001) –, que ab-rogou o Estatuto da Igualdade de Direitos e Deveres entre Brasileiros e Portugueses de 1971 (Decreto n. 70.391/1972), permitem o gozo de direitos políticos por brasileiros em Portugal e por portugueses no Brasil àqueles que tiverem três anos de residência habitual e requererem à autoridade competente que, no caso do Brasil, é o Ministério da Justiça.

Por fim, frisamos que são privativos de brasileiros natos os cargos eletivos de Presidente e Vice-presidente da República; de Presidente da Câmara dos Deputados; e de Presidente do Senado Federal (Brasil, 1988, art. 12, § 3º, I-III), ressaltando que os naturalizados poderão ser eleitos para os cargos do Legislativo, sendo defeso apenas a presidir as casas legislativas.

O pleno gozo dos direitos políticos é um pressuposto negativo de elegibilidade, ou seja, o eleitor não poderá estar incluso em um dos seguintes casos: direitos políticos perdidos ou suspensos pelo cancelamento da naturalização por sentença transitada em julgado; incapacidade civil absoluta por condenação criminal transitada em julgado, enquanto durarem seus efeitos; recusa de cumprir obrigação

---

1   *Constituição da República Federativa do Brasil. art. 12, § 1º: "Aos portugueses com residência permanente no País, se houver reciprocidade em favor de brasileiros, serão atribuídos os direitos inerentes ao brasileiro, salvo os casos previstos nesta Constituição" (Brasil, 1988).*

2   *Constituição da República Portuguesa, art. 15º, 3: "Aos cidadãos dos países de língua portuguesa podem ser atribuídos, mediante convenção internacional e em condições de reciprocidade, direitos não conferidos a estrangeiros, salvo o acesso à titularidade dos órgãos de soberania e dos órgãos de governo próprio das regiões autônomas, o serviço nas forças armadas e a carreira diplomática" (Portugal, 1976).*

a todos imposta ou prestação alternativa; condenação por improbidade administrativa; e opção pelo exercício dos direitos políticos em Portugal como prerrogativa do Estatuto da Igualdade.

Porém, o pleno gozo dos direitos políticos é apenas uma espécie do gênero *quitação eleitoral*, o que não garante, por si só, o deferimento do registro da candidatura.

Sucede que, para o Tribunal Superior Eleitoral (TSE, 2008c),

> *a respeito da abrangência do conceito de quitação eleitoral, [...] além de estar na plenitude do gozo dos seus direitos políticos, o candidato deve reunir, concomitantemente, a regularidade do exercício do voto, salvo quando facultativo, o atendimento a eventuais convocações da Justiça Eleitoral, inexistência de multas aplicadas por esta Justiça especializada e regular prestação de contas de sua campanha eleitoral.*

É conveniente destacar que, o fato de o valor da multa ser ínfimo, como ocorre com a ausência aos pleitos (R\$ 3,51), não afasta a ausência de condições de elegibilidade se o candidato não quitá-la antes da apresentação do registro da candidatura (TSE, 2008c).

Da mesma forma ocorre quando a prestação de contas de campanha do pleito anterior for regularizada após o início do prazo para o pedido de registro de candidatura, uma vez que já produziu o efeito de impedir a fiscalização pela Justiça Eleitoral (TSE, 2008b).

O alistamento eleitoral também é outra condição de elegibilidade. A Constituição e a legislação eleitoral brasileira pressupõem que a elegibilidade depende da alistabilidade, ou seja, um cidadão brasileiro deve necessariamente poder votar em si mesmo. Nas primeiras Constituições do Brasil, os militares – praças e oficiais – eram proibidos de votar, mas poderiam ser eleitos.

Como rege o art. 9º da Lei n. 9.504, de 30 de setembro de 1997, para concorrer a qualquer cargo eletivo, "o candidato deverá possuir domicílio eleitoral na respectiva circunscrição pelo prazo de seis meses e estar com a filiação deferida pelo partido no mesmo prazo" (Brasil, 1997).

O termo *pelo menos* é utilizado pela lei em razão de que os estatutos dos partidos – de acordo com o que rege o art. 20 da Lei n. 9.096, de 19 de setembro de 1995 (Brasil, 1995) –, nos anos em que não há eleição, poderão estabelecer prazos superiores a um ano para que seus filiados possam se candidatar.

A filiação partidária é um ato vinculado, ou seja, ela não pode ser negada se o eleitor atendeu todas as exigências previstas no estatuto do partido (Brasil, 1995, art. 17).

Ainda, a Constituição, no art. 142, § 3º, V, prevê que os militares, enquanto no serviço ativo, não poderão permanecer filiados a partidos políticos.

O Supremo Tribunal Federal (STF, 1991), ao enfrentar a questão, decidiu que

> *se o militar da ativa é alistável, é ele elegível (Brasil, 1988, art. 14, § 8º) e porque não pode ele filiar-se a partido político (Brasil, 1988, artigos 42, § 6º e 142, V), a filiação partidária não lhe e exigível como condição de elegibilidade, certo que somente a partir do registro da candidatura é que será agregado.*[3]

Porém, a amplitude das vedações ao exercício de atividades político-partidárias é maior em relação aos magistrados (Brasil, 1988, art. 95, parágrafo único, III), aos membros do Ministério Público (Brasil, 1988, art. 128, § 5º, II; Brasil, 1993a, art. 237), aos membros

---

3 *Supremo Tribunal Federal. Constitucional. Eleitoral. Militar da ativa (sargento) com mais de dez anos de serviço. Elegibilidade. Filiação partidária. Agravo de Instrumento 135.452/DF, Relator: ministro Carlos Velloso, Brasília, DF, 20 de setembro de 1990. Diário da Justiça da União, 14 jun. 1991.*

dos tribunais de contas (Brasil, 1988, art. 73, § 3º, 4º) e aos servidores de qualquer órgão da Justiça Eleitoral (Brasil, 1965b, art. 366). Nesses casos, o exercício de qualquer atividade político-partidária poderá responsabilizá-los por infração administrativa e de responsabilidade e sujeitá-los, inclusive, à pena de demissão.

A Constituição brasileira exige uma idade mínima para que um cidadão seja elegível, não estabelecendo uma idade máxima. A idade mínima é verificada tendo como referência a data da posse (Brasil, 1997, art. 11, § 2º).

No Brasil, a capacidade mental ou intelectual para o exercício de um cargo público é presumida apenas pela idade, uma vez que exige, para qualquer cargo, apenas que o postulante seja alfabetizado.

Aos cargos de Presidente e Vice-Presidente da República – em razão da complexidade que envolve a competência de exercer o comando supremo das Forças Armadas, controlar a política financeira e estabelecer relações com outras nações –, o constituinte entendeu que o titular deveria ter, no mínimo, 35 anos de idade (Brasil, 1988, art. 14, § 3º, VI, "a").

O mesmo limite etário (35 anos) é exigido àqueles que postulam o cargo de Senador. Isso se deve a uma herança do Império Romano. Outra razão é o fato de que a competência privativa do Senado envolve o referendo a inúmeros atos do Presidente da República (Brasil, 1988, art. 52) e seria uma incongruência se os senadores tivessem uma experiência menor que a do Chefe do Poder Executivo, embora essa maturidade seja presumida.

Quanto aos governadores e vice-governadores de estado e do Distrito Federal essa idade é reduzida à 30 anos (Brasil, 1988, art. 14, § 3º, VI, "b").

Rogério Carlos Born

Já para deputado federal, estadual, distrital, prefeito, vice-prefeito e juiz de paz a idade mínima é de 21 anos (Brasil, 1988, art. 14, § 3º, VI, "c").

A idade de 18 anos é exigida para os cidadãos que postulem o cargo de vereador (Brasil, 1988, art. 14, § 3º, VI, "d") e de conselheiro do Distrito Estadual de Fernando de Noronha[4].

A emancipação civil dos eleitores relativamente incapazes pela lei civil não supre a condição etária de elegibilidade para permitir uma candidatura antes dos 18 anos (TRE-SP, 2000).

(3.4)
INELEGIBILIDADES E *IMPEACHMENT*

A instauração do processo de *impeachment* contra o Presidente e o Vice-Presidente da República e os Ministros de Estado depende da autorização por dois terços da Câmara dos Deputados (Brasil, 1988, art. 51, I). O processo e julgamento tramitará no Senado, que será presidido pelo Presidente do STF, dependendo da condenação do voto de dois terços dos senadores, o que poderá decretar a perda do cargo e a inabilitação por oito anos para o exercício de função pública, sem prejuízo das demais sanções judiciais cabíveis (Brasil, 1988, art. 52, parágrafo único).

No caso do impedimento do então presidente Fernando Collor de Mello, o presidente deposto perdeu o cargo e cumpriu a inabilitação para o exercício de qualquer cargo público por oito anos, sendo eleito posteriormente como Senador.

---

4 *"Art. 44. São requisitos de elegibilidade para o cargo de Conselheiro distrital; I – nacionalidade brasileira; II – pleno exercício dos direitos civis e políticos; III – domicílio eleitoral em Fernando de Noronha por tempo superior a dois anos; IV – idade mínima de dezoito anos" (Pernambuco, 1995).*

Em relação à Dilma Roussef, o Senado fracionou as sanções, entendendo que havia fundamento para a perda do cargo, mas não havia motivação para inabilitação para o exercício de futuros cargos eletivos, mantendo intacta a sua elegibilidade. A ex-presidente concorreu ao Senado por Minas Gerais, mas não foi eleita.

O autor desta obra, alhures, demonstrou a existência de três outros institutos que afastam o detentor do mandato no direito comparado, que são o *abwahl*, a revocatória e o *recall*.

*A República Federal da Alemanha garante, também, relativamente às eleições para presidente e membros do Poder Executivo de uma autarquia local, o exercício dos direitos políticos através da abwahl, processo eleitoral que permite a destituição do cargo pelo voto popular (Declaração para ata da delegação alemã) e encontra amparo na última parte do art. 28, 1, da Lei fundamental germânica, que reza que "**nos municípios, a assembleia local poderá substituir o corpo eleito**". O abwahl alemão assemelha-se ao recall, instituto americano com origem na Idade Média, que possibilita a reavaliação popular do mandato, inclusive possibilitando a cassação do ocupante de cargo público [...]. Na América Latina, o Equador adota o processo de revocatória do mandato, onde os cidadãos equatorianos possuem o direito de cassar o mandato dos alcaides, prefeitos e deputados por atos de corrupção ou descumprimento injustificado do plano de governo apresentado no momento do registro da candidatura. A iniciativa desta espécie de ação popular eleitoral poderá ser exercida por pelo menos trinta por cento dos cidadãos registrados na circunscrição eleitoral. No processo eletivo revocatório, participarão todos os cidadãos no pleno exercício dos direitos políticos e será cassado o mandato pelo pronunciamento desfavorável da maioria absoluta dos eleitores.* (Born, 2016c, p. 44, grifo do original)

Rogério Carlos Born

Em relação ao *recall*, Darcy Azambuja (2001, p. 236) esclarece:

Em alguns estados da União Americana tem tido, nestes últimos anos, larga aplicação, não somente para membros da Câmara como para membros do Executivo e do Judiciário, o recall. Um certo número de eleitores, 20 a 25% do total, pode pedir que o cidadão seja submetido ao recall, ou revogação. O indivíduo recalled pode apresentar-se à reeleição e imprimir na cédula de voto sua defesa. Se for reeleito, correm por conta dos peticionários do recall as despesas feitas com a eleição, para o que previamente eles são obrigados a prestar caução.

É um processo de impedimento tipicamente estadunidense, que decorre da forma centrípeta da República americana e produz uma forte autonomia nos municípios.

As inelegibilidades em sentido estrito são medidas decorrentes do cometimento de infrações que impedem o exercício dos direitos políticos, cuja finalidade, positivada na Constituição, art. 14, § 9º, é "proteger a probidade administrativa, a moralidade para exercício de mandato considerada vida pregressa do candidato [...]" (Brasil, 1988). Essa finalidade é subjetiva, pois considera "a vida pregressa do candidato", e também objetiva, quando vela pelo interesse coletivo, que é "proteger a probidade administrativa, a moralidade para exercício de mandato" (Brasil, 1988).

Para o constituinte, o cidadão que comete as infrações previstas na Constituição e na lei complementar não possui idoneidade e confiança suficiente para gerir o erário e os interesses públicos, embora permita a sua participação por meio do voto. Assim, os inelegíveis podem votar, mas não podem ser votados. É o que elucida o acórdão do Tribunal Regional Eleitoral do Paraná (TRE-PR, 2000) quando enuncia que "a inelegibilidade não configura cassação de direitos políticos, a que alude o art. 15 da Constituição de 1988, porquanto o prefeito cassado poderá votar e praticar atividade político-partidária".

O estabelecimento das causas infraconstitucionais de inelegibilidade é reservado a uma lei complementar, a Lei das Inelegibilidades – Lei Complementar n. 64, de 18 de maio de 1990 (Brasil, 1990). Essa lei recentemente recebeu uma grande reforma legislativa por meio da Lei da "Ficha Limpa" – Lei Complementar n. 135, de 4 de junho de 2010 (Brasil, 2010) –, agravando as medidas políticas.

A Lei da "Ficha Limpa" ampliou para oito anos as sanção para sentenciados definitivamente por atos de improbidade administrativa, abuso do poder político e econômico, corrupção eleitoral e captação ilícita de sufrágio.

A inelegibilidade somente pode ser declarada por órgão colegiado, ou seja, a condenação por mais de um magistrado, independentemente do trânsito em julgado. Assim, para que haja a aplicação da inelegibilidade, é necessária a decisão de uma corte de apelação, especial ou extraordinária, do tribunal do júri ou de um conselho permanente ou especial da Justiça Militar. As decisões das turmas recursais dos juizados especiais criminais não geram a inelegibilidade, visto que não se aplica aos de menor potencial ofensivo, culposos e nem aos de ação penal privada (Brasil, 1990, art. 1º, § 4º).

O eleitor que sofreu a condenação poderá requerer, na interposição do recurso no órgão colegiado, sob pena de preclusão, a suspensão cautelar da inelegibilidade se existir plausibilidade da pretensão recursal (Brasil, 1990, art. 26-C).

A impugnação de registro de candidato com fundamento em inelegibilidade por abuso do poder econômico ou político deduzida de forma temerária ou de manifesta má-fé sujeita o ingressante à conduta tipificada no art. 25 da Lei Complementar n. 64/1990, cuja pena é de "detenção de 6 (seis) meses a 2 (dois) anos, e multa de 20 (vinte) a 50 (cinquenta) vezes o valor do Bônus do Tesouro Nacional (BTN)" (Brasil, 1990).

A Constituição assim determina no art. 14:

> § 9° Lei complementar estabelecerá outros casos de inelegibilidade e os prazos de sua cessação, a fim de proteger a probidade administrativa, a moralidade para o exercício do mandato, considerada a vida pregressa do candidato, e a normalidade e legitimidade das eleições contra a influência do poder econômico ou o **abuso** do exercício de função, cargo ou emprego na administração direta ou indireta. (Brasil, 1988)

A regulamentação dessa norma de eficácia limitada é regulamentada pela Lei Complementar n. 64/1990, que estabelece os casos de inelegibilidade, prazos de cessação e determina outras providências.

A primeira causa prevista pela Lei das Inelegibilidades, art. 1º, I, "b", é a perda de mandato dos membros do Poder Legislativo, quando dispõe que são inelegíveis

> b) os membros do Congresso Nacional, das Assembleias Legislativas, da Câmara Legislativa e das Câmaras Municipais, que hajam perdido os respectivos mandatos por infringência do disposto nos incisos I e II do art. 55 da Constituição da República, dos dispositivos equivalentes sobre perda de mandato das Constituições Estaduais e Leis Orgânicas dos Municípios e do Distrito Federal, para as eleições que se realizarem durante o período remanescente do mandato para o qual foram eleitos e nos **oito anos** subsequentes ao término da legislatura. (Brasil, 1990, grifo nosso)

A primeira causa decorre do cometimento de infrações objetivas ligadas à vedação ao exercício de empresa ou de outros cargos por parlamentares (Brasil, 1988, art. 55, I). A segunda causa é subjetiva, envolvendo aqueles parlamentares que tiveram cassado o seu mandato em razão de procedimento declarado incompatível com o decoro parlamentar (Brasil, 1988, art. 55, II).

Como a contagem dos oito anos de inelegibilidade se inicia após o término do mandato de quatro anos, a inelegibilidade direta dos deputados e vereadores, pode chegar à doze anos, ao passo que a dos senadores, com mandato de oito anos, poderá alcançar até dezesseis anos. Se considerar que a data da posse dos mandatos no Legislativo ocorre em 1º de fevereiro e no Executivo em 1º de janeiro, a inelegibilidade dos deputados federais e senadores cassados, para concorrerem nas eleições para o Poder Executivo, poderá, respectivamente, somar quatorze e dezoito anos.

A anotação dessa inelegibilidade pela Justiça Eleitoral é automática, em face da comunicação do Poder Legislativo, e o processo judicial específico que discuta tal pronunciamento não depende de trânsito em julgado (TSE, 2010a).

A Lei Complementar n. 64/1990 também prevê uma regra similar no art. 1º, I, "c", para os ocupantes do Poder Executivo, tornando inelegível:

> c) o Governador e o Vice-Governador de Estado e do Distrito Federal e o Prefeito e o Vice-Prefeito que perderem seus cargos eletivos por infringência a dispositivo da Constituição Estadual, da Lei Orgânica do Distrito Federal ou da Lei Orgânica do Município, para as eleições que se realizarem durante o período remanescente e nos **8 (oito) anos** subsequentes ao término do mandato para o qual tenham sido eleitos. (Brasil 1990, grifo nosso)

A inelegibilidade direta dos governadores e prefeitos pode chegar à doze anos, uma vez que os oito anos de inelegibilidade correm a partir no término do mandato de quatro anos.

A inelegibilidade também decorre da condenação por abuso do poder político, que sujeita os condenados à inelegibilidade para a eleição na qual concorrem ou tenham sido diplomados, bem como para as que se realizarem nos oito anos seguintes. A decisão deverá transitar em julgado ou proferida por órgão judicial colegiado.

Quando são combinadas as alíneas "d" e "h" do art. 1º, I, da Lei das Inelegibilidades, extrai-se que são inelegíveis os que tenham contra sua pessoa representação procedente e os detentores de cargo na Administração Pública direta, indireta ou fundacional, que beneficiarem a si ou a terceiros, pelo abuso do poder econômico, em decisão transitada em julgado ou proferida por órgão judicial colegiado para a eleição na qual concorrem ou tenham sido diplomados, bem como para as que se realizarem nos oito anos seguintes.

O abuso é mais abrangente do que a influência do poder econômico e, por si só, não é suficiente para influenciar o resultado das eleições. Para o TSE (2007a): "Configura-se conduta vedada a agente público, segundo os tipos da Lei das Eleições, quando o fato provado tenha capacidade concreta de comprometer a igualdade do pleito".

As condutas que mais caracterizam o abuso do poder econômico, na prática, são o recebimento de recursos de campanha não permitidos pela legislação ("caixa 2") e a corrupção eleitoral (compra de votos). Conforme o art. 1º, I, "d", da Lei Complementar n. 64/1990, os condenados pela influência do poder econômico estão sujeitos à inelegibilidade "para a eleição na qual concorrem ou tenham sido diplomados, bem como para as que se realizarem nos 8 (oito) anos seguintes" (Brasil, 1990). É necessário que exista condenação em decisão transitada em julgado, ou seja, que não haja possibilidade de recurso, ou proferida por órgão judicial colegiado.

A inelegibilidade decorrente do abuso dos meios de comunicação social é extraída da interpretação sistemática da Lei Complementar n. 64/1990:

Art. 22. [...]

*XIV – julgada procedente a representação, ainda que após a proclamação dos eleitos, o Tribunal declarará a inelegibilidade do representado e de quantos hajam contribuído para a prática do ato, cominando-lhes sanção de inelegibilidade para as eleições a se realizarem nos **8 (oito) anos** subsequentes à eleição em que se verificou, além da cassação do registro ou diploma do candidato diretamente beneficiado pela interferência do poder econômico ou pelo desvio ou abuso do poder de autoridade ou dos meios de comunicação, determinando a remessa dos autos ao Ministério Público Eleitoral, para instauração de processo disciplinar, se for o caso, e de ação penal, ordenando quaisquer outras providências que a espécie comportar.* (Brasil, 1990, grifo nosso)

Segundo a jurisprudência pacífica do TSE (2014e), "a condenação fundamentada exclusivamente na hipótese de uso indevido dos meios de comunicação, com fundamento no art. 22, XIV, da LC n° 64/90, atrai a incidência da inelegibilidade do art. 1°, I, d".

A condenação criminal agravada (Brasil, 1990, art. 1°, I, "e"), antes da Lei da "Ficha Limpa", aplicava a inelegibilidade de três anos após o cumprimento da pena para os condenados definitivamente pelos crimes contra a economia popular, a fé pública, a Administração Pública, o patrimônio público, o mercado financeiro, o tráfego de entorpecentes e os crimes eleitorais. Como o cumprimento desse prazo terminava antes da próxima eleição, pois era contado a partir da eleição, e não da cassação, os envolvidos cumpriam a inelegibilidade antes da próxima eleição.

Com a edição da Lei Complementar n. 135, de 4 de junho de 2010 (Brasil, 2010), a inelegibilidade foi elevada para oito anos e se ampliou o rol para os seguintes crimes: hediondos e equiparados (tráfico, tortura e terrorismo); contra o meio ambiente e a saúde pública;

abuso de autoridade; lavagem ou ocultação de bens, direitos e valores; de escravidão; contra a vida e a dignidade sexual; e praticados por organização criminosa, quadrilha ou bando; embora tenha reduzido a sanção aos crimes eleitorais que a lei comine pena privativa de liberdade. Para os demais crimes, incide apenas a suspensão dos direitos políticos até a extinção da punibilidade.

Porém, não se pode confundir a natureza jurídica da inelegibilidade com a da suspensão dos direitos políticos decorrentes da condenação criminal. A suspensão dos direitos políticos são efeitos da condenação transitada em julgado com duração concomitante ao do cumprimento da pena, ao passo que a inelegibilidade é uma sanção ou medida protetiva do eleitor fixada a decisão de órgão colegiado não definitiva ou após o cumprimento da pena.

A Lei Complementar n. 64/1990 prevê, no art. 1º, 1, "l", que são inelegíveis, desde a condenação ou o trânsito em julgado até o transcurso do prazo de oito anos após o cumprimento da pena,

l) os que forem condenados à suspensão dos direitos políticos, em decisão transitada em julgado ou proferida por órgão judicial colegiado, por ato doloso de improbidade administrativa que importe lesão ao patrimônio público e enriquecimento ilícito [...]. (Brasil, 1990)

Não são inelegíveis os condenados à suspensão dos direitos políticos por atos culposos, ou seja, praticados por negligência, imprudência ou imperícia ou como incursos apenas na prática de atos atentatórios contra princípios da Administração Pública. Nesses casos, as restrições ao exercício dos direitos políticos se esgotam no cumprimento da pena.

No entanto, quando a condenação à suspensão dos direitos políticos decorrer da prática de ato doloso de improbidade administrativa que importe lesão ao patrimônio público e enriquecimento ilícito, haverá duas situações, ou seja, a conjunção aditiva *e* indica a necessidade de que ocorra as duas condutas.

A tipificação de condutas vedadas aos agentes públicos tem por escopo o princípio da igualdade de concorrência entre os candidatos, partidos e coligações, uma vez que os detentores de cargos eletivos têm mais facilidade para vencer as eleições em razão do fácil acesso aos bens e serviços públicos.

A Lei das Inelegibilidades, no art. 1º, I, "j", prevê a inelegibilidade por oito anos a contar da eleição dos

> *que forem condenados, em decisão transitada em julgado ou proferida por órgão colegiado da Justiça Eleitoral, [...] ou por conduta vedada aos agentes públicos em campanhas eleitorais que impliquem cassação do registro ou do diploma.* (Brasil, 1990)

As condutas vedadas estão previstas nos arts. 73 a 75 da Lei n. 9.504/1997 e são, basicamente, as seguintes: usar em campanhas eleitorais bens móveis ou imóveis e serviço de servidores públicos pertencentes à administração direta ou indireta; fazer ou permitir o uso promocional ou a distribuição gratuita de bens e serviços de caráter social custeados ou subvencionados pelo Poder Público em favor de candidato, partido político ou coligação; nos três meses que antecedem os pleitos, nomear aprovados em concurso homologados no período vedado, movimentar, promover e rever, de forma geral, remuneração que exceda a recomposição da perda de seu poder aquisitivo ao longo do ano da eleição de funcionários públicos.

Outras condutas vedadas pelos já citados artigos são: pronunciar-se em cadeia de rádio e televisão fora do horário eleitoral gratuito, salvo matéria urgente, relevante e característica das funções de governo, a critério da Justiça Eleitoral; no primeiro semestre do ano de eleição, segundo o art. 73, VII, realizar *despesas com publicidade dos órgãos públicos federais, estaduais ou municipais, ou das respectivas entidades da administração indireta, que excedam a média dos gastos no primeiro semestre dos três últimos anos que antecedem o pleito.* (Brasil, 1997)

Por fim, nos três meses que antecedem as eleições, é proibido realizar, em inaugurações, a contratação de *shows* artísticos pagos com recursos públicos.

A rejeição das contas públicas é a maior causa de inelegibilidade nas impugnações de candidatos na Justiça Eleitoral em que a Lei Complementar n. 64/1990 tipifica.

Ar. 1º São inelegíveis:

I – para qualquer cargo:

[...]

*g) os que tiverem suas contas relativas ao exercício de cargos ou funções públicas rejeitadas por irregularidade insanável que configure ato doloso de improbidade administrativa, e por decisão irrecorrível do órgão competente, **salvo se esta houver sido suspensa ou anulada pelo Poder Judiciário**, para as eleições que se realizarem nos 8 (oito) anos seguintes, contados a partir da data da decisão, aplicando-se o disposto no inciso II do art. 71 da Constituição Federal, a todos os ordenadores de despesa, sem exclusão de mandatários que houverem agido nessa condição.* (Brasil, 1990, grifo nosso)

Essa inelegibilidade é aplicável a todos os ordenadores de despesa, sejam agentes políticos eletivos, sejam em comissão, e servidores públicos estáveis ou não, bem como qualquer cidadão que eventualmente tenha recebido verbas ou valores públicos ou dirigentes de organizações subsidiadas pelo Poder Público. As decisões administrativas não são suficientes para afastar a inelegibilidade, somente as decisões judiciais.

O legislador, com o advento da Lei Complementar n. 135/2010, reconhecendo a importância de determinados ofícios e cargos, optou pela aplicação por inelegibilidade pelo prazo de oito anos àqueles que tenham sido excluídos da profissão ou demitidos do serviço público de qualquer esfera. Nesses casos, uma decisão provisória em procedimento anulatório não é suficiente para afastar a inelegibilidade, sendo necessária a suspensão ou a anulação pelo Poder Judiciário (Brasil, 1990, art. 1º, I, "f", "m", "o", "q").

O primeiro caso contempla os "magistrados e os membros do Ministério Público que forem aposentados compulsoriamente por decisão sancionatória, que tenham perdido o cargo por sentença" (Brasil, 1990, art. 1º, I, "q"). Note-se, a lei eliminou uma lacuna ao estabelecer que são inelegíveis mesmo que, na pendência de processo administrativo disciplinar, tenham pedido exoneração ou aposentadoria voluntária que permitia que juízes, promotores e procuradores infratores, antevendo a condenação, migrassem livremente para os cargos eletivos. Nesses casos, mesmo sendo absolvidos em processo disciplinar, continuarão inelegíveis, haja vista que a lei tipifica com a inelegibilidade a exoneração ou a aposentadoria voluntária.

A mesma regra se aplica aos que forem demitidos do serviço público devido a processo administrativo ou judicial por infração de deveres previstos nos estatutos dos servidores públicos, e para os excluídos (não se aplica à suspensão) do exercício das profissões reguladas e fiscalizadas pela União por decisão sancionatória definitiva do órgão profissional competente (OAB, CRM, CRO, CRF, CRECI etc.), bem como incursos em infração ético-profissional.

Por fim, a Lei Complementar n. 135/2010, para afastar essa lacuna que fere o princípio da República, tornando hereditário o cargo,

Rogério Carlos Born

inseriu na Lei Complementar n. 64/1990 a interessante hipótese de inelegibilidade por desfazimento simulado de vínculo conjugal:

Art. 1º São inelegíveis:

[...]

n) os que forem condenados, em decisão transitada em julgado ou proferida por órgão judicial colegiado, em razão de terem desfeito ou simulado desfazer vínculo conjugal ou de união estável para evitar caracterização de inelegibilidade, pelo prazo de 8 (oito) anos após a decisão que reconhecer a fraude. (Brasil, 1990)

Para clarificar, a tipicidade subjetiva está em "ter desfeito o vínculo conjugal" ou "simulado o desfazimento da união estável". Antes da vigência da Lei da "Ficha Limpa", era comum entre os prefeitos e governadores que exerciam o segundo mandato a simulação de divórcio para possibilitar que o cônjuge concorresse ao terceiro mandato. Os chefes do executivo desfaziam o vínculo conjugal e, após a vitória do cônjuge nas urnas e a assunção do mandato, contraiam novas núpcias.

Para o TSE (2004a), "os sujeitos de uma relação estável homossexual, à semelhança do que ocorre com os de relação estável, de concubinato e de casamento, submetem-se à regra de inelegibilidade prevista no art. 14, § 7º, da Constituição Federal".

(3.5)
INCOMPATIBILIDADES

A Constituição trata do termo *inelegibilidade* em sentido amplo, remetendo à Lei Complementar n. 64/1990 (Lei das Inelegibilidades), distinguindo-as entre inelegibilidades em sentido estrito e incompatibilidades.

As inelegibilidades em sentido estrito são medidas preventivas e, por ricochete, sancionatórias, uma vez que afastam os candidatos que tenham praticados atos considerados lesivos ou imorais. São reflexos de condutas subjetivas, uma vez que presumem relativamente a reiteração das condutas no exercício de futuros mandatos.

As incompatibilidades, ao contrário, são medidas de proteção do eleitor contra as facilidades de acesso aos bens e serviços público que têm os candidatos detentores de cargo público – eletivos ou não –, facilitando a sua eleição ou reeleição, causa de desequilíbrio do pleito. As incompatibilidades são objetivas, haja vista que a sua aplicação não resulta de uma conduta, mas de uma posição ocupada pelo pré-candidato. Por isso, são medidas de precaução, e não de prevenção, uma vez que os incompatíveis não possuem necessariamente um histórico negativo e a lei busca apenas retirar o impulso para a prática de um ato censurável ou não recomendável no serviço público. Em sentido figurado, podemos pensar na mensagem de placas de trânsito das rodovias com o conselho "na dúvida, não ultrapasse". Outro fundamento da incompatibilidade é a proteção do princípio republicano pela reelegibilidade para o terceiro mandato e a inelegibilidade reflexa.

O primeiro caso de incompatibilidade é a vedação à reeleição para o terceiro mandato no Poder Executivo pelos ocupantes e parentes e está previsto no art. 14, § 5º e 7º, da Constituição. Tem por escopo a proteção do princípio da República, uma vez que o Brasil não adota a monarquia como forma de governo, contra a vitaliciedade típica do sistema monárquico.

A inelegibilidade absoluta, prevista no art. 14, § 5º, da Constituição, afasta a vitaliciedade quando proíbe a reeleição do presidente da

Rogério Carlos Born

República, dos governadores de estado e do Distrito Federal, dos prefeitos e de quem os houver sucedido ou substituído no curso dos mandatos para concorrer ao terceiro mandato. O art. 14, § 7º, da Constituição, pela *inelegibilidade reflexa*, protege contra a hereditariedade típica do sistema monárquico, quando veda a eleição

> *no território de jurisdição do titular, o cônjuge e os parentes consanguíneos ou afins, até o segundo grau ou por adoção, do Presidente da República, de Governador de Estado ou Território, do Distrito Federal, de Prefeito ou de quem os haja substituído dentro dos 6 (seis) meses anteriores ao pleito, salvo se já titular de mandato eletivo e candidato à reeleição.* (Brasil, 1988)

A Constituição fixa que o Presidente da República, os governadores de estado e do Distrito Federal e os prefeitos devem renunciar aos respectivos mandatos até seis meses antes do pleito se concorrerem a outros cargos (Brasil, 1988, art. 14, § 6º). Para os demais cargos, a Lei das Inelegibilidades fixa, em regra, o prazo de três meses para desincompatibilização para servidores e empregados públicos, com vencimentos integrais. Em relação aos prazos especiais, a Lei fixa o prazo em seis meses anteriores às eleições para agentes políticos em cargos de primeiro e segundo escalão, bem como quatro meses para policiais civis e militares em exercício.

A Constituição veda expressamente a elegibilidade dos analfabetos, não permitindo que concorram a qualquer cargo eletivo, embora possuam os direitos políticos ativos como eleitores facultativos (Brasil, 1988, art. 14, II, "a", § 4º; Brasil, 1990, art. 1º, I, "a").

Porém, não existe um critério seguro de definição de *analfabeto*, ficando em aberto em relação aos cidadãos que não sabem apenas ler e/ou escrever ou que apenas assinam.

A sociologia buscou estabelecer o critério do "bilhete" da Organização das Nações Unidas para a Educação, a Ciência e a Cultura (Unesco), de 1951, que define como *alfabetizados* os cidadãos que conseguem escrever um simples bilhete ou palavras no idioma que conhece, e o critério da alfabetização completa, de Paulo Freire, que inspirou a criação do famigerado Mobral (Movimento Brasileiro de Alfabetização).

Em acórdão do TRE-PR (2004b), extrai-se que, "conforme conceitos buscados na pedagogia tradicional, alfabetizar é tornar o indivíduo capaz de ler e escrever, conceito que afasta a exigência de ser letrado ou dominar tais habilidades com marcante desenvoltura", e, noutro julgado, define como "analfabeto quem não conhece o alfabeto e para efeito de inelegibilidade este conceito não pode ser ampliado" (TRE-PR, 2004a). Outro julgado da Corte eleitoral paranaense define que, "candidato que não consegue comprovar sua escolaridade, mas consegue ler e escrever, apesar de considerado não alfabetizado em teste designado pelo juízo eleitoral, é elegível" (TRE-PR, 2004c)".

Uma resolução do TSE estabelece algumas regras protetivas à dignidade dos cidadãos analfabetos: a) se o cidadão deixar de ser analfabeto não ficará sujeito à multa; b) ao juiz eleitoral, é defeso agrupá-los em seções especiais por se tratar de ato discriminatório (TSE, 2003a, art. 16, parágrafo único); e c) não deverá o cartório eleitoral fazer qualquer anotação no livro de eleitores, pois a aposição da impressão do polegar direito no requerimento e na folha de votação será suficiente para a elaboração do boletim da estatística do eleitorado (TSE, 2003a, art. 13-A).

Os estrangeiros naturalizados brasileiros possuem o alistamento e o voto obrigatórios e, consoante ao que prescreve o art. 72 da Lei n. 13.445, de 24 de maio de 2017 – Lei de Migração –, "no prazo de até

1 (um) ano após a concessão da naturalização, deverá o naturalizado comparecer perante a Justiça Eleitoral para o devido cadastramento" (Brasil, 2017a).

A Constituição da República determina que são privativos de brasileiro nato os cargos eletivos de Presidente e Vice-Presidente da República, de Presidente da Câmara dos Deputados e de Presidente do Senado Federal. Dentre os cargos públicos não eletivos, veda ainda o de Ministro do STF; de carreira diplomática; de oficial das Forças Armadas e de Ministro de Estado da Defesa (Brasil, 1988, art. 12, § 1º; art. 14, § 3º).

A Carta Magna prevê ainda que, aos portugueses com residência permanente no país, se houver reciprocidade em favor de brasileiros, serão atribuídos os direitos inerentes aos brasileiros **naturalizados**[5], salvo os casos previstos na Constituição.

Para o Superior Tribunal de Justiça (STJ, 2007), "considera-se cidadãos os brasileiros natos ou naturalizados e os portugueses equiparados no pleno exercício dos seus direitos políticos".

O Tratado de Amizade, Cooperação e Consulta entre a República Federativa do Brasil e a República Portuguesa prevê:

Artigo 17

1. O gozo de direitos políticos por brasileiros em Portugal e por portugueses no Brasil só será reconhecido aos que tiverem três anos de residência habitual e depende de requerimento à autoridade competente.

2. A igualdade quanto aos direitos políticos não abrange as pessoas que, no Estado da nacionalidade, houverem sido privadas de direitos equivalentes.

---

5   *A palavra* naturalizados *decorre da jurisprudência e não consta na redação desse dispositivo da Constituição.*

3. O gozo de direitos políticos no Estado de residência importa na suspensão do exercício dos mesmos direitos no Estado da nacionalidade. (Brasil, 2001[6])

Os portugueses que optarem pelos exercícios dos direitos políticos no Brasil, apesar de poderem se alistar e votar, não poderão ser eleitos por carência de reciprocidade, haja vista que os brasileiros nas mesmas condições são inelegíveis para todos os cargos eletivos em Portugal (Born, 2016c).

A jurisprudência do TSE traz um indicativo de que os portugueses beneficiados pelo Tratado de Amizade, Cooperação e Consulta entre a República Federativa do Brasil e a República Portuguesa são inelegíveis quando pontua que "não há reciprocidade em favor de brasileiros dado que em Portugal o sistema político é unitário e não há cargo de prefeito municipal" (TSE, 1994).

No entanto, acolheu na íntegra o parecer do Ministério Público Eleitoral como razão e fundamento para decidir o que pontuou,

4. Dispõe artigo 12, 19, da Constituição Federal que "aos portugueses com residência permanente no País, se houver reciprocidade em favor dos brasileiros, serão atribuídos os direitos inerentes ao brasileiro nato, salvo os casos previstos nesta Constituição". Dispositivo constitucional expressamente se refere reciprocidade de direitos não, Como entendem os agravantes, de cargos ou funções políticas.

[...]

---

6 *Promulga o Tratado de Amizade, Cooperação e Consulta entre a República Federativa do Brasil e a República Portuguesa, celebrado em Porto Seguro em 22 de abril de 2000 (Brasil, 2001).*

8. Constituição de Portugal assegura aos brasileiros os mesmos direitos concedidos aos portugueses natos, "salvo acesso titularidade dos órgãos de soberania dos órgãos de governo próprio das regiões autônomas [...]" (artigo 159, item 3). Logo, uma vez preenchidos os requisitos previstos no Estatuto da Igualdade na legislação portuguesa regulamentadora deste estatuto, assegurado aos brasileiros acesso cargos políticos, consoante se vê, por exemplo, no disposto nos artigos 2339, item 2, 2419, item 2, 2469, item 1, 2529, da Constituição portuguesa. Consequentemente, existe reciprocidade entre Brasil Portugal quanto ao direito de ser votado.

9. Bom lembrar, ainda, que as restrições estabelecidas no mencionado artigo 159, item 3, da Constituição de Portugal encontram paralelo no disposto no artigo 12, 39, da Constituição brasileira. (TSE, 1994)

Na ordem jurídica brasileira, sempre se discutiu a compatibilidade da carreira política com a carreira de praças e oficiais militares das Forças Armadas, polícias e bombeiros militares e da Brigada Militar do Rio Grande do Sul.

As primeiras Constituições brasileiras vedavam o alistamento, o voto e a candidatura de todos os militares, sendo que, mais tarde, essa vedação foi restrita às praças e, atualmente, somente os conscritos no serviço militar obrigatório são impedidos de exercer os direitos políticos.

A Constituição de 1988 prevê:

Art. 14. [...]

§ 8º O militar alistável é elegível, atendidas as seguintes condições:

I – se contar menos de dez anos de serviço, deverá afastar-se da atividade;

II – se contar mais de dez anos de serviço, será agregado pela autoridade superior e, se eleito, passará automaticamente, no ato da diplomação, para a inatividade. (Brasil, 1988)

Na visão do TSE (2000a),

o afastamento do militar, de sua atividade, previsto no art. 14, § 8º, I, da Constituição, deverá se processar mediante demissão ou licenciamento ex-officio, na forma da legislação que trata do serviço militar e dos regulamentos específicos de cada força armada.

Como o art. 142, V, da Constituição prevê que "o militar, enquanto em serviço ativo, não pode estar filiado a partidos políticos", os militares com mais de dez anos de atividade concorrerão em convenções sem a filiação partidária e, após a aprovação da candidatura, devem se afastar da atividade castrense e, no dia seguinte, filiar-se à agremiação partidária (Born, 2014a). Os militares estão dispensados da exigência do art. 9º da Lei n. 9.504/1997, que trata do deferimento pelo partido da filiação no prazo de seis meses anteriores.

A Lei n. 4.737/1965, que institui o Código Eleitoral, prevê no art. 366 que "os funcionários de qualquer órgão da Justiça Eleitoral não poderão pertencer a diretório de partido político ou exercer qualquer atividade partidária, sob pena de demissão" (Brasil, 1965b).

Discute-se se esse dispositivo foi recepcionado pela Constituição de 1988, haja vista que o art. 14, § 9º, da Carta Magna reserva as inelegibilidades às leis complementares.

Para o TSE (2008e), "o funcionário da Justiça Eleitoral que se filiar a partido político estará sujeito à pena de demissão do cargo", uma vez que "são incompatíveis a condição de servidor da Justiça Eleitoral e a filiação partidária". Para a Corte, "o servidor da Justiça Eleitoral, para candidatar-se a cargo eletivo, necessariamente terá que se exonerar do cargo público em tempo hábil para o cumprimento da exigência legal de filiação partidária" e que, "ainda que afastado do órgão de origem, incide a norma constante do art. 366 do Código Eleitoral, cujo escopo é a 'moralidade que deve presidir os pleitos eleitorais, afastando possível favorecimento a determinado candidato" (TSE, 2005a).

Ainda, "o servidor requisitado para prestar serviço à Justiça Eleitoral também deve submeter-se às limitações a que estão sujeitos os próprios servidores desta Justiça Especializada, no que diz respeito a filiação partidária" (TSE, 2014b).

O TSE (2005a) também respondeu pela vedação da analogia às normas aplicáveis aos militares ao pálio de que, "no caso dos militares, a vedação de filiação partidária tem sede constitucional".

Na verdade, a incompatibilidade dos servidores, requisitados e estagiários da Justiça Eleitoral é uma norma formalmente ordinária e materialmente complementar, semelhante à parte segunda do Código Eleitoral e ao Código Tributário Nacional, sendo recepcionada pelo ordenamento atual.

Os candidatos que deixaram de prestar as contas de campanha ficam sem quitação eleitoral no curso do mandato para o qual concorreram, condição essencial para que possam disputar qualquer pleito nesse ínterim, ou seja, ficarão impedidos de concorrer até a eleição seguinte após prestarem as contas extemporaneamente (TSE, 2014c).

Todos os candidatos, partidos e coligações deverão prestar contas da campanha eleitoral e, na sequência, segundo o art. 30 da Lei n. 9.504/1997:

Art. 30. A Justiça Eleitoral verificará a regularidade das contas de campanha, decidindo:

I – pela aprovação, quando estiverem regulares;

II – pela aprovação com ressalvas, quando verificadas falhas que não lhes comprometam a regularidade;

III – pela desaprovação, quando verificadas falhas que lhes comprometam a regularidade;

IV – pela não prestação, quando não apresentadas as contas após a notificação emitida pela Justiça Eleitoral, na qual constará a obrigação expressa de prestar as suas contas, no prazo de setenta e duas horas. (Brasil, 1997)

Consultando a legislação

Natureza jurídica	Restrição
Perda dos direitos políticos (o eleitor fica impedido de votar e ser votado)	**Cancelamento da naturalização** Constituição, art. 15, I **Objeção de consciência e descumprimento de prestação alternativa** Constituição, art. 15, IV **Perda da nacionalidade brasileira** Constituição, art. 12, § 4º; art. 14, § 2º
Suspensão dos direitos políticos (o eleitor fica impedido de votar e ser votado)	**Incapacidade civil absoluta** Constituição, art. 15, II **Condenação criminal** Constituição, art. 15, III **Condenação por improbidade administrativa** Constituição, art. 15, V **Brasileiros optantes que exercem os direitos políticos em Portugal** Constituição, art. 12, § 1º; Decreto n. 3.927/2000, art. 17, 3

(continua)

Rogério Carlos Born

(continuação)

Natureza jurídica	Restrição
Condições de elegibilidade (o eleitor fica impedido apenas de ser votado)	**Nacionalidade brasileira** Constituição, art. 14, § 3º, I; art. 12, I, II **Pleno exercício dos direitos políticos** Constituição, art. 14, § 3º, II **Alistamento eleitoral** Constituição, art. 14, § 3º, III **Domicílio eleitoral na circunscrição** Constituição, art. 14, § 1º, 2º, 3º, IV; Código Eleitoral, art. 4º-6º **Filiação partidária** Constituição, art. 14, § 3º, V; Lei n. 9.504/1997, art. 9º **Idade mínima para o cargo** Constituição, art. 14, § 3º, VI
Inelegibilidades (o eleitor fica impedido de ser votado, em regra, apenas por oito anos)	**Previsão constitucional** Constituição, art. 14, § 3º, II **Abuso do poder econômico** Lei Complementar n. 64/1990, art. 1º, "d", "h" **Abuso dos meios de comunicação social** Lei Complementar n. 64/1990, art. 1º, XIV **Abuso do poder político** Lei Complementar n. 64/1990, art. 1º, "h" **Administradores de instituições financeiras sob liquidação judicial ou extrajudicial** Lei Complementar n. 64/1990, art. 1º, "i" **Condenação criminal agravada** Lei Complementar n. 64/1990, art. 1º, "e" **Corrupção Eleitoral** Lei Complementar n. 64/1990, art. 1º, "j"; Código Eleitoral, art. 299; Lei n. 9.504/1997, art. 41-A **Demissão do serviço público** Lei Complementar n. 64/1990, art. 1º, "o" **Desfazimento simulado de vínculo conjugal** Lei Complementar n. 64/1990, art. 1º, "n" **Doador ilegal** Lei Complementar n. 64/1990, art. 1º **Exclusão do exercício de profissão por infração ética-profissional** Lei Complementar n. 64/1990, art. 1º, "m"

(continuação)

Natureza jurídica	Restrição
	Improbidade geradora de lesão ao erário e enriquecimento ilício Lei Complementar n. 64/1990, art. 1º, "d", "l" **Indignidade ou incompatibilidade para o oficialato** Lei Complementar n. 64/1990, art. 1º, "f" **Magistrados e membros do Ministério Público aposentados compulsoriamente ou que tenham pedido exoneração ou aposentadoria no curso de processo disciplinar** Lei Complementar n. 64/1990, art. 1º, "q" **Perda de mandato no Poder Executivo e Legislativo de todos os entes** Constituição, art. 55, I, I; Lei Complementar n. 64/1990, art. 1º, "b", "c" **Rejeição da contas por de ato doloso de improbidade.** Lei Complementar n. 64/1990, art. 1º, "g" **Renúncia ao cargo em curso de *Impeachment* ou cassação** Lei Complementar n. 64/1990, art. 1º, "k"
Incompatibilidade (o eleitor fica impedido de ser votado, em regra, apenas para próxima eleição)	**Analfabetos e inalistáveis** Constituição, art. 14, § 2º; Lei Complementar n. 64/1990, art. 1º, I, "a" **Reeleição para o terceiro mandado** Constituição, art. 14, § 5º **"Inelegibilidade" reflexa (cônjuge e parentes)** Constituição, art. 14, § 7º **Desincompatibilização do chefe do Poder Executivo para outro cargo** Constituição, art. 14, § 6º **Desincompatibilização dos cargos de alto escalão (seis meses)** Lei Complementar n. 64/1990, art. 1º, II, III, V, VI **Desincompatibilização para cargos de prefeito, vice-prefeito e autoridades locais (quatro meses)** Lei Complementar n. 64/1990, art. 1º, IV

Rogério Carlos Born

(conclusão)

Natureza jurídica	Restrição
	Desincompatibilização para cargos de médio escalão e dirigentes de entidade de classe Lei Complementar n. 64/1990, art. 1º, II, "g" **Desincompatibilização de dirigentes de entidade de classe** Lei Complementar n. 64/1990, art. 1º, II, "l" **Brasileiros naturalizados (incompatibilidade para determinados cargos)** Constituição, art. 12, § 1º; art. 14, § 3º **Militares** Constituição, art. 14, § 8º **Servidores da Justiça Eleitoral e equiparados** Código Eleitoral, art. 366 **Candidatos que não prestaram as contas de campanha** Lei n. 9.504/1997, art. 30

Síntese

Os direitos políticos passivos consistem na possibilidade concedida pela Constituição aos eleitores que desejam ser votados e eleitos, participar da vida política como filiados a agremiações partidárias ou ajuizando ações populares.

Os direitos políticos ativos e passivos poderão ser restritos pela suspensão dos direitos políticos, e apenas os passivos pela ausência de condição de elegibilidade, inelegibilidade ou incompatibilidade.

Os cidadãos possuem, em regra, o direito político material, como o direito natural, e o direito político formal, que é a possibilidade de exercício dos direitos políticos.

Na suspensão dos direitos políticos, o indivíduo com restrições não perde os direitos materialmente políticos, mas fica apenas impedido temporariamente de exercê-los enquanto estiver presente a causa. Na perda dos direitos políticos, é extinto o próprio direito político material e, consequentemente, não é possível exercer um direito inexistente. Os direitos políticos suspensos poderão ter a reabilitação do seu exercício, e os perdidos poderão ser readquiridos se ausentes a sua causa. A cassação dos direitos políticos no Brasil é vedada, haja vista que jamais poderão ser readquiridos.

As condições de elegibilidades são pressupostos positivos que alguém que pretenda se candidatar deverá preencher, como o alistamento, a nacionalidade brasileira, o pleno gozo dos direitos políticos, a filiação partidária e a idade mínima para o cargo.

As inelegibilidades são pressupostos negativos dos quais os pré-candidatos não devem ser portadores. A Constituição trata como inelegibilidade em sentido amplo tanto as inelegibilidades em sentido estrito quanto as incompatibilidades, o que foi diferenciado pela Lei das Inelegibilidades (Lei Complementar n. 64/1990).

As inelegibilidades afastam os pré-candidatos do pleito pela prática de infrações como medida preventiva por um longo período (em regra, oito anos). As incompatibilidades afastam, em regra, apenas para próxima eleição ou exigem a desincompatibilização prévia de cargo pelo período de três à seis meses antes das eleições.

Questões para revisão

1. Na análise das causas de perda e suspensão dos direitos políticos, marque a alternativa correta:
   a) A Constituição, no art. 15, prevê que a "perda ou suspensão só se dará nos casos de [...]" (Brasil, 1988). Assim, não há nenhuma previsão em outro dispositivo da Carta Magna ou da lei acerca dessa matéria.
   b) No Brasil, existem três causas de perda dos direitos políticos, sendo a última divergente: perda da nacionalidade

brasileira, cancelamento da naturalização transitada em julgado e o descumprimento da prestação substitutiva a uma obrigação a todos imposta (objeção de consciência).

c) O eleitor que perdeu os direitos políticos jamais poderá readquiri-los, mesmo que a causa tenha desaparecido.

d) Os eleitores com prisão temporária ou preventiva estão sujeitos à suspensão dos direitos políticos.

e) Não é possível se aplicar a inelegibilidade nos casos de condenação criminal ou pela improbidade sem antes aplicar a suspensão dos direitos políticos, uma vez que aquela é complementar a esta.

2. Quanto às condições de elegibilidade, marque a alternativa correta:

a) O eleitor ausente às urnas somente terá o seu título cancelado se deixar de comparecer e também de justificar a ausência por três turnos consecutivos. Assim, a ausência injustificada por apenas um turno não impede o inadimplente de efetuar o seu registro como candidato, desde que recolha a multa de R$ 3,51 por turno a qualquer tempo até a data da diplomação.

b) Nenhum eleitor poderá se candidatar se estiver filiado a um partido há pelo menos seis meses, uma vez que a Constituição não faz nenhuma exceção.

c) A idade mínima para concorrer ao cargo de juiz de paz é 21 anos.

d) Os brasileiros naturalizados poderão concorrer a qualquer cargo, uma vez que a Constituição não faz qualquer distinção entre estes e os brasileiros natos.

e) Para concorrer às eleições, o candidato deverá possuir domicílio eleitoral na respectiva circunscrição pelo prazo de, pelo menos, um ano antes do pleito, bem como estar com a filiação deferida pelo partido no mínimo seis meses antes da data da eleição (Brasil, 1997, art. 9º).

3. Quanto às inelegibilidades, ao *impeachment* e às incompatibilidades, marque a alternativa correta:

   a) O processo e o julgamento tramitarão no Senado, que será presidido pelo Presidente dessa casa legislativa.

   b) A inelegibilidade decorrente da rejeição das contas públicas poderá ser afastada se a decisão que as desaprovou for suspensa ou anulada pelo Poder Judiciário.

   c) Devido à "inelegibilidade reflexa", o cônjuge do governador do Paraná não poderá se candidatar ao cargo de governador de Santa Catarina.

   d) O governador de Sergipe deverá renunciar ao cargo nos seis meses que antecedem o pleito somente para concorrer aos cargos de deputado, senador ou presidente, uma vez que as eleições ocorrem após a segunda parte do mandato. Se concorrer para prefeito de Aracaju, não é necessário o afastamento.

   e) São inelegíveis os condenados em decisão transitada em julgado ou proferida por órgão judicial colegiado pelo desfazimento por meio de simulação do vínculo conjugal ou de união estável para evitar caracterização de inelegibilidade ao terceiro mandato do Poder Executivo.

Rogério Carlos Born

4. Qual a diferença entre a suspensão dos direitos políticos pela condenação criminal e a improbidade administrativa?

5. Nos casos de *impeachment* de Collor e Dilma, como foi aplicada, em concreto, a perda do cargo e a inabilitação por oito anos para o exercício de função pública?

Questões para reflexão

1. A Constituição exige, como condição de elegibilidade, a idade mínima de 18 anos para vereador e 21 anos para prefeito. Num caso concreto, se houver a vacância do cargo de prefeito e vice-prefeito, é possível a sucessão pelo presidente da Câmara Municipal com 19 anos de idade?

2. A Constituição prevê, no art. 15, IV, a perda ou a suspensão dos direitos políticos para aqueles que se recusam a cumprir obrigação a todos imposta ou a prestação alternativa em razão da invocação de objeção de consciência. Como a Constituição não diferencia os casos de perda e suspensão, a jurisprudência, em regra, aplica a *perda* como base na Constituição de 1967 e a Emenda 1, de 1969, embora existam duas leis (Militar e Processo Penal) que falem expressamente sobre o cabimento da suspensão. Analise uma situação em que uma infração mais grave, como a condenação criminal ou a prática de atos de improbidade administrativa, sofre a suspensão, que é uma sanção mais leve.

Para saber mais

BORN, R. C. **Direito eleitoral militar**. 3. ed. Curitiba: Juruá, 2014.

BORN, R. C. **Objeção de consciência**: restrições aos direitos políticos e fundamentais. Curitiba: Juruá, 2014.

As obras tratam de condições especiais de elegibilidade e de restrições aos direitos políticos. A primeira trata das condições especiais a que os militares podem lançar suas candidaturas, haja vista que são elegíveis, mas são impedidos de filiação partidária na situação ativa. Já a segunda aborda a situação de perda ou suspensão dos direitos políticos dos eleitores que deixaram de cumprir uma prestação substitutiva ao cumprimento de um dever a todos imposto por objeção de consciência, por crença religiosa ou convicção religiosa ou política.

CONCEIÇÃO, T. de M. **Direitos políticos fundamentais**: a sua suspensão por condenação criminal e por improbidade administrativa. 3. ed. Curitiba: Juruá, 2014.

A obra se aprofunda no caráter fundamental dos direitos políticos e revela a incompletude da ideia de que direitos políticos e eleitorais se equiparam. Discute também o limite da suspensão dos direitos políticos, considerando a previsão constitucional dos casos de condenações criminais e por improbidade administrativa, além de questionar a suspensão como instrumento de combate à corrupção e a proporcionalidade.

Rogério Carlos Born

COSTA, A. S. **Instituições de direito eleitoral**: teoria da inelegibilidade – direito processual eleitoral. 10. ed. Belo Horizonte: Fórum, 2016.

A obra de Adriano Soares da Costa é um clássico, pois foi a primeira a tratar da teoria da inelegibilidade sem defesa de ideologias ou militância, numa análise com base no ordenamento jurídico. Edifica a inelegibilidade pela teoria do fato jurídico com a exposição de conceitos da teoria geral do direito.

REIS, M. J.; CASTRO, E. de R.; OLIVEIRA, M. R. (Coord.). **Ficha limpa**: interpretada por juristas e responsáveis pela iniciativa popular. Bauru: Edipro, 2010.

É a obra clássica das inelegibilidades após a edição da Lei Complementar n. 135/2010 (Lei da "Ficha Limpa"), que agravou e incrementou as consequências da Lei Complementar n. 64/1990 (Lei das Inelegibilidades). Contempla a interpretação das inelegibilidades pelos próprios juristas que participaram diretamente do Movimento de Combate à Corrupção Eleitoral e a iniciativa popular que culminou na aprovação da nova lei. O livro traduz em pormenores a aplicação da Lei das Inelegibilidades, esclarecendo eventuais dúvidas acerca de sua constitucionalidade.

Capítulo 4
Propaganda, pesquisas e debates

Conteúdos do capítulo:

- As condições de elegibilidade.
- A propaganda política.
- A propaganda antecipada.
- A "publicidade" institucional.
- A propaganda em geral.
- A propaganda intrapartidária.
- A propaganda eleitoral.
- As pesquisas e os debates políticos.

Após o estudo deste capítulo, você será capaz de:

1. diferenciar as hipóteses de propaganda política e institucional;
2. conhecer os limites de divulgação de candidatura extemporânea e os efeitos desta;
3. avaliar as sanções em face da violação das regras de propaganda e a proporcionalidade;
4. identificar as regras para a realização de pesquisas e debates eleitorais.

(4.1)
CONTEXTUALIZAÇÃO

No Brasil, a propaganda política é dividida em três categorias, que são: a "publicidade" institucional, prevista no art. 37, § 1º, da Constituição da República Federativa do Brasil (CRFB) de 1988 (Brasil, 1988); a propaganda intrapartidária, contida no art. 36, § 1º, da Lei n. 9.504, de 30 de setembro de 1997 (Brasil, 1997); e a propaganda eleitoral, que consta nos arts. 36 à 58 também da Lei n. 9.504/1997.

A propaganda partidária gratuita, anteriormente prevista pelo art. 45 da Lei n. 9.096, de 19 de setembro de 1995 (Brasil, 1995) – Lei dos Partidos Políticos –, que autorizava a divulgação dos programas e posições partidárias nos semestres não eleitorais, foi extinta pela Lei n. 13.487, de 6 de outubro de 2017 (Brasil, 2017b).

A propaganda eleitoral é permitida apenas após 15 de agosto do ano em que se realizarem as eleições, o que sujeita os responsáveis e os beneficiários que efetuarem a divulgação de candidaturas com pedido explícito de votos antes deste período, desde que comprovado o seu prévio conhecimento, à multa de 5 mil à 25 mil reais ou equivalente ao custo da propaganda, se esse valor for maior.

A propaganda eleitoral será considerada extemporânea se houver a convocação de redes de radiodifusão para divulgação de atos de propaganda política com ataques a partidos e seus filiados ou instituições por parte do Presidente da República, dos Presidentes da Câmara dos Deputados, do Senado Federal e do Supremo Tribunal Federal – STF (Brasil, 1997, art. 36-B).

A menção à pretensa candidatura e a exaltação das qualidades dos pré-candidatos – se não envolver pedido explícito de voto – não configuram propaganda eleitoral extemporânea, podendo, inclusive, ter cobertura pelos meios de comunicação social (desde que haja

Rogério Carlos Born

tratamento isonômico), inclusive pela rede mundial de computadores (internet) (Brasil, 1997, art. 36-A).

Também não configuram propaganda antecipada a realização de eventos em ambiente fechado, às expensas dos partidos, para organizar processos eleitorais, discutir políticas públicas, elaborar planos de governo ou fazer alianças partidárias divulgadas pelos instrumentos de comunicação intrapartidária; a realização de prévias partidárias e a respectiva distribuição de material informativo; a realização de debates entre os pré-candidatos, desde que não ocorra a transmissão ao vivo por emissoras de rádio e de televisão.

Segundo rege o art. 22, XIV, da Lei Complementar n. 64, de 18 de maio de 1990 (Brasil, 1990), a propaganda antecipada, dependendo das circunstâncias, pode ser caracterizada como abuso dos meios de comunicação social e acarretar a inelegibilidade do candidato por oito anos.

(4.2)
Propaganda institucional, intrapartidária e na imprensa escrita

A "publicidade" institucional seria, na verdade, mais corretamente chamada de *propaganda institucional* do governo. Isso porque o termo *publicidade* é designado pelo *marketing* para divulgação de produtos e serviços comerciais, ao contrário da *propaganda*, que é a transmissão de ideologia política, religiosa e filosófica.

A Constituição exige que a publicidade voltada à divulgação de programas, obras, serviços e campanhas dos órgãos públicos apresentem caráter educativo, informativo ou de orientação social, não podendo se utilizar de símbolos ou imagens que caracterizem promoção pessoal de autoridades ou de servidores públicos (Brasil, 1988, art. 37, § 1°).

A Constituição do Estado de Santa Catarina de 1989, em seu art. 180, aprimorou essa exigência ao dispor:

Art. 180. O uso, pelo Poder Público estadual, dos meios de comunicação social se restringirá a publicidade obrigatória de seus atos oficiais e a divulgação de

I – notas e avisos oficiais de esclarecimento;

II – campanhas educativas de interesse público;

III – campanhas de racionalização e racionamento do uso de serviços públicos e de utilidade pública. (Santa Catarina, 1989)

De acordo com o que rege o art. 40 da Lei n. 9.504/1997, a promoção pessoal de candidatos com o uso "de símbolos, frases ou imagens, associadas ou semelhantes às empregadas por órgão de governo, empresa pública ou sociedade de economia mista" (Brasil, 1997) na propaganda eleitoral é tipificada como crime sujeito à detenção de seis meses a um ano, com a alternativa de prestação de serviços à comunidade e multa no valor de 10 mil a 20 mil Unidades Fiscais de Referência (Ufir).

O uso indevido da propaganda institucional também é uma conduta vedada aos agentes públicos. Nos três meses que antecedem o pleito, não poderá ser autorizada, em geral, a "publicidade" institucional de atos, programas, obras, serviços e campanhas dos órgãos públicos federais, estaduais ou municipais, ou das respectivas entidades da administração indireta. No entanto, é permitida a publicidade de produtos e serviços que tenham concorrência no mercado e a propaganda veiculada para divulgação de informação de grave e urgente necessidade pública, que deverá ser reconhecida pela Justiça Eleitoral (Brasil, 1997, art. 73, VI, "b").

A propaganda intrapartidária, por sua vez, é aquela que é promovida por pré-candidatos no âmbito interno dos partidos. Em outros termos, é a campanha dos candidatos à candidato praticada na quinzena anterior à escolha pelo partido em convenção.

Deve ser dirigida apenas aos filiados no período permitido, e, quando dirigida a toda a comunidade, configura propaganda eleitoral extemporânea e acarreta a aplicação de multa (TSE, 2011a).

Não é permitida nessa modalidade a utilização de rádio, televisão e de *outdoor*, nem de matérias pagas em meios de comunicação (Brasil, 1997, art. 36, § 1º).

Como vimos anteriormente, não será considerada propaganda eleitoral antecipada a realização de prévias partidárias e sua divulgação pelos instrumentos de comunicação intrapartidária (Brasil, 1997, art. 36-A).

Não é proibida a utilização de faixas e cartazes com mensagem aos filiados no entorno do local em que se realizam as convenções, inclusive a distribuição de panfletos aos filiados dentro dos limites do partido.

Por fim, é permitido o envio por meio de mensagens de correio eletrônico ou de redes sociais ou pela via postal tradicional, desde que os destinatários sejam exclusivamente os filiados.

Conforme rege o art. 43, *caput*, da Lei n. 9.504/1997, a imprensa escrita e no sítio eletrônico do jornal impresso é permitida até a antevéspera das eleições,

> *a divulgação paga, [...] de até 10 (dez) anúncios de propaganda eleitoral, por veículo, em datas diversas, para cada candidato, no espaço máximo,*

por edição, de 1/8 (um oitavo) de página de jornal padrão e de 1/4 (um quarto) de página de revista ou tabloide. (Brasil, 1997)

O Código Eleitoral – Lei n. 4.737, de 15 de julho de 1965 –, em seu art. 303, tipifica com a pena de 250 a 300 dias-multa "majorar os preços de utilidades e serviços necessários à realização de eleições, tais como transporte e alimentação de eleitores, impressão, publicidade e divulgação de matéria eleitoral" (Brasil, 1965b).

É recomendado que a empresa jornalística pratique os mesmos preços para todos os candidatos, no valor da publicidade comercial, e não negar ou negar para todos os candidatos o anúncio, sendo que não está obrigada a receber à prazo, em cheque ou com cartão de crédito.

A reprodução fiel exclusivamente na página eletrônica do jornal é facultativa, desde que se não exclua nenhum candidato anunciante do jornal escrito, visto que o anúncio na internet sem o correspondente no jornal escrito é vedado. Não se pode dar destaque aos anúncios na internet, devendo ser inseridos com a mesma discrição da publicidade comercial. O prazo de veiculação deve coincidir com o do jornal escrito.

Os responsáveis pelos veículos de divulgação e os partidos ou candidatos beneficiados ficam sujeitos à multa no valor de 1 mil à 10 mil reais "ou equivalente ao da divulgação da propaganda paga, se este for maior" (Brasil, 1997, art. 43, § 2º).

Ainda de acordo com a Lei n. 9.504/1997, art. 58, cabe o direito de resposta de eventual ofendido em propaganda ou matéria na imprensa escrita no prazo de setenta e duas horas contados da veiculação da ofensa. Conforme o mesmo artigo, a divulgação da resposta, se concedida, será veiculada "em até quarenta e oito horas após a decisão ou, tratando-se de veículo com periodicidade de circulação maior que quarenta e oito horas, na primeira vez em que circular" (Brasil, 1997). Deverá ser publicado no "mesmo veículo, espaço, local, página, tamanho, caracteres e outros elementos de realce usados na ofensa" e, "por solicitação do ofendido, a divulgação da resposta será feita no mesmo dia da semana em que a ofensa foi divulgada, ainda que fora do prazo de quarenta e oito horas; [...] se a ofensa for produzida em dia e hora que inviabilizem sua reparação dentro dos prazos estabelecidos [...] a Justiça Eleitoral determinará a imediata divulgação da resposta" (Brasil, 1997, art. 58, § 3º, I).

(4.3)
PROPAGANDA EM GERAL

A propaganda em geral é corriqueiramente conhecida como *propaganda de rua*, uma vez que envolve a atuação direta de militantes e cabos eleitorais com os pretensos eleitores nos locais de grande circulação e nos atos de campanha.

Embora este capítulo contenha dispositivos preferencialmente aplicáveis aos atos de propaganda de rua, essas normas poderão ser utilizadas subsidiariamente quando houver lacunas da propaganda na imprensa escrita ou até mesmo nos meios de comunicação social.

A propaganda eleitoral de rua e na internet é permitida apenas a partir de 15 de agosto do ano em que se realizam os pleitos eleitorais e deverá ser encerrada na véspera das eleições; já na imprensa escrita, o prazo final recai na antevéspera das eleições (Brasil, 1997, art. 36, *caput*; art. 43, *caput*).

Os candidatos que concorram *sub judice*, ou seja, aqueles com registro de candidatura impugnado e, ainda, sem uma decisão pela Justiça Eleitoral, poderão praticar todos os atos relativos à sua campanha eleitoral, inclusive utilizar o horário eleitoral gratuito (Brasil, 1997, art. 16-A).

Na visão do Tribunal Superior Eleitoral (TSE, 2010e), a "configuração da propaganda eleitoral antecipada independe da distância temporal entre o ato impugnado e a data das eleições ou das convenções partidárias de escolha dos candidatos".

Aos juízes eleitorais, nas eleições municipais, e aos juízes designados pelos tribunais regionais, nas eleições gerais, caberá o exercício do poder de polícia sobre a propaganda eleitoral. Nesse caso, os juízes exercem a atribuição de fiscalização, e não a competência judicial, haja vista que se restringem à tomada de providências necessárias para coibir as condutas ilegais ou abusivas.

A propaganda em bens públicos de uso comum é também vedada, como rege o art. 37, § 4º, da Lei das Eleições:

> § 4º Bens de uso comum, para fins eleitorais, são os assim definidos pela Lei no 10.406, de 10 de janeiro de 2002 – Código Civil e também aqueles a que a população em geral tem acesso, tais como cinemas, clubes, lojas, centros comerciais, templos, ginásios, estádios, ainda que de propriedade privada. (Brasil, 1997)

A maior incidência de propaganda irregular nos bens públicos por equiparação ocorrem nos templos religiosos, uma vez que são frequentes as candidaturas de sacerdotes e líderes das diversas denominações religiosas que extrapolam o seu direito de elegibilidade. Para o TSE (2017b), a "distribuição de panfletos em templo religioso caracteriza infração instantânea e dispensa prévia notificação".

Não é permitida a colocação de propaganda eleitoral nas árvores e nos jardins localizados em áreas públicas, mesmo que não lhes cause dano. Fica a critério da mesa diretora a veiculação de propaganda eleitoral nas dependências do Poder Legislativo (Brasil, 1997, art. 37, § 3º-5º).

A Lei n. 9.504/1997, no art. 37, § 1º, rege que a veiculação não permitida sujeita o infrator, após a notificação e a comprovação, à restauração do bem e, em caso de descumprimento, à aplicação de multa de 2 mil a 8 mil reais. Esse dispositivo também prevê que "é permitida a colocação de mesas para distribuição de material de campanha e a utilização de bandeiras ao longo das vias públicas, desde que móveis e que não dificultem o bom andamento do trânsito de pessoas e veículos" (Brasil, 1997, art. 37, § 6º), mas que a "mobilidade referida no § 6º estará caracterizada com a colocação e a retirada dos meios de propaganda entre as seis horas e as vinte e duas horas" (Brasil, 1997, art. 37, § 7º).

A veiculação de propaganda eleitoral pela distribuição de folhetos, adesivos, volantes e demais impressos, tanto sob a responsabilidade do partido ou da coligação quanto do candidato, independe da obtenção de licença municipal e de autorização da Justiça Eleitoral (Brasil, 1997, art. 38, *caput*).

No mesmo dispositivo, prevê ainda a Lei das Eleições que:

> § 1º Todo material impresso de campanha deverá obrigatoriamente conter o número do Cadastro Nacional de Pessoas Jurídicas (CNPJ) ou Cadastro de Pessoas Físicas (CPF) do responsável pela confecção, bem como de quem a contratou e a respectiva tiragem. (Brasil, 1997)

Complementa também que, "quando o material impresso veicular propaganda conjunta de diversos candidatos, os gastos relativos a cada um deles deverão constar na respectiva prestação de contas, ou apenas naquela relativa ao que houver arcado com os custos" (Brasil, 1997, art. 38, § 2º).

Por fim, frisa a Lei das Eleições, no art. 36, § 4º, que, "na propaganda dos candidatos a cargo majoritário, deverão constar, também, o nome dos candidatos a vice ou a suplentes de Senador, de modo claro e legível, em tamanho não inferior a 30% do nome do titular" (Brasil, 1997).

Pelo art. 243 do Código Eleitoral,

Art. 243. Não será tolerada propaganda:

I – de guerra, de processos violentos para subverter o regime, a ordem política e social ou de preconceitos de raça ou de classes;

II – que provoque animosidade entre as forças armadas ou contra elas, ou delas contra as classes e instituições civis;

III – de incitamento de atentado contra pessoa ou bens;

IV – de instigação à desobediência coletiva ao cumprimento da lei de ordem pública;

V – que implique em oferecimento, promessa ou solicitação de dinheiro, dádiva, rifa, sorteio ou vantagem de qualquer natureza;

VI – que perturbe o sossego público, com algazarra ou abusos de instrumentos sonoros ou sinais acústicos;

VII – por meio de impressos ou de objeto que pessoa inexperiente ou rústica possa confundir com moeda;

VIII – que prejudique a higiene e a estética urbana ou contravenha a posturas municipais ou a outra qualquer restrição de direito;

IX – que caluniar, difamar ou injuriar quaisquer pessoas, bem como órgãos ou entidades que exerçam autoridade pública.

Segundo a Lei das Eleições, art. 39, *caput*, "a realização de qualquer ato de propaganda partidária ou eleitoral, em recinto aberto ou fechado, não depende de licença da polícia" (Brasil, 1997).

No entanto, o candidato, o partido ou a coligação promotores do ato deverão efetuar a devida comunicação à autoridade policial em, no mínimo, vinte a quatro horas antes de sua realização, a fim de que lhe seja garantido, segundo a prioridade do aviso, o direito de preferência em face de quem deseje usar o local no mesmo dia e horário, cabendo à autoridade policial tomar as providências necessárias para garantir a realização do ato, a organização do trânsito e dos serviços públicos que o evento possa atingir (Brasil, 1997, art. 39, § 1º-2º).

Em relação às apresentações artísticas que integravam os atos de campanhas, a Lei das Eleições, no art. 39, § 7º – com redação dada pela Lei n. 11.300, de 10 de maio de 2006 (Brasil, 2006) –, rege que é "proibida a realização de *showmício* e de evento assemelhado para promoção de candidatos", além da "apresentação, remunerada ou não, de artistas com a finalidade de animar comício e reunião eleitoral" (Brasil, 1997). Essa vedação prevalece mesmo que o próprio candidato seja artista, pois o atrativo do eleitor deve ser a apresentação de propostas políticas, e não o lazer.

O TSE, por meio da Resolução n. 23.251, de 15 de abril de 2010, autoriza que:

> 1. *O candidato que exerce a profissão de cantor pode permanecer exercendo-a em período eleitoral, desde que não tenha como finalidade a animação de comício ou reunião eleitoral e que não haja nenhuma alusão à candidatura ou à campanha eleitoral, ainda que em caráter subliminar.* (TSE, 2010f)

No dia das eleições, é permitida a manifestação individual e silenciosa da preferência do eleitor – desde que não sejam mesários ou não estejam à serviço da Justiça Eleitoral –, demonstrada apenas pelo uso de bandeiras, broches, dísticos e adesivos (Brasil, 1997, art. 39-A, *caput*).

Os servidores da Justiça Eleitoral, os mesários e os escrutinadores são proibidos de usar vestuário ou objeto com propaganda de partido, coligação ou candidato nos locais de votação e nas juntas apuradoras, além de que os fiscais dos partidos somente poderão ostentar os seus crachás com o nome e a sigla do partido a que sirvam, mas é proibida a padronização do vestuário (Brasil, 1997, art. 39-A, § 1º-2º).

Os eleitores, militantes e "cabos" eleitorais que praticarem atos de propaganda eleitoral ilícita no dia das eleições estarão incursos no crime de "boca de urna" e sujeitos à pena de seis meses a um ano, com a alternativa de prestação de serviços à comunidade e multa no valor de 5 mil a 15 mil Ufir (Brasil, 1997, art. 39, § 5º).

Pela Lei da Eleições, art. 39, § 5º, a tipificação objetiva desse delito consiste em, no dia do pleito, fazer:

I – o uso de alto-falantes e amplificadores de som ou a promoção de comício ou carreata;

II – a arregimentação de eleitor ou a propaganda de boca de urna;

III – a divulgação de qualquer espécie de propaganda de partidos políticos ou de seus candidatos;

IV – a publicação de novos conteúdos ou o impulsionamento de conteúdos nas aplicações de internet [...]. (Brasil, 1997)

Outro modo de se fazer propaganda eleitoral é por meio dos bens particulares, que constituem bens de propriedade privada de uso especial, isto é, não abertos ao público e não compreendidos entre os bens públicos por equiparação. A propaganda eleitoral em bens particulares deverá ser espontânea e gratuita, sendo proibida a cobrança de qualquer tipo de pagamento em troca de espaço (Brasil, 1997, art. 37, § 8º).

A Lei n. 9.504/1997, no art. 37, § 2º, II, prevê que, em automóveis, caminhões, bicicletas, motocicletas e janelas residenciais, é permitida a fixação de adesivos plásticos que não ultrapassem meio metro quadrado. Esse dispositivo é contraditório ao art. 38, § 3º, da mesma lei, que autoriza a utilização de adesivos com "a dimensão máxima de 50 (cinquenta) por 40 (quarenta) centímetros" e a utilização em veículos de "adesivos microperfurados até a extensão total do para-brisa traseiro" (Brasil, 1997). Para o TSE (2011c), "a limitação imposta pela Justiça Eleitoral deve levar em conta não apenas a dimensão, mas também o impacto visual da propaganda".

A Lei das Eleições estabelece ainda que não é permitida a colocação de propaganda eleitoral em muros, cercas e tapumes divisórios, bem como "em *outdoors*, inclusive eletrônicos, sujeitando-se a empresa responsável, os partidos [...] e os candidatos à imediata retirada da propaganda irregular e ao pagamento de multa" (Brasil, 1997, art. 39, § 8º) entre R$ 5 mil e R$ 15 mil. Para o TSE (2011b), "tratando-se de propaganda irregular realizada em bens particulares, a multa continua sendo devida, ainda que a publicidade seja removida após eventual notificação".

Nas campanhas eleitorais, a utilização de sonorização móvel é permitida das 8h às 22h, e fixa das 8h às 24h, podendo, nessa circunstância, ser estendida até 2h no comício de encerramento (Brasil, 1997, art. 39, § 4º).

Quanto à sonorização fixa, não é permitida a instalação e o uso de equipamentos sonoros em distância inferior a 200 metros das sedes dos Poderes Executivo e Legislativo dos entes federativos; dos Tribunais Judiciais; dos estabelecimentos militares; dos hospitais; e, quando estiverem em funcionamento, de escolas, bibliotecas públicas, igrejas e teatros (Brasil, 1997, art. 39, § 3º).

Quanto à sonorização móvel, os carros de som e os minitrios poderão circular com a tolerância "de oitenta decibéis de nível de pressão sonora, medido a sete metros de distância do veículo" (Brasil, 1997, art. 39, § 11º). *Carros de som* são definidos como veículos motorizados ou não, ainda que tracionado por animais, que usam equipamentos com a amplificação de, no máximo, 10 mil watts; já o minitrio pode operar com amplificação entre 10 mil e 20 mil watts. A utilização de trios elétricos somente é permitida para a sonorização de comícios, sendo aqui incluídos aqueles que possuem a amplificação com a potência superior à 20 mil watts (Brasil, 1997, art. 39, § 12).

Consoante a Lei das Eleições, art. 39, § 6º, é proibido a comitês e candidatos, ou com a autorização destes, confeccionar, utilizar ou distribuir "camisetas, chaveiros, bonés, canetas, brindes, cestas básicas ou quaisquer outros bens ou materiais que possam proporcionar vantagem ao eleitor" (Brasil, 1997, art. 39, § 6º). O descumprimento dessa vedação sujeita o infrator à incursão no crime de corrupção eleitoral (Brasil, 1965, art. 299; Brasil, 1997, art. 41-A).

(4.4)
PROPAGANDA NA REDE MUNDIAL DE COMPUTADORES (INTERNET)

A propaganda nos meios de comunicação social poderá ser efetuada – na ordem de repercussão – na rede mundial de computadores (redes sociais, mensagens, sítios e *blogs* eletrônicos) e nos sistemas de radiodifusão de sons (rádio) e de imagens e sons (televisão) e na imprensa escrita.

Rogério Carlos Born

A propaganda eleitoral na rede mundial computadores, como já vimos, é permitida a partir de 15 de agosto do ano eleitoral, sendo pautada pelo direito constitucional à liberdade de expressão ou à livre manifestação do pensamento, mas será vedado o anonimato durante a campanha eleitoral.

Nos meios de comunicação eletrônicos, a propaganda eleitoral poderá ser realizada em sítio do candidato ou de partido com domínio comunicado à Justiça Eleitoral e hospedado, direta ou indiretamente, em provedor estabelecido no Brasil, bem como "por meio de blogs, redes sociais, sítios de mensagens instantâneas e aplicações de internet assemelhadas" (Brasil, 1997, art. 57-B, I-IV).

Também poderá ser realizada por mensagem eletrônica para endereços cadastrados gratuitamente pelo candidato, partido ou coligação, como correio eletrônico (*e-mail*), *short message servisse* (SMS, ou serviço de mensagens curtas) ou meios similares. Nesses formatos, as mensagens deverão dispor de mecanismo que permita seu descadastramento, o qual, quando solicitando, obriga o remetente a providenciá-lo em quarenta e oito horas, sob pena de multa equivalente a R$ 100,00 por mensagem não descadastrada (Brasil, 1997, art. 57-G).

Não é permitida utilização, doação, cessão ou venda de cadastro eletrônico em favor de candidatos, partidos ou coligações. Caso da ocorrência, o responsável e/ou beneficiário pela divulgação da propaganda está sujeito à multa de R$ 5 mil a R$ 30 mil, quando comprovado seu prévio conhecimento (Brasil, 1997, art. 57-E).

Candidatos, partidos, coligações, ou qualquer pessoa natural (desde que esta não contrate o impulsionamento de conteúdos), poderão gerar ou editar propaganda eleitoral por meio de *blogs*, redes sociais (Facebook, Instagram, Linkedin, Whatsapp, Telegram e outros), sítios de mensagens instantâneas e aplicativos de internet para computadores e aparelhos celulares. Os partidos e as coligações deverão informar os endereços eletrônicos das aplicações à Justiça Eleitoral. Durante o pleito eleitoral, poderão ser mantidos os mesmos endereços eletrônicos utilizados antes do início da propaganda eleitoral.

O grande desafio da Justiça Eleitoral será coibir as notícias falsas (*fake news*) que se disseminaram a partir das eleições presidenciais de 2018, violando a Lei n. 9.504/1997, no art. 57-B, § 2º, que prevê que "não é admitida a veiculação de conteúdos de cunho eleitoral mediante cadastro de usuário de aplicação de *internet* com a intenção de falsear identidade" (Brasil, 1997).

O impulsionamento de conteúdos e ferramentas digitais não disponibilizadas pelo provedor, ainda que gratuitas, não poderão ser contratadas ou utilizadas para alterar o teor ou a repercussão da propaganda eleitoral, tanto própria quanto de terceiros. Isso porque o provedor é obrigado a disponibilizar um canal de comunicação com seus usuários e apenas será responsabilizado se, após notificação judicial, não tomar as providências para tornar indisponível a matéria irregular nos limites técnicos e no prazo assinalado (Brasil, 1997, art. 57-B, IV, § 1º-4º).

Por isso, "não é admitida a veiculação de conteúdos de cunho eleitoral mediante cadastro de usuário de aplicação de internet com a intenção de falsear identidade" (Brasil, 1997, art. 57-B, § 2º). Em caso de ofensa, mesmo em perfis pessoais, será garantido o direito de resposta no mesmo formato e espaço da ofensa e por outros meios de comunicação interpessoal mediante mensagem eletrônica.

Para o TSE (2015b), "o direito de crítica não é absoluto e, portanto, não impede a caracterização dos crimes contra a honra quando o agente parte para a ofensa pessoal".

As mensagens que contaminaram os grupos de redes sociais, principalmente nos aplicativos de mensagens para celulares, continham notícias falsas de origem não identificada e impulsionamento não oferecido pelo provedor.

Para Claire Wardle e Hossein Derakhshan (2017, p. 15-16), as *fake news* podem ser provenientes de três categorias: (1) a desinformação (*disinformation*), que ocasiona notícias com informações falsas criadas e espalhadas com o intuito de prejudicar pessoas, grupos, organizações ou o Estado; (2) a notícia propriamente falsa (*misinformation*), aquela sem intenção de prejudicar, mas, por erro de apuração, acaba por confundir, sendo compartilhada por destinatários desavisados; e (3) a má informação (*bad information*), quando as notícias são reais, mas intencionalmente editadas e distorcidas para causar prejuízos.

Para o Tribunal Regional Eleitoral do Paraná (TRE-PR, 2018), as

> fake news *são notícias fraudulentas, produzidas dolosamente, com a intenção de provocar algum dano; não se constituem apenas em notícias falsas, ou meramente mentirosas. Resultam da seguinte combinação: informação dolosamente manipulada + forma de disseminação dessa informação + inexistência de mecanismos de checagem + desinteresse em confirmar a informação recebida + dano).*

O Tribunal Regional Eleitoral do Rio Grande do Norte (TRE-RN, 2018) identificou que "a configuração de notícia como *fake news* não prescinde do reconhecimento dos seguintes contornos: 1) ausência de certeza em relação à autoria; 2) impossibilidade de enquadramento do conteúdo como exercício profissional de atividade de jornalismo".

Já para o Tribunal Regional Eleitoral de Goiás (TER-GO, 2018), "as falas proferidas por políticos em geral não costumam encaixar-se ao conceito de *fake news*, pois as informações nelas veiculadas não são emitidas nem difundidas sob a aparência de notícias verdadeiras".

O abuso nas postagens, quando comprovado prévio conhecimento, sujeitará o beneficiário às sanções que a Lei n. 9.504/1997 tipifica como crime:

> *Art. 57-H. Sem prejuízo das demais sanções legais cabíveis, será punido, com multa de R$ 5.000,00 (cinco mil reais) a R$ 30.000,00 (trinta mil reais), quem realizar propaganda eleitoral na internet, atribuindo indevidamente sua autoria a terceiro, inclusive a candidato, partido ou coligação.*
>
> *§ 1º Constitui crime a contratação direta ou indireta de grupo de pessoas com a finalidade específica de emitir mensagens ou comentários na internet para ofender a honra ou denegrir a imagem de candidato, partido ou coligação, punível com detenção de 2 (dois) a 4 (quatro) anos e multa de R$ 15.000,00 (quinze mil reais) a R$ 50.000,00 (cinquenta mil reais).*
>
> *§ 2º Igualmente incorrem em crime, punível com detenção de 6 (seis) meses a 1 (um) ano, com alternativa de prestação de serviços à comunidade pelo mesmo período, e multa de R$ 5.000,00 (cinco mil reais) a R$ 30.000,00 (trinta mil reais), as pessoas contratadas na forma do § 1º.* (Brasil, 1997)

Alguns conselhos para auxiliar o eleitor na identificação de *fake news*: 1) atestar se a fonte é conhecida, confiável e idônea; 2) verificar a notícia diretamente na página do meio de comunicação sem a utilização de *links* de terceiros; 3) constatar se o mesmo tema foi reproduzido em outros meios de comunicação; 4) consultar a mídia internacional que publica matérias na língua portuguesa, como DW, BBC, RFI, RAI e El País; 5) atentar para o exercício do direito de resposta por eventual prejudicado pela informação; 6) analisar com atenção as *fake news* invertidas, que ocorrem quando o noticiado contra-ataca uma notícia verdadeira, acusando-a de *fake news*.

Rogério Carlos Born

(4.5)
PROPAGANDA NO RÁDIO E NA TELEVISÃO, PESQUISAS E DEBATES

A Constituição prevê, no art. 17, § 3º, que "os partidos políticos têm direito a recursos do Fundo Partidário e acesso gratuito ao rádio e à televisão, na forma da lei" (Brasil, 1988).

Com o surgimento e o crescimento dos meios de comunicação surgiu o direito de antena, que atingia, por meio do rádio e depois pela televisão, um grande público. No entanto, como essa forma provocou a desigualdade em favor dos detentores dessas mídias, o legislador foi obrigado a regulamentar a exposição dos políticos para equilibrar o pleito, fixando o horário eleitoral gratuito e para todas as legendas, apesar da desproporcionalidade do tempo.

A propaganda eleitoral no rádio e na televisão por emissora outorgada e autorizada somente poderá ser realizada no horário gratuito, vedando-se a veiculação de propaganda paga (Brasil, 1997, art. 44, *caput*, § 3º).

É obrigatória também a edição na Linguagem Brasileira de Sinais (Libras) ou com legenda (Brasil, 1997, art. 44, § 1º).

Não será permitido *merchandising* em publicidade com a intenção direta, disfarçada ou subliminar de promoção de marca ou produto (Brasil, 1997, art. 44, § 2º).

As emissoras de rádio e televisão não poderão transmitir imagens de realização de pesquisa, enquetes ou consultas populares eleitorais em que seja possível identificar o entrevistado ou em que ocorra manipulação de dados na sua programação normal e nos noticiários após o prazo para a realização das convenções (Brasil, 1997, art. 45, I).

Também não poderão dar tratamento privilegiado a candidato ou agremiação partidária, bem como – com exceção de programas jornalísticos ou debates políticos – fazer alusão ou crítica a candidato ou partido político, direta ou dissimuladamente, em filmes, novelas, minisséries ou qualquer outro programa (Brasil, 1997, art. 45, IV, V).

Por fim, não se poderá divulgar programas com títulos que se refiram ao nome ou coincidente com a variação nominal adotada por candidato escolhido em convenção, mesmo que preexistente, sob pena de cancelamento do respectivo registro, bem como ser divulgado o nome do candidato que coincide com o nome do programa de rádio ou televisão por ele apresentado (Brasil, 1997, art. 45, VI)

As emissoras são proibidas de transmitir quaisquer programas apresentados ou comentados por pré-candidato a partir de 30 de junho, sujeitando-o ao cancelamento do registro da candidatura, à inelegibilidade por abuso dos meios de comunicação social, estando sujeita a própria emissora à imposição da multa de 20 mil a 100 mil Ufir (Brasil, 1997, art. 45, § 1º, 2º).

O STF, em liminar proferida em Ação Direta de Inconstitucionalidade, suspendeu as vedações previstas no art. 45, II e III, da Lei n. 9.504/1997, que proibia as emissoras de "usar trucagem, montagem ou outro recurso de áudio ou vídeo que, de qualquer forma, degradem ou ridicularizem candidato, partido ou coligação, ou produzir ou veicular programa com esse efeito" e de "veicular propaganda política ou difundir opinião favorável ou contrária a candidato, partido, coligação, a seus órgãos ou representantes" (Brasil, 1997).

Para a Corte Maior, dentre outros fundamentos,

> *6. A liberdade de imprensa assim abrangentemente livre não é de sofrer constrições em período eleitoral. Ela é plena em todo o tempo, lugar e circunstâncias. Tanto em período não eleitoral, portanto, quanto em período de eleições gerais. Se podem as emissoras de rádio e televisão, fora do período eleitoral, produzir e veicular charges, sátiras e programas*

humorísticos que envolvam partidos políticos, pré-candidatos e autoridades em geral, também podem fazê-lo no período eleitoral. Processo eleitoral não é estado de sítio (art. 139 da CF), única fase ou momento de vida coletiva que, pela sua excepcional gravidade, a Constituição toma como fato gerador de "restrições à inviolabilidade da correspondência, ao sigilo das comunicações, à prestação de informações e à liberdade de imprensa, radiodifusão e televisão, na forma da lei" (inciso III do art. 139). (STF, 2010)

Como vimos, a violação das normas previstas para a programação normal sujeita a emissora à multa de 20 mil a 100 mil Ufir, que, em caso de reincidência, poderá ter seu valor duplicado.

A Justiça Eleitoral, a requerimento de partido, candidato ou pelo Ministério Público Eleitoral, poderá determinar a suspensão, por vinte e quatro horas – duplicado cumulativamente a cada reiteração da conduta –, da programação normal de emissora que deixar de cumprir as normas sobre a propaganda, e, no período de suspensão, intercalará necessariamente mensagem de orientação ao eleitor a cada quinze minutos (Brasil, 1997, art. 56, § 1º).

Na visão do TSE (2005b), "por se tratar de concurso material, cada reiteração no descumprimento das normas que regem a propaganda ocasiona duplicação da suspensão de forma cumulativa", pois a "liberdade de informação prevista no art. 220, § 1º, da CF, tem como limite a manutenção do equilíbrio e a igualdade entre os candidatos".

As emissoras de rádio e de televisão abertas e os canais de televisão por assinatura sob a responsabilidade do Senado Federal, da Câmara dos Deputados, das assembleias legislativas, da Câmara Legislativa do Distrito Federal ou das câmaras municipais reservarão horário destinado à divulgação em cadeia da propaganda eleitoral gratuita nos trinta e cinco dias anteriores à antevéspera das eleições (Brasil, 1997, art. 47).

Além disso, as emissoras reservarão setenta minutos diários para serem usados em inserções de trinta e de sessenta segundos, distribuídas ao longo da programação veiculada entre às 5h e às 24h (Brasil, 1997, art. 51).

O horário nas emissoras de rádio e televisão está distribuído conforme o art. 47 da Lei n. 9.504/1997. As propagandas em bloco para vereadores foram suprimidas pela Lei n. 13.146, de 6 de julho de 2015 (Brasil, 2015c), mas houve as inserções na proporção de 60% para prefeito e 40% para vereador.

No caso de haver segundo turno, o art. 49 da Lei das Eleições rege que as emissoras reservarão o horário destinado à propaganda eleitoral gratuita em dois blocos diários de dez minutos para cada eleição, os quais, no rádio, terão início às 7h e às 12h e, na televisão, às 13h e às 20h30, "a partir da sexta-feira seguinte à realização do primeiro turno e até a antevéspera da eleição" (Brasil, 1997).

No primeiro turno das eleições para os cargos do Poder Executivo e nos pleitos para o Legislativo, apenas 10% serão distribuídos igualitariamente entre todos os partidos que tenham candidato, sendo 90% proporcionalmente rateados de acordo com o número de representantes na Câmara dos Deputados resultante da eleição (Brasil, 1997, art. 47, § 2º, I).

De acordo com o art. 53 dessa mesma lei, não é permitida a divulgação de mensagens que possam degradar ou ridicularizar candidatos ou partidos nem serão admitidos a censura prévia ou os cortes instantâneos nos programas, mas a Justiça Eleitoral poderá impedir "a reapresentação de propaganda ofensiva à honra de candidato, à moral e aos bons costumes" (Brasil, 1997).

Rogério Carlos Born

Nas gravações internas e externas – em até 25% do tempo de cada programa ou inserção – somente poderão aparecer os "candidatos, caracteres com propostas, fotos, *jingles,* clipes com música ou vinhetas, inclusive de passagem, com indicação do número do candidato ou do partido, bem como seus apoiadores" (Brasil, 1997, art. 54, *caput*).

As montagens, trucagens, computação gráfica, desenhos animados e efeitos especiais não são autorizados. É possível a realização de entrevistas com o candidato e de cenas externas, desde que ele, pessoalmente, exponha as realizações de governo ou da Administração Pública; as falhas administrativas e as deficiências verificadas em obras e serviços públicos; além de atos parlamentares e debates legislativos (Brasil, 1997, art. 54, § 2º).

Não se poderá incluir no horário destinado às eleições proporcionais a propaganda das candidaturas majoritárias ou vice-versa, com exceção "de legendas com referência aos candidatos majoritários ou, ao fundo, cartazes ou fotografias desses candidatos, ficando autorizada a menção ao nome e ao número de qualquer candidato do partido" (Brasil, 1997, art. 53-A, *caput*). Já no que se refere ao segundo turno, "não será permitida [...] a participação de filiados a partidos que tenham formalizado o apoio a outros candidatos" (Brasil, 1997, art. 54, § 1º).

Por outro lado, conforme o art. 53-A, § 1º, da Lei das Eleições, é possível o depoimento de candidatos às "eleições proporcionais no horário da propaganda das candidaturas majoritárias e vice-versa, [...] exclusivamente em pedido de voto ao candidato que cedeu o tempo" (Brasil, 1997), desde que sejam registrados sob o mesmo partido.

O partido político infrator, em seu horário de propaganda gratuita, perderá o tempo equivalente no horário reservado à propaganda do candidato beneficiado (Brasil, 1997, art. 53-A, § 3º).

As emissoras de rádio e televisão, se desejarem, poderão promover e transmitir debates sobre as eleições majoritária ou proporcional, que farão parte de programação previamente estabelecida e divulgada pela emissora (Brasil, 1997, art. 46).

Para o TSE (2010b), existe a "possibilidade de realização, em qualquer época, de debate na internet, com transmissão ao vivo, sem a condição imposta ao rádio e à televisão do tratamento isonômico entre os candidatos".

Deverá ser assegurada, conforme o art. 46 da Lei n. 9.504/1997, a participação de candidatos registrados pelos partidos que tenham a representação de, no mínimo, cinco parlamentares no Congresso Nacional, sendo facultado o convite às demais agremiações partidárias.

Nesse sentido, segue a visão do TSE (2016a, p. 173):

> *Para aferição da obrigatoriedade de ser convidado o candidato de partido político ou de coligação que possuam mais de nove representantes na Câmara dos Deputados (Lei nº 9.504/97, art. 46), somente devem ser consideradas as mudanças de filiação realizadas com justa causa até a data da convenção de escolha do candidato, não computadas as transferências realizadas com fundamento na EC nº 91/2016.*

O debate poderá ser realizado sem a presença de candidato de algum partido, desde que a emissora comprove tê-lo convidado com a antecedência mínima de setenta e duas horas antes da realização (Brasil, 1997, art. 46, § 1º) e mesmo que apenas dois candidatos disputem a eleição, exceto se a marcação do debate é feita unilateralmente ou com o propósito de favorecer um deles (TSE, 2002a).

As regras serão estabelecidas em acordo celebrado entre os partidos, dando-se ciência à Justiça Eleitoral, e a aprovação destas exigida para os debates do primeiro turno das eleições majoritárias dependerá da concordância de pelo menos dois terços dos candidatos, e nas eleições proporcionais, de pelo menos dois terços dos partidos (Brasil, 1997, art. 46, § 5º).

A realização dos debates nas eleições majoritárias poderá ser realizada em conjunto, estando presentes todos os candidatos a um mesmo cargo eletivo, ou em grupos com, no mínimo, três candidatos (Brasil, 1997, art. 46, I).

Nas eleições proporcionais, os debates poderão ser realizados em mais de um dia, devendo ser assegurada a equivalência de candidatos de todos os partidos a um mesmo cargo eletivo (Brasil, 1997, art. 46, II). É, porém, vedada a presença de um mesmo candidato em mais de um debate do mesmo meio de comunicação social, sujeitando a emissora à pena de suspensão, por vinte e quatro horas, da programação normal (Brasil, 1997, art. 46, III, § 2º, 3º).

Os partidos e candidatos, como regra, são livres para celebrar um acordo para estipular a ordem de pronunciamento de cada candidato no debate. No entanto, como é raro o consenso quanto a esse ponto, para que o debate possa ser realizado, é promovido um sorteio (Brasil, 1997, art. 46, III).

Conforme consta na Lei n. 9.504/1997, art. 33, as pesquisas de opinião pública relativas às eleições deverão ser obrigatoriamente registradas pelos institutos de pesquisas no órgão da Justiça Eleitoral competente para o registro de candidatos nos cinco dias anteriores à divulgação, devendo ser informado:

I – quem contratou a pesquisa;

II – valor e origem dos recursos despendidos no trabalho;

III – metodologia e período de realização da pesquisa;

IV – plano amostral e ponderação quanto a sexo, idade, grau de instrução, nível econômico e área física de realização do trabalho a ser executado, intervalo de confiança e margem de erro;

V – sistema interno de controle e verificação, conferência e fiscalização da coleta de dados e do trabalho de campo;

VI – questionário completo aplicado ou a ser aplicado;

VII – nome de quem pagou pela realização do trabalho e cópia da respectiva nota fiscal. (Brasil, 1997)

Ainda, a realização de enquetes relacionadas ao processo eleitoral é vedada expressamente pelo art. 33, § 5º, da Lei n. 9.504/1997.

As emissoras de rádio e televisão não poderão transmitir imagens de realização de pesquisa, enquetes ou consultas populares eleitorais em que seja possível identificar o entrevistado ou em que os dados tenham sido manipulados na sua programação normal e nos noticiários após o prazo para a realização das convenções (Brasil, 1997, art. 45, I).

A divulgação de pesquisa sem o prévio registro das informações sujeita os responsáveis à multa de 50 mil a 100 mil Ufir – a sanção pecuniária mais elevada prevista pela legislação eleitoral –, sendo inadmissível a fixação em valor inferior ao mínimo legal (TSE, 2011f).

A divulgação de pesquisa eleitoral nas redes sociais (Facebook, Whatsapp) sem prévio registro também é ilícita (TSE, 2017e).

A Lei das Eleições, no art. 33, § 4º, prevê que: "A divulgação de pesquisa fraudulenta constitui crime, punível com detenção de seis meses a um ano e multa no valor de cinquenta mil a cem mil UFIR" (Brasil, 1997).

A Justiça Eleitoral fixará em edital e no Diário de Justiça Eletrônico, em vinte e quatro horas, um comunicado noticiando o registro das informações, disponibilizando aos partidos com candidatos registrados o livre acesso pelo prazo de trinta dias (Brasil, 1997, art. 33, § 2º). Por fim, a Lei n. 9.504/1997, no art. 34, § 2º, tipifica que

> *O não cumprimento do disposto neste artigo ou qualquer ato que vise a retardar, impedir ou dificultar a ação fiscalizadora dos partidos constitui crime, punível com detenção, de seis meses a um ano, com a alternativa de prestação de serviços à comunidade pelo mesmo prazo, e multa no valor de dez mil a vinte mil UFIR.*

Por fim, é interessante salientar que a propaganda de rua tem perdido a força ao longo das últimas eleições, haja vista que tem sido suplantada pelas redes sociais, estas de custo muito inferior. Tal fenômeno também está ocorrendo com o horário eleitoral gratuito.

Consultando a legislação

Natureza	Meio de comunicação	Fundamento legal
Propaganda ou "publicidade" institucional	Todas as formas	Constituição, art. 37, § 1º Lei n. 9.504/1997, art. 73, VI, "b"
Propaganda intrapartidária	Todas as formas, exceto rádio e televisão. Dirigida apenas aos filiados e vedada à comunidade	Lei n. 9.504/1997, art. 36, § 1º; art. 36-A
Propaganda partidária (extinta)	Rádio e televisão (extinta)	Lei n. 9.096/1995, art. 45 Revogada pela Lei n. 13.487/2017

(continua)

(conclusão)

Natureza	Meio de comunicação	Fundamento legal
Propaganda eleitoral em geral	Propaganda em bens ou em contato direto com o eleitor	**Atos de campanha** Lei n. 9.504/1997, art. 39, § 1º-3º **Bens particulares** Lei n. 9.504/1997, art. 37, § 2º, 5º **Bens públicos** Lei n. 9.504/1997, art. 37, *caput*, § 1º-4º; 6º, 7º **Material de campanha** Lei n. 9.504/1997, art. 39, § 1º, 2º **Sonorização** dei c. 9.504/1997, art. l9, § 4º
Propaganda eleitoral nos meios de comunicação social	Propaganda em jornais, rádio, televisão e internet	**Imprensa escrita** Lei n. 9.504/1997, art. 39, § 1º-3º; art. 58 **Rádio e televisão** Constituição, art. 17 Lei n. 9.504/1997, art. 44-57 **Rede mundial de computadores (internet)** Lei n. 9.504/1997, art. 57-A- J
Debates	Rádio, televisão, internet e ambientes coletivos	Lei n. 9.504/1997, art. 46
Pesquisas	Rádio, televisão e internet	Lei n. 9.504/1997, art. 33-35

Síntese

As formas de propaganda eleitoral evoluíram desde os tempos em que era restrita às abordagens corpo a corpo pelos candidatos, cabos eleitorais e militantes, à panfletagem ou à abordagem direta.

Dentre as ferramentas exploradas pelos meios de comunicação, surgem as pesquisas, frequentemente taxadas de influenciadoras da vontade do eleitor, e os debates, criticados quando perdem a força com o declínio de candidatos favoritos e o excesso de candidatos sem força política.

Desde a eleição de Barack Obama, nos Estados Unidos, as redes sociais têm tomado força no processo eleitoral, sucumbindo em parte o horário eleitoral gratuito em razão do seu custo e alcance. A liberdade de expressão se tornou ampla quando permite que cada cidadão se manifeste acerca da política, o que privilegia, inclusive, jovens que ainda não atingiram a idade para se alistarem como eleitores. No entanto, ao lado das virtudes eletrônicas, vieram também os vícios, com a ausência de confiabilidade, a eficiência das fontes informativas e a reprodução das notícias falsas (*fake news*), que, em alguns casos, influenciaram a vontade do eleitor nas eleições de 2018.

Enfim, caberá agora ao Poder Legislativo e ao TSE buscarem a regulação pertinente para que as novas mídias não promovam o desequilíbrio dos próximos pleitos.

Questões para revisão

1. Quanto à análise da propaganda institucional, intrapartidária e na imprensa escrita, marque a alternativa correta:
    a) A divulgação pela imprensa dos candidatos escolhidos nas convenções partidárias é ilegal por violar as normas de propaganda intrapartidária, que não é dirigida exclusivamente aos filiados dentro dos limites do partido.
    b) Bens públicos para fins eleitorais são somente aqueles de uso comum e especial do Estado, não alcançando nenhum patrimônio privado.
    c) A proibição da realização de "showmício", por exceção, não se aplica em casos em que o próprio candidato seja o artista,

uma vez que seus dons artísticos é mote de sua campanha, e enaltecer suas qualidades integra o rol dos direitos políticos.

d) É permitida, no dia das eleições, a manifestação individual e silenciosa da preferência do eleitor – desde que não sejam mesários ou não estejam à serviço da Justiça Eleitoral –, revelada pelo uso de bandeiras, broches, dísticos e adesivos.

e) A veiculação de propaganda eleitoral depende da obtenção de licença municipal e de licença da Prefeitura, se existir nos municípios normas de postura quanto à publicidade.

2. No que se refere à análise da propaganda na rede mundial de computadores (internet), marque a alternativa correta:

a) Nos meios de comunicação eletrônicos, a propaganda eleitoral poderá ser realizada em sítio do candidato, do partido ou da empresa do candidato, sendo facultativo informar o domínio à Justiça Eleitoral.

b) Os candidatos que encaminharem *e-mail* como propaganda eleitoral e não providenciarem o descadastramento à pedido do destinatário em quarenta e oito horas, estará sujeito à pena de R\$ 100,00 de multa por mensagem não descadastrada.

c) O impulsionamento de conteúdos e ferramentas digitais não disponibilizadas pelo provedor, gratuitas ou remuneradas, poderão ser contratados ou utilizados para repercussão da propaganda eleitoral.

d) Como manifestação do direito constitucional da liberdade de expressão, o direito de crítica é absoluto e de forma alguma pode ser tipificado como crime contra a honra.

e) Não cabe direito de resposta nas redes sociais.

Rogério Carlos Born

3. Na análise da propaganda de rádio, televisão, pesquisas e debates, marque a alternativa correta:

   a) Não caracteriza pesquisa eleitoral não registrada a divulgação de enquetes ou sondagens, desde que seja informado que não se trata de pesquisa eleitoral prevista no art. 33 da Lei n. 9.504/1997, e sim de mero levantamento de opiniões, sem controle de amostra, o qual não utiliza método científico para a sua realização, dependendo apenas da participação espontânea do interessado.

   b) As regras dos debates são engessadas pela legislação eleitoral por se tratar de norma vinculada, e não há possibilidade de realização de acordo entre os partidos, as coligações e os candidatos.

   c) O debate poderá ser realizado sem a presença de candidato de algum partido, desde que a emissora comprove tê-lo convidado com a antecedência mínima de setenta e duas horas antes da realização, exceto quando apenas dois candidatos disputem a eleição.

   d) Existe a possibilidade de realização, em qualquer época, de debate na internet, com transmissão ao vivo, desde que, por analogia, cumpra-se a condição imposta ao rádio e à televisão do tratamento isonômico entre os candidatos.

   e) A Lei n. 9.504/1997 não prevê o horário eleitoral gratuito em bloco para os candidatos ao cargo de vereador.

4. Como é realizada, no primeiro turno, a distribuição do tempo no horário eleitoral gratuito no rádio e na televisão?

5. Qual é a definição de *bens públicos por equiparação*?

Questões para reflexão

1. Nas eleições presidenciais de 2018, houve sérias críticas de que o uso das notícias falsas (*fake news*) teria influenciado e alterado o resultado das eleições. Na sua opinião, após efetuar pesquisas nas notícias veiculadas em jornais nacionais e na imprensa estrangeira, esse fenômeno ocorreu?

2. A imprensa costuma afirmar que as pesquisas influenciam no voto do eleitor. Porém, algumas eleições, principalmente para o Senado, têm evidenciado uma grande divergência entre a intenção do eleitor e o resultado da apuração de votos, acontecendo, não raras vezes, que o candidato que venceria com folga as eleições acabe em terceira ou quarta colocação. Analise a influência das pesquisas na vontade do eleitor.

Para saber mais

ALMEIDA, F. R. M.; COSTA, R. A. **Propaganda eleitoral**: poder de polícia, direito de resposta, representação eleitoral. Curitiba: Instituto Memória, 2016.

A obra, de autores da nova geração de eleitoralistas – Frederico Almeida e Rafael Costa –, que se dedicaram a aprofundar pontos raramente abordados pela doutrina, fazendo um recorte para direito de resposta e representação eleitoral. Detém-se no estudo das ferramentas processuais destinadas a coibir e a sancionar as condutas ilícitas praticadas na propaganda eleitoral e também a preservar a igualdade entre os candidatos. Cuida ainda do direito de resposta como reação imediata e proporcional de candidatos que sejam vítimas de delitos

Rogério Carlos Born

contra a honra e também de *fake news*, o que protege o cidadão da desinformação.

CONEGLIAN, O. **Propaganda eleitoral**. 14. ed. Curitiba: Juruá, 2018.

Trata-se da clássica obra de Olivar Coneglian, um dos pioneiros no estudo da propaganda eleitoral no Brasil, e um *best seller* que deve estar sempre na cabeceira dos operadores do Direito que atuam na Justiça Eleitoral e dos cientistas políticos que analisam os efeitos da divulgação das candidaturas e suas regras. Enfoca a propaganda eleitoral em várias dimensões, com o escopo na legalidade que é, na visão do autor, o principal obstáculo para o aprofundamento de algumas questões. Para Coneglian, a propaganda eleitoral não está em uma lei, mas em diversas leis, que sofrem alterações a cada eleição, de acordo com as decisões dos tribunais eleitorais.

ZIMMERMAN, A. **Direito direito nos jornais**: as palavras que aproximam e separam jornalistas e advogados. 2. ed. Curitiba: Juruá, 2011.

Por fim, Ana Zimmerman, reunindo sua dupla formação em Jornalismo e Direito conseguiu, de forma sutil, agradar tanto aos jornalistas, que poderão incrementar a informação com a mesma simplicidade, mas com precisão, quanto aos bacharéis em Direito, que poderão simplificar a linguagem para melhor informar ao público.

Capítulo 5
Processo judicial e penal
eleitoral

Conteúdos do capítulo:

- A competência e a organização da Justiça Eleitoral.
- As funções essenciais e auxiliares da Justiça Eleitoral.
- As ações judiciais originárias eleitorais.
- Os recursos na Justiça Eleitoral.
- O direito penal eleitoral.
- O processo penal na Justiça Eleitoral.

Após o estudo deste capítulo, você será capaz de:

1. relacionar os órgãos que atuam em função essencial da Justiça Eleitoral em primeira e segunda instância;
2. identificar os feitos em espécie para melhor eficiência dos meios judiciais eleitorai;
3. comparar o processo penal eleitoral com o processo comum;
4. escolher os melhores meios de defesa para os réus acusados do cometimento de delitos eleitorais.

(5.1)
CONTEXTUALIZAÇÃO

No sistema brasileiro, a Constituição conferiu à Justiça Eleitoral as atribuições de organizar e disciplinar as eleições e a competência de processar e julgar os conflitos destas decorrentes.

A Justiça Eleitoral exerce atribuições que seriam naturalmente do Poder Executivo no alistamento eleitoral, na organização das eleições, no registro de candidatos e na fiscalização dos trabalhos e da propaganda eleitoral (exercício do poder de polícia). Isso porque, exceto para juiz de paz, os seus cargos não são eletivos, o que garante mais autonomia, confiança e imparcialidade na escolha dos ocupantes dos cargos públicos.

Por outro lado, também exerce a sua competência jurisdicional quando julga impugnações de registro de candidato, violações à propaganda eleitoral, prestação de contas de candidatos e ilegalidades ocorridas nos pleitos eleitorais.

(5.2)
COMPETÊNCIA E ORGANIZAÇÃO DA JUSTIÇA ELEITORAL

De acordo com o que rege o art. 118 da Constituição da República Federativa do Brasil (CRFB) de 1988 (Brasil, 1988) e também o art. 12 do Código Eleitoral – Lei n. 4.737, de 15 de julho de 1965 (Brasil, 1965b) –, os órgãos que compõe a Justiça Eleitoral são o Tribunal Superior Eleitoral (TSE), o Tribunal Regional Eleitoral (TRE) de cada estado e do Distrito Federal, os juízes eleitorais e as juntas eleitorais.

Rogério Carlos Born

Figura 5.1 – Organização do Poder Judiciário Eleitoral

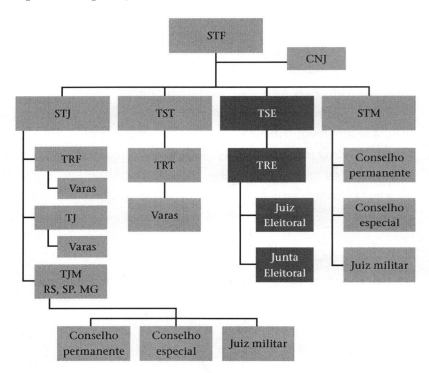

Os tribunais e juízos eleitorais formam, assim, uma justiça especializada na matéria, o que é excetuado apenas no Distrito Estadual de Fernando de Noronha, onde as eleições para os membros do Conselho são organizadas pela Mesa Diretora do Conselho Distrital, sob a observação de um juiz eleitoral indicado pelo Tribunal Regional Eleitoral de Pernambuco (TRE-PE), conforme determina o art. 44 da Lei Orgânica do Distrito Estadual de Fernando de Noronha – Lei n. 11.304, de 28 de dezembro de 1995 (Pernambuco, 1995).

Os ministros do Tribunal Superior e os juízes dos tribunais regionais servirão, exceto por motivo justificado, por dois anos ou, no máximo, por dois biênios consecutivos, sendo esses biênios contados, ininterruptamente, sem o desconto de qualquer afastamento nem mesmo o decorrente de licença, férias ou licença especial, salvo no caso de impedimento decorrente de parentesco com candidato (Brasil, 1965, art. 14; TSE, 2002b, art. 1º, *caput*). De acordo com o art. 1º, § 3º, da Resolução n. 20.958, de 18 de dezembro de 2001: "Os substitutos terão os mesmos direitos, garantias, prerrogativas, deveres e impedimentos dos titulares" (TSE, 2002b).

Em primeiro grau, a jurisdição é exercida pelo juiz de direito titular da comarca e, nas zonas eleitorais em que houver mais de uma vara, será exercida por cada juiz, pelo período de dois anos, em sistema de rodízio (Brasil, 1965b, art. 32) cabendo a designação ao Tribunal Regional Eleitoral (TSE, 2002c, art. 3º).

De acordo com os arts. 23, 72 e 121, § 1º, da Lei Complementar n. 35, de 14 de março de 1979 (Brasil, 1979), os membros da Justiça Eleitoral não são vitalícios, mas, no exercício de suas funções e no que for aplicável, os magistrados gozarão de plenas garantias e serão inamovíveis, e, sem prejuízo do vencimento, remuneração ou de qualquer direito ou vantagem legal, poderão afastar-se de suas funções na justiça comum até oito dias para dedicação exclusiva. Os feitos eleitorais têm prioridade e, como tais, são considerados os que objetivem o provimento ou o exercício dos cargos eletivos e, na segunda instância, serão convocadas sessões extraordinárias quando preciso – conforme rege a Lei n. 4.410, de 24 de setembro de 1964 (Brasil, 1964b, art. 1º, § 1º, 2º; art. 2º, *caput*).

A regra constitucional de que um quinto dos tribunais "será composto por membros do Ministério Público [...] e advogados com notório saber jurídico e de reputação ilibada", ambos com dez anos de carreira indicados em lista sêxtupla por órgãos de carreira, na Justiça Eleitoral, não é aplicável em relação aos membros do Ministério Público (Brasil, 1988, art. 94, 119, II). Essa exceção constitucional

Rogério Carlos Born

se deve à incompatibilidade resultante do fato de que, nas demais Cortes, os promotores e procuradores de justiça deixam de integrar o Ministério Público e são investidos como magistrados vitalícios, o que não é possível na Justiça Eleitoral em razão da temporariedade.

Os advogados integrantes do quinto constitucional eleitoral, consoante o Supremo Tribunal Federal (STF, 2001a), não estão abrangidos pela proibição de exercício da advocacia, mas o Conselho Nacional de Justiça (CNJ) decidiu que eles não podem advogar em qualquer juízo ou tribunal eleitoral, bem como perante a Fazenda Pública da União, sendo a sua atuação permitida perante os demais órgãos do Poder Judiciário e o exercício da advocacia pública.

Aos magistrados, inclusive integrantes originários do quinto constitucional das Cortes Eleitorais, mesmo com exercício temporário do cargo, é defeso se dedicarem à atividade político-partidária (Brasil, 1988, art. 95, parágrafo único, III).

O TSE é a instância máxima em matéria exclusivamente eleitoral. Tem sede na Capital da União, jurisdição em todo o território nacional e seus membros têm o título de *ministro*[1], sendo composto de sete ministros escolhidos por voto secreto, três dentre os ministros do STF, dois dentre os ministros do Superior Tribunal de Justiça (STJ) e, por nomeação do presidente da República, dois advogados, indicados entre uma sêxtupla de notável saber jurídico e idoneidade moral escolhida pelo STF, e não pela Ordem dos Advogados do Brasil (OAB) – conforme rege a Constituição, arts. 119 e 121, corroborada

---

1 *"Art. 34. Os membros do Supremo Tribunal Federal, do Tribunal Federal de Recursos, do Superior Tribunal Militar, do Tribunal Superior Eleitoral e do Tribunal Superior do Trabalho têm o título de ministro; os dos tribunais de justiça, o de Desembargador; sendo o de juiz privativo dos outros Tribunais e da Magistratura de primeira instância"* (Brasil, 1979).

pela Lei n. 4.737/1965, arts. 16, 17 e 23, e pela Lei n. 9.504, de 30 de setembro de 1997 (Brasil, 1997, art. 96, § 3º).

Para a apreciação das reclamações ou representações que lhes forem dirigidas, o que é mais comum nos feitos relativos à propaganda eleitoral, serão designados três juízes auxiliares, normalmente dentre os substitutos de cada classe (Brasil, 1997, art. 96, § 3º).

O presidente e o vice-presidente serão eleitos dentre os ministros do STF e o Corregedor Eleitoral e dentre os ministros do STJ, sendo vedadas as acumulações de cargos similares nos tribunais de origem.

Os ministros servirão por dois anos, no mínimo, e nunca por mais de dois biênios consecutivos, sendo os substitutos escolhidos na mesma ocasião e pelo mesmo processo em número igual para cada categoria.

A competência está submetida à reserva de lei complementar representada pela parte segunda do Código Eleitoral (Lei n. 4.737/1965), embora contenha disposições na Lei das Eleições (Lei n. 9.504/1997).

As principais competências em matéria estritamente eleitoral do Tribunal Superior são processar e julgar originariamente as reclamações, as representações, as impugnações à apuração, a proclamação dos eleitos e a expedição de diploma na eleição de presidente e vice-presidente da República; o registro, a cassação e as reclamações relativas à contabilidade e à apuração da origem dos seus recursos recebidos pelos partidos; responder, sobre matéria eleitoral, às consultas em tese efetuadas por autoridade federal ou órgão nacional de partido; requisitar a força federal necessária ao cumprimento da lei e das decisões dos tribunais eleitorais para garantir a votação e a apuração e tomar quaisquer outras providências que julgar convenientes à execução da legislação eleitoral (Brasil, 1965b, art. 22, I).

O TSE (2007c), em edição de ato normativo – Resolução n. 22.610, de 25 de outubro de 2007 –, acabou por avocar a competência para o processo e o julgamento de casos relacionados à perda de mandato federal por infidelidade partidária. A mesma resolução, no art. 2º, permitiu que os tribunais regionais eleitorais apreciassem a mesma matéria em relação aos pleitos municipais, distritais e estaduais que, no primeiro caso, não outorgou a competência para os juízes eleitorais (TSE, 2007c).

Os tribunais regionais eleitorais, sediados nas capitais dos estados e no Distrito Federal, são compostos de sete membros denominados *juízes*, sendo escolhidos, mediante eleição pelo voto secreto: dois dentre os desembargadores do Tribunal de Justiça; dois dentre juízes de direito, escolhidos pelo Tribunal de Justiça; um juiz federal do Tribunal Regional Federal ou escolhido por este nas seções das capitais que não forem sede desta Corte; e dois advogados integrantes do quinto constitucional (Brasil, 1988, art. 120, § 1º, I).

O quinto será formado por dois advogados escolhidos de uma lista sêxtupla de notável saber jurídico e idoneidade moral, indicados pelo Tribunal de Justiça e nomeados pelo presidente da República, e não pelo governador do Estado, prescindindo "de membros do Ministério Público na sua composição" (TJ-SE, 2008).

O presidente, o vice-presidente e o corregedor serão eleitos dentre os desembargadores.

Nos tribunais regionais, também são designados três juízes auxiliares dentre os substitutos de cada classe com a competência para apreciar as reclamações ou as representações, principalmente os feitos relativos à propaganda eleitoral.

A competência dos tribunais regionais eleitorais é submetida à reserva de lei complementar e se encontra estabelecida na parte segunda do Código Eleitoral.

As principais competências originárias em matéria estritamente eleitoral dos tribunais regionais será processar e julgar o registro e o cancelamento do registro dos diretórios estaduais, distritais e municipais de partidos, bem como de candidatos a governador, vice-governador e membros do Congresso Nacional, da Câmara Distrital e das assembleias legislativas; os conflitos de competência entre juízes eleitorais do respectivo Estado (Brasil, 1965b, art. 22, I, "a", "b") e "as reclamações relativas a obrigações impostas por lei aos partidos em caráter regional, quanto a sua contabilidade e à apuração da origem dos seus recursos" (Brasil, 1965b, art. 22, I, "f").

A Resolução n. 22.610, de 25 de outubro de 2007, do TSE prevê que "o Tribunal Superior Eleitoral é competente para processar e julgar pedido relativo a mandato federal; nos demais casos, é competente o tribunal eleitoral do respectivo estado" (TSE, 2007c, art. 2°).

Segundo rege o art. 29 do Código Eleitoral, compete também aos tribunais regionais: "II – julgar os *recursos* interpostos: a) dos atos e das decisões proferidas pelos juízes e juntas eleitorais; b) das decisões dos juízes eleitorais que concederem ou denegarem *habeas corpus* ou mandado de segurança" (Brasil, 1965b), sendo irrecorríveis as suas decisões, exceto nos casos de recurso especial e extraordinário.

Compete, ainda, administrativamente, aos tribunais regionais:

V – constituir as juntas eleitorais e designar a respectiva sede e jurisdição;

[...]

VII – apurar com os resultados parciais enviados pelas juntas eleitorais, os resultados finais das eleições de governador e vice-governador de membros do Congresso Nacional e expedir os respectivos diplomas [...];

VIII – responder, sobre matéria eleitoral, às consultas que lhe forem feitas, em tese, por autoridade pública ou partido político;

Rogério Carlos Born

IX – dividir a respectiva circunscrição em zonas eleitorais, submetendo essa divisão, assim como a criação de novas zonas, à aprovação do Tribunal Superior;

[...]

XII – requisitar a força necessária ao cumprimento de suas decisões solicitar ao Tribunal Superior a requisição de força federal;

[...]

XVI – cumprir e fazer cumprir as decisões e instruções do Tribunal Superior;

[...]

XVIII – organizar o fichário dos eleitores do Estado; [...]. (Brasil, 1965b, art. 30)

Além disso, na apuração, compete aos tribunais regionais resolver as dúvidas não decididas e os recursos interpostos sobre as eleições federais e estaduais e apurar as votações que haja validado em grau de recurso (Brasil, 1965b, art. 30, XIX).

Os juízos eleitorais são órgãos de primeiro grau nas eleições municipais e são exercidos por juízes de direito da comarca da área das zonas eleitorais (Brasil, 1979, art. 11). Onde houver número de varas superior ao de zonas, por orientação do Tribunal Superior, adota-se o sistema de rodízio para designação (TSE, 1999), mas a lei pode outorgar a outros juízes competência para funções não decisórias.

Segundo o Código Eleitoral, art. 131, § 1º, "nas eleições municipais, quando a circunscrição abranger mais de uma zona eleitoral, o tribunal regional designará um Juiz para apreciar as reclamações ou representações" (Brasil, 1965b).

As zonas eleitorais, por sua vez,

*são unidades territoriais municipais, de natureza administrativa e juris-
dicional, criadas para o controle de alistamento/transferência eleitoral e
recepção de registros de candidaturas, bem assim para definição de competência jurisdicional, cuja titularidade cabe ao Juiz de Direito na função
de Juiz Eleitoral.* (Paraná, 2008)

Ainda, as zonas eleitorais tanto poderão abranger mais de um
município quanto um município poderá abranger mais de uma zona
eleitoral: por exemplo, o município de Curitiba conta com dez zonas
eleitorais (1ª, 2ª, 3ª, 4ª, 145ª, 174ª, 175ª, 176ª, 177ª e 178ª), ao passo
que a 34ª Zona Eleitoral do Paraná atende os municípios de Irati e
Inácio Martins.

As principais competências jurisdicionais em matéria estritamente
eleitoral dos juízes eleitorais são:

- "cumprir e fazer cumprir as decisões e determinações do Tribunal
  Superior e do Regional" (Brasil, 1965b, art. 35, I);
- "processar e julgar os crimes eleitorais e os comuns que lhe forem
  conexos" (Brasil, 1965b, art. 35, II);
- "expedir salvo-conduto com a cominação de prisão por desobediência até 5 (cinco) dias, em favor do eleitor que sofrer violência, moral ou física, na sua liberdade de votar" (Brasil, 1965b,
  art. 235, *caput*);
- processar e julgar as reclamações ou representações apresentadas
  pelos partidos, coligações ou candidatos, relativas ao cumprimento dos preceitos contidos na Lei das Eleições (Brasil, 1997,
  art. 96, I).

No entanto, as principais atribuições administrativas que cabem
ao juiz eleitoral, de acordo com o Código Eleitoral, art. 35, são:

V – tomar conhecimento das reclamações que lhe forem feitas verbalmente ou por escrito, reduzindo-as a termo [...];

VIII – dirigir os processos eleitorais e determinar a inscrição e a exclusão de eleitores;

IX – expedir títulos eleitorais e conceder transferência de eleitor;

X – dividir a zona em seções eleitorais;

[...]

XII – ordenar o registro e cassação do registro dos candidatos aos cargos eletivos municipais [...];

[...]

XV – instruir os membros das mesas receptoras sobre as suas funções;

XVI – providenciar para a solução das ocorrências que se verificarem nas mesas receptoras;

XVII – tomar todas as providências ao seu alcance para evitar os atos viciosos das eleições;

XVIII – fornecer aos que não votaram por motivo justificado e aos não alistados, por dispensados do alistamento, um certificado que os isente das sanções legais; [...]. (Brasil, 1965b)

As juntas eleitorais são órgãos jurisdicionais que possuem a competência de dirimir os casos de apuração e diplomação para os cargos eletivos municipais, ou seja, prefeito, vice-prefeito, vereador e juiz de paz, e estão previstas no art. 36 do Código Eleitoral. Deve ser composta de juiz eleitoral e dois a quatro eleitores maiores de 18 anos e que possuam notória idoneidade, cidadãos estes que não necessitam da formação em Direito.

Conforme rege o art. 13 da Lei n. 6.996, de 7 de junho de 1982 (Brasil, 1982a), é possível, mediante autorização do TSE, a criação de juntas apuradoras regionais.

É curioso ilustrar que a legislação eleitoral pátria é inspirada na portuguesa. A legislação lusitana – Lei n. 14, de 25 de abril de 1979 –, por sua vez, prevê que as juntas de apuramento são formadas por juízes, presidentes de seções eleitorais, juristas e professores de matemática, sendo que os chefes de Secretaria participam sem direito a voto (Portugal, 1979, art. 106, I, "d"; art. 108, I, "d").

Nos municípios brasileiros com mais de uma junta, os tribunais regionais eleitorais costumam prever em resolução que a expedição dos diplomas de competência sejam da junta eleitoral da zona mais antiga, ficando as demais somente com a competência para a apuração das eleições (Brasil, 1965b, art. 39, parágrafo único). "Poderão ser organizadas tantas juntas quantas permitir o número de juízes de direito, mesmo que não sejam juízes eleitorais" (Brasil, 1965b, art. 37, *caput*).

São impedidos de integrar as juntas eleitorais, de acordo com o que rege o art. 36, § 3º, do Código Eleitoral:

I – os candidatos e seus parentes, ainda que por afinidade, até o segundo grau, inclusive, e bem assim o cônjuge;

II – os membros de diretorias de partidos políticos devidamente registrados e cujos nomes tenham sido oficialmente publicados;

III – as autoridades e agentes policiais, bem como os funcionários no desempenho de cargos de confiança do Executivo;

IV – os que pertencerem ao serviço eleitoral. (Brasil, 1965b)

Rogério Carlos Born

No entanto, o art. 40 da mesma lei assegura que é da competência da junta eleitoral:

I – apurar, no prazo de 10 (dez) dias, as eleições realizadas nas zonas eleitorais sob a sua jurisdição;

II – resolver as impugnações e demais incidentes verificados durante os trabalhos da contagem e da apuração;

III – expedir os boletins de apuração mencionados no Art. 178;

IV – expedir diploma aos eleitos para cargos municipais. (Brasil, 1965b)

O conflito ocorre quando dois órgãos da Justiça Eleitoral, concomitantemente, declaram-se competentes (conflito positivo) ou incompetentes (conflito negativo) para o processo e o julgamento de determinadas causas.

Os conflitos são solucionados pelos órgãos apresentados no Quadro 5.1, a seguir.

Quadro 5.1 – Órgãos judiciais responsáveis por julgar o conflito de competências

Conflito	Competência
Juízes eleitorais da mesma unidade da Federação	Tribunal Regional Eleitoral Art. 29, I, "b", do Código Eleitoral (Brasil 1965b)
Juiz eleitoral de uma unidade da Federação × Juiz Eleitoral de outra unidade da Federação	Tribunal Superior Eleitoral Art. 22, I, "d", da CRFB (Brasil, 1988)

(continua)

(Quadro 5.1 – conclusão)

Conflito	Competência
Junta eleitoral de uma unidade da Federação × Junta Eleitoral de outra unidade da Federação	Superior Tribunal de Justiça por falta de regulamentação, mas na prática tem sido solucionado pelo Tribunal Superior Eleitoral
Tribunal Regional Eleitoral × Tribunal Regional Eleitoral	Tribunal Superior Eleitoral Art. 22, I, "d", da CRFB (Brasil, 1988)
Tribunal Regional Eleitoral de uma UF × Juiz Eleitoral de outra UF	Tribunal Superior Eleitoral Art. 22, I, "d", da CRFB (Brasil, 1988)
Tribunal Superior Eleitoral × Quaisquer outros tribunais ou juízos	Supremo Tribunal Federal Art. 102, I, "o", da CRFB (Brasil, 1988)

Apesar das seções eleitorais não possuírem a natureza jurídica de um órgão jurisdicional, os presidentes das mesas coletoras de votos possuem uma competência que somente poderá ser afastada pelo juiz eleitoral, conforme previsão do Código Eleitoral:

> *Art. 235. O juiz eleitoral, ou o presidente da mesa receptora, pode expedir salvo-conduto com a cominação de prisão por desobediência até 5 (cinco) dias, em favor do eleitor que sofrer violência, moral ou física, na sua liberdade de votar, ou pelo fato de haver votado.*
>
> *Parágrafo único. A medida será válida para o período compreendido entre 72 (setenta e duas) horas antes até 48 (quarenta e oito) horas depois do pleito.* (Brasil, 1965b)

No art. 236, por sua vez, é estabelecido, ainda, que:

> *Nenhuma autoridade poderá, desde 5 (cinco) dias antes e até 48 (quarenta e oito) horas depois do encerramento da eleição, prender ou deter qualquer eleitor, salvo em flagrante delito ou em virtude de sentença*

criminal condenatória por crime inafiançável, ou, ainda, por desrespeito a salvo-conduto. (Brasil, 1965b)

Decidiu o Tribunal Regional Eleitoral de São Paulo (TRE-SP, 2007) a favor de um eleitor com deficiência física que buscou a expedição de salvo-conduto "para o não pagamento de estacionamento existente no local de votação" em razão de sua dificuldade de locomoção.

O presidente é a autoridade máxima na sessão eleitoral, submetida apenas às ordens do juiz eleitoral, e dentre as suas principais atribuições administrativas, de acordo com o art. 127 do Código Eleitoral, cabe:

I – receber os votos dos eleitores;

II – decidir imediatamente todas as dificuldades ou dúvidas que ocorrerem;

III – manter a ordem, para o que disporá de força pública necessária;

IV – comunicar ao juiz eleitoral, que providenciará imediatamente as ocorrências cuja solução deste dependerem;

V – remeter à Junta Eleitoral todos os papéis que tiverem sido utilizados durante a recepção dos votos;

[...]

IX – anotar o não comparecimento do eleitor no verso da folha individual de votação. (Brasil, 1965b)

Cabe ainda ao presidente, ou membro da mesa que assumir a presidência, nomear *ad hoc* mesários dentre os eleitores presentes que forem necessários para completar a mesa em lugar de mesário faltoso já nomeado (Brasil, 1965b, art. 123, § 3º; TSE, 2004b).

Em decorrência do exercício desse poder, as forças de segurança pública (policiais militares, federais, rodoviários, civis, guardas municipais etc.) deverão se manter a uma distância mínima de 100 metros de distância da seção de votação. As autoridades policiais somente poderão atuar na seção com a autorização ou a ordem do presidente da mesa ou do juiz eleitoral.

5.2 – Funções essenciais da Justiça Eleitoral

ATRIBUIÇÕES NA JUSTIÇA ELEITORAL			
Órgão	Competência	Ministério Público	Assistência judiciária
Tribunal Superior Eleitoral, Corte e juízes auxiliares	Eleições para presidente e vice-presidente da República e do Parlamento do Mercosul	Procurador-geral e vice-procurador-geral da República	Defensor público de categoria especial
Tribunal Regional Eleitoral, Corte e juízes auxiliares	Eleições para governador, vice-governador, senador, deputado federal, distrital e estadual	Procurador da República nomeado pelo procurador-geral da República nas atribuições de procurador-geral eleitoral	Defensor público de primeira categoria
Juízes e juntas	Eleições para prefeito, vice-prefeito, vereador e Juiz de Paz	Promotor eleitoral ou procurador-geral de Justiça (estadual ou distrital)	Defensor público de segunda categoria

Dentre os órgãos do *Parquet* previstos na Constituição, não se encontra arrolado o Ministério Público Eleitoral, sendo desconhecido se a omissão foi proposital ou acidental pelo legislador constituinte. No entanto, a Lei Complementar n. 75, de 20 de maio de 1993, nos arts. 74 a 80, prevê que as atribuições do Ministério Público Eleitoral, tanto como parte quanto como fiscal da lei (*custos legis*), são delegadas do Ministério Público Federal ao procurador-geral da República perante o TSE; aos procuradores da República perante os tribunais regionais eleitorais; e aos promotores de justiça perante os juízos e as juntas eleitorais (Brasil, 1993).

Perante o TSE, exercerá as funções do Ministério Público Eleitoral o procurador-geral da República, substituindo-o, em suas faltas e impedimentos, um dos subprocuradores-gerais designado para a função de vice-procurador-geral eleitoral, podendo ser designados outros membros com exercício no Distrito Federal, sem prejuízo das respectivas funções, para auxiliá-lo, mas não poderão ter assento. Os subprocuradores-gerais da República serão designados para, mediante delegação, oficiar no TSE.

Entre as principais atribuições do procurador-geral, como Chefe do Ministério Público Eleitoral, estão: assistir às sessões do TSE e participar nas discussões; ajuizar a ação pública e promovê-la até final em todos os feitos de competência originária do Tribunal; e oficiar em novos recursos remetidos ao Tribunal e manifestar-se, por escrito ou oralmente, nos feitos (Brasil, 1993, art. 70, parágrafo único).

Nas atribuições exercidas nos tribunais regionais eleitorais, que constam no art. 70 da Lei Complementar n. 75/1993, "os Procuradores da República serão designados para oficiar junto aos Juízes Federais e junto aos Tribunais Regionais Eleitorais, onde não tiver sede a Procuradoria Regional da República" (Brasil, 1993). Quando necessário, é possível também ao procurador geral eleitoral, de acordo com o art. 77, parágrafo único da mesma lei, "designar, por necessidade de serviço, outros membros do Ministério Público Federal para oficiar, sob a coordenação do Procurador Regional, perante os Tribunais Regionais Eleitorais" (Brasil, 1993a).

Perante os juízos e as juntas eleitorais, as funções do Ministério Público Eleitoral serão exercidas por um promotor de justiça que atue no município da circunscrição eleitoral. Na verdade, trata-se de um membro do Ministério Público comum do Estado que exercerá a atribuição delegada de promotor eleitoral.

Prevê a Lei Orgânica do Ministério Público – Lei n. 8.625, de 12 de fevereiro de 1993 (Brasil, 1993b) – que é ainda da atribuição do chefe do *Parquet* estadual oficiar perante a Justiça Eleitoral de primeira instância ou ante o procurador regional eleitoral quando solicitado.

Pela Constituição, após a Emenda n. 45, de 30 de dezembro 2004 (Brasil, 2004a), aos membros do Ministério Público, principalmente com atuação na Justiça Eleitoral, é vedado exercer atividade político-partidária e, em consequência, tornou-se inaplicável o que dispõe o art. 80 da Lei Complementar n. 75/1993, que prevê que "a filiação a partido político impede o exercício de funções eleitorais por membro do Ministério Público até dois anos do seu cancelamento" (Brasil, 1993a).

O Conselho Nacional do Ministério Público, consagrando a posição já firmada em caso concreto anterior, editou a Resolução n. 5, de 20 de março de 2006, que disciplina atividade político-partidária dos membros do Ministério Público (Conselho Nacional do Ministério Público, 2006).

A Resolução n. 5/2006 estabelece, em seu art. 1º, que, aos "membros do Ministério Público que ingressaram na carreira após a publicação da Emenda n. 45/2004", está vedado o exercício de atividade político-partidária. Já no art. 2º a Resolução proíbe os membros do Ministério Público "de exercer qualquer outra função pública, salvo uma de magistério", o que não atinge "os que integravam o Parquet em 5 de outubro de 1988 e que tenham manifestado a opção pelo regime anterior" (Conselho Nacional do Ministério Público, 2006).

Rogério Carlos Born

Por sua vez, o art. 4º, parágrafo único, diz que:

As leis orgânicas estaduais que autorizam o afastamento de membros do Ministério Público para ocuparem cargos, empregos ou funções públicas contrariam expressa disposição constitucional, o que desautoriza sua aplicação, conforme reiteradas decisões do Supremo Tribunal Federal. (Conselho Nacional do Ministério Público, 2006)

A Constituição da República, art. 133, prevê que "o advogado é indispensável à administração da justiça, sendo inviolável por seus atos e manifestações no exercício da profissão aos limites da lei" (Brasil, 1988). Essa questão é corroborada pela Lei n. 8.906, de 4 de julho de 1994 (Brasil, 1994c), que dispõe sobre o Estatuto da Advocacia e a OAB e, em seu art. 2º, menciona que o advogado, em seu ministério privado, "presta serviço público e exerce função social" (Brasil, 1994c).

Nos juízos e tribunais eleitorais, também são impedidos de atuar, mesmo em causa própria, os advogados que possuem atividades incompatíveis com a advocacia previstas no Estatuto da Advocacia e na OAB (Brasil, 1994c, art. 28). Já os integrantes do quinto constitucional que exerçam os cargos de ministros ou juízes dos tribunais eleitorais, em razão da temporariedade, não estão impedidos de atuar em outros juízos e cortes.

Expõe João Batista Ericeira (2006) que:

A advocacia eleitoral, considerada sazonal pela realização de pleitos de dois em dois anos, se faz em verdade durante todo o ano, na esfera da justiça comum, com a propositura de ações judiciais que depois repercutirão na esfera eleitoral, que tem os limites jurisdicionais adstritos ao alistamento, registro de candidaturas, propaganda eleitoral, julgamento das eleições, diplomação. Fora da temporada estritamente eleitoral, há a consultoria aos partidos políticos e as suas atividades prolongam-se durante o ano inteiro, incluindo a utilização da mídia.

Na atuação em matéria administrativa exercida nos órgãos da Justiça Eleitoral, o exercício das atribuições independe da outorga de procuração para um advogado, ficando a capacidade postulatória exigida apenas nas ações contenciosas em que o juiz destinatário exerça a competência para dirimir conflitos de índole eleitoral, como a impugnação de registro de candidatos, a impugnação de mandato eletivo e as contendas relativas à propaganda eleitoral.

É comum que os advogados eleitoralistas patrocinem partidos adversários em eleições diferentes, mesmo porque, em regra, nas coligações os aliados se tornam adversários no próximo pleito.

No entanto, para que o causídico possa ser responsabilizado pelo "patrocínio invertido" de partido ou coligação antes adversária, é mister que tenha posse de informações sigilosas da grei cujo mandato tenha cumprido em demandas anteriores.

A atuação dos procuradores dos municípios e do Distrito Federal na seara eleitoral são as seguintes: defesa nas demandas em que esses entes estão envolvidos no polo passivo nas condutas vedadas; casos em que se exige de servidores a desincompatibilização; propaganda institucional; requisições de servidores para a Justiça Eleitoral; e cessão de bens móveis e imóveis do município para as convenções e para servir de local de votação. É conveniente ressaltar que os procuradores municipais e distrital somente podem atuar em defesa do ente federativo; consequentemente, as pessoas físicas que se encontrarem em litisconsórcio deverão contratar advogados privados.

A Constituição da República prevê, no art. 5º, LXXIV, que o "Estado prestará assistência jurídica integral e gratuita aos que comprovarem insuficiência de recursos" (Brasil, 1988), o que amplia a aplicação

Rogério Carlos Born

da Lei de Assistência Judiciária Gratuita à Justiça Eleitoral, que não contém essa previsão, o que é corroborado pela Lei Complementar n. 80, de 12 de janeiro de 1994 (Brasil, 1994b).

Embora a lei ainda seja restrita à assistência judiciária – o patrocínio em juízo –, também abarca a assistência jurídica, que consiste na oportunidade das partes consultarem e se aconselharem com um causídico.

A Defensoria Pública da União atua nos estados e no Distrito Federal junto à Justiça Eleitoral e pode firmar convênios com as defensorias públicas dos estados e do Distrito Federal para que atuem em seu nome com os órgãos de primeiro e segundo graus de jurisdição no desempenho das funções que lhe são cometidas ou para celebrar convênio com entidade pública que desempenhar essa função onde não houver a advocacia social estadual (Brasil, 1994b, art. 14).

Conforme rege a Lei Complementar n. 80/1994, o defensor público geral atuará com o STF (art. 23); os defensores públicos da União de categoria especial atuarão com o TSE (art. 22); os de primeira categoria, com os tribunais regionais eleitorais (art. 21); e os de segunda categoria, perante as juntas e os juízes eleitorais (art. 20), sendo-lhes vedado o exercício de atividade político-partidária enquanto atuarem com a Justiça Eleitoral (Brasil, 1994b, art. 46, V; art. 91, V; art. 130, V).

Ainda de acordo com a Lei Complementar n. 80/1994, art. 14, § 2º, os juízos eleitorais onde não existir a Defensoria Pública da União ou estadual, poderão celebrar "convênio com entidade pública que desempenhar essa função" (Brasil, 1994b) ou, conforme a Lei n. 1.060, de 5 de fevereiro de 1950 (Brasil, 1950), arts. 1º e 5º, § 1º e 3º, ser nomeado advogado dativo indicado pela OAB ou pelo próprio juiz, onde não existir subseção, devendo a nomeação recair preferencialmente no causídico que estiver interessado em indicar e que declare aceitar o encargo (Brasil, 1994b, art. 1º, 5º).

As taxas judiciárias são subsidiados pela União em respeito ao princípio constitucional da gratuidade dos atos que são necessários ao exercício da cidadania (Brasil, 1988, art. 5º, LXXVII), que abrangem, segundo o art. 1º da Lei n. 9.265, de 12 de fevereiro de 1996:

I – os que capacitam o cidadão ao exercício da soberania popular a que se reporta o art. 14 da Constituição;

[...]

III – os pedidos de informações ao poder público, em todos os seus âmbitos, objetivando a instrução de defesa ou a denúncia de irregularidades administrativas na órbita pública;

IV – as ações de impugnação de mandato eletivo por abuso do poder econômico, corrupção ou fraude;

V – quaisquer requerimentos ou petições que visem as garantias individuais e a defesa do interesse público. (Brasil, 1996)

O Código Eleitoral também ampara com a isenção os "requerimentos e todos os papéis destinados a fins eleitorais e o reconhecimento de firma pelos tabeliães para os mesmos fins" (Brasil, 1965b, art. 373).

Quanto às multas aplicadas aos eleitores com insuficiência econômica, o Código Eleitoral prevê a anistia quando "alistando ou o eleitor comprovar devidamente o seu estado de pobreza ficará isento do pagamento de multa" (Brasil, 1965b, art. 367, § 3º), mas, na visão do STJ (2009a),

A princípio, é típica a conduta de quem, com o fito de obter a benesse da assistência judiciária gratuita, assina declaração de que não tem condições de pagar as despesas e custas do processo judicial sem prejuízo próprio

ou de sua família (declaração de "pobreza"), mas apresenta evidentes possibilidades de arcar com elas.

Como consequência dessa imunidade, torna-se cômodo aos candidatos a transformação das representações e dos pedidos de direito de resposta em procedimento de consulta ao Poder Judiciário, bem como o abarrotamento de processos carentes de fundamentação, fazendo um laboratório das aspirações pessoais pelo cometimento de um abuso de direito.

São frequentes, também, a contaminação dos processos relativos à propaganda com a litispendência, como o registro de grande número de demandas nas quais, por *fas* ou por *nefas*, os sujeitos ativos ajuízam demandas individualizadas em relação a cada ocupante do polo passivo. Por exemplo: se são três ocupantes do polo passivo, ajuízam-se seis processos, sendo, em relação a cada réu, uma representação e um pedido de direito de resposta.

No direito brasileiro, conforme rege o art. 78 da Lei n. 5.172, de 25 de outubro de 1966, "considera-se **poder de polícia**, a atividade da administração pública que, limitando ou disciplinando direito, interesse ou liberdade, regula a prática de ato ou abstenção de fato, em razão de interesse público concernente, dentre outros, [...] aos direitos individuais e coletivos" (Brasil, 1966b, grifo nosso), o que engloba os direitos políticos, notadamente, na fiscalização da propaganda eleitoral, no registro das candidaturas e nas prestações de contas de campanha.

As atribuições de polícia judiciária eleitoral são exercidas pelo juiz eleitoral, pela Polícia Federal e, supletivamente, pela Polícia Civil; já as de polícia ostensiva são exercidas pelas polícias militar, rodoviária e ferroviária federal e pelas guardas municipais.

Como os crimes eleitorais são da competência da União, o diploma que regulamentava a atribuição desse órgão – o Decreto-Lei n. 1.064, de 24 de outubro de 1969 – foi recepcionado pela Constituição mantendo válido o texto do art. 2º, o qual dispõe que: "O Departamento de Polícia Federal ficará à disposição da Justiça Eleitoral, sempre que houver de se realizar eleições, gerais ou parciais, em qualquer parte do Território Nacional" (Brasil, 1969).

Essa previsão também está contida na Lei das Eleições, a qual reza que, "além das polícias judiciárias, os órgãos da receita federal, estadual e municipal, os Tribunais e órgãos de contas auxiliarão a Justiça Eleitoral na apuração dos delitos eleitorais, com prioridade sobre suas atribuições regulares" (Brasil, 1997, art. 94, § 3º).

Prevê a Resolução n. 22.376, de 17 de agosto de 2006, do TSE, no art. 2º, parágrafo único, que, "quando no local da infração não existir órgãos da Polícia Federal, a Polícia Estadual terá atuação supletiva" (TSE, 2006b).

No dia da eleição, o presidente da mesa é autoridade da seção, estando submetido apenas às ordens do juiz eleitoral. De acordo com o art. 141 do Código Eleitoral, a força armada (polícia militar) deverá conservar-se "a cem metros da seção eleitoral e não poderá aproximar-se do local de votação, ou dele penetrar, sem ordem do presidente da mesa" (Brasil, 1965b). O art. 238 do Código Eleitoral também veda, "durante o ato eleitoral, a presença de força pública no edifício em que funcionar mesa receptora, ou nas imediações, observado o disposto no art. 141" (Brasil, 1965b).

Em relação às Forças Armadas, para a garantia do cumprimento da legislação eleitoral e a liberdade de sufrágio nos pleitos eleitorais, sempre que for necessário, nos termos do Código Eleitoral, compete privativamente ao TSE requisitar diretamente ao Presidente da República "força federal necessária ao cumprimento da lei, de

Rogério Carlos Born

suas próprias decisões ou das decisões dos Tribunais Regionais que o solicitarem, e para garantir a votação e a apuração" (Brasil, 1965b, art. 23, XIV; art. 30, XII).

A legislação que regulamenta a atuação das Forças Armadas – Lei Complementar n. 97, de 9 de junho de 1999 (Brasil, 1999) –, diferentemente do descrito no parágrafo anterior – determina, no art. 15, § 1º, que o emprego das Forças Armadas depende, nessa ordem, de requisição dos tribunais regionais ao TSE e deste ao presidente do STF, que encaminhará a requisição ao presidente da República.

Embora tenha havido a revogação expressa da Lei Complementar n. 69/1991 pela Lei Complementar n. 97/1999, prevalece, em homenagem ao Princípio da Especialidade, o entendimento do TSE pela "recepção do Código Eleitoral, com força de lei complementar, incluído o poder de requisição de força federal (art. 23, XIV), que subsiste ao advento da Lei Complementar n. 69/91 e prescinde, por isso, da intermediação do presidente do Supremo Tribunal Federal" (TSE, 1992).

(5.4)
AÇÕES JUDICIAIS E RECURSOS ELEITORAIS

As ações e os recursos de competência da Justiça Eleitoral possuem como fontes legislativas a Constituição, o Código Eleitoral (Lei n. 4.737/1965), a Lei das Eleições (Lei n. 9.504/1997) e a Lei das Inelegibilidades – Lei Complementar n. 64, de 18 de maio de 1990 (Brasil, 1990).

Nas omissões da legislação eleitoral, aplicam-se subsidiariamente as disposições do Código de Processo Civil (CPC) – Lei n. 13.105, de 16 de março de 2015 (Brasil, 2015a) – e, quando a legislação eleitoral não especificar os prazos para a prática de atos processuais, aplica-se o prazo geral de três dias (Brasil, 1965b, art. 258).

Somente os candidatos, os partidos, as coligações e o Ministério Público são legitimados para atuar na Justiça Eleitoral. Nery Júnior e Rosa Nery (2001), defendem a presença do eleitor no polo ativo, entendo que a Constituição não restringiu a sua legitimação.

> *O eleitor é parte legítima para propor ação popular, estando capacitado para o exercício desse poder que decorre de sua condição política de eleitor. Poderá agir em juízo, praticando atos processuais, sem a assistência dos pais ou representantes legais, pois o exercício pleno dos direitos políticos não pode ser feito por representação nem se coaduna com a submissão do pátrio poder.* (Nery Júnior; Nery, 2001, p. 370)

Todas as ações possuem imunidade tributária de custas e emolumentos e não há honorários de sucumbência na garantia do art. 5º, LXXVII, da Constituição de que "são gratuitas as ações de *habeas corpus* e *habeas data*, e, na forma da lei, os atos necessários ao exercício da cidadania" (Brasil, 1988).

As ações originárias eleitorais são aquelas ajuizadas em primeira instância, em que o Poder Judiciário profere primeira decisão judicial, cuja eficácia está sujeita a recursos em segunda, especial ou extraordinária instâncias. Nas eleições municipais, essas ações são processadas e julgadas pelos juízes e pelas juntas eleitorais; nas eleições gerais, pelos tribunais regionais eleitorais; e nas eleições presidenciais, em plebiscitos e em referendos nacionais, pelo TSE.

O prazo para o ajuizamento da ação de impugnação de mandato eletivo é de quinze dias contados da diplomação. Os sujeitos passivos poderão ser os candidatos, os partidos e as coligações, e o objeto da tutela é o abuso do poder econômico, a corrupção ou a fraude, que deverá ser instruído com provas pré-constituídas. Essa ação tramita em segredo de justiça e exige provas pré-constituídas para evitar o ajuizamento de ações manifestamente improcedentes por adversários políticos do réu, a fim de causar repercussão negativa em desfavor do oponente e alterar o resultado das eleições. Em caso de temerária ou de manifesta má-fé, o autor responderá perante a Justiça Eleitoral e a Justiça comum, inclusive com indenização por danos materiais, morais e políticos (Brasil, 1988, art. 14, § 10, 11).

A ação de investigação judicial eleitoral tem como objeto a utilização indevida de veículos ou meios de comunicação social, em benefício de candidato ou de partido político. Os sujeitos passivos poderão ser os candidatos, os partidos e as coligações. A competência nas eleições municipais é do juiz eleitoral; já nas eleições gerais e presidenciais, a petição é endereçada ao corregedor, respectivamente, do tribunal regional ou do TSE, que terá a atribuição e funcionará como relator. O prazo para ajuizamento será a qualquer tempo e, em caso de procedência, o réu estará sujeito à inelegibilidade; à cassação do registro; à remessa ao Ministério Público Eleitoral para instauração de processo disciplinar; e à propositura de ação penal para instruir ação de Impugnação do Mandato Eletivo (Brasil, 1990, art. 22; Brasil, 1997, art. 30-A).

A ação de impugnação de registro de candidato está prevista no art. 3º da Lei Complementar n. 64/1990 e tem como objeto a arguição de inelegibilidade, incompatibilidade ou prática de condutas vedadas. Os sujeitos passivos poderão ser os candidatos, os partidos e as coligações e o prazo para propositura é de cinco dias da publicação do registro do candidato. Nas eleições municipais, são processadas e julgadas pelo juiz eleitoral da zona com a fundação mais antiga na circunscrição; nas eleições gerais, pelos tribunais regionais eleitorais; e nas eleições presidenciais, pelo TSE. Em caso de procedência, será negado o registro do candidato, cancelado, se já tiver sido feito, ou declarado nulo o diploma.

A denominação recurso contra expedição do diploma é inapropriada, uma vez que possui a natureza jurídica de ação originária, bem como não é *contra*, mas *pela* expedição do diploma. O termo *recurso* não tem um sentido técnico, pois é invocado em face de um ato praticado pelo juiz na sua atribuição administrativa. O correto seria denominá-la, então, de *ação pela expedição do diploma*. Os sujeitos passivos poderão ser os candidatos, os partidos e as coligações, e o objeto é a arguição da inelegibilidade ou a incompatibilidade do eleito; a interpretação errônea do sistema de representação proporcional; o erro de direito e de fato na apuração, no cálculo do quociente eleitoral e partidário, na contagem de voto ou na concessão e na denegação do diploma em manifesta contradição com a prova dos autos. Está disciplinada pelos arts. 262 e 263 do Código Eleitoral, que disponibiliza o prazo de três dias da publicação dos atos, das resoluções ou dos despachos do presidentes das Juntas ou do TRE. Nas eleições municipais, são processadas e julgadas pela junta eleitoral da zona mais antiga da circunscrição; nas eleições gerais, pelos tribunais regionais eleitorais; e nas eleições presidenciais, pelo TSE. Em caso de procedência, será negado o registro do candidato, cancelado, se já tiver sido feito, ou declarado nulo o diploma.

As representações e as reclamações relativas à propaganda eleitoral estão previstas pelos arts. 96 e seguintes da Lei n. 9.504/1997. Os sujeitos passivos poderão ser quaisquer pessoas naturais ou jurídicas que sejam acusadas de práticas em desconformidade com a legislação eleitoral. O objetivo é coibir as propagandas irregulares e as práticas de ofensas diretas ou indiretas difundidas pelos meios de comunicação que não são objetos do direito de resposta. A competência para o processo e o julgamento é do juiz eleitoral nas eleições municipais e dos juízes auxiliares nas eleições gerais e presidenciais (Brasil, 1997, art. 96, § 3º), cabendo agravo à Corte nesses últimos casos. O prazo

Rogério Carlos Born

para o ajuizamento é de quarenta e oito horas, sujeitando o candidato beneficiado ou o infrator, após o descumprimento de notificação, à aplicação de multa duplicável pela reiteração ou à suspensão da programação normal das emissoras por vinte e quatro horas.

O pedido de direito de resposta na propaganda eleitoral está previsto pelos arts. 58 e seguintes da Lei n. 9.504/1997. O objeto é a ofensa, direta ou indireta, "por conceito, imagem ou afirmação caluniosa, difamatória, injuriosa ou sabidamente inverídica" (Brasil, 1997), difundidas pelos meios de comunicação. Os sujeitos passivos poderão ser os candidatos, os partidos, as coligações e as empresas que explorem os meios de comunicação. O prazo de ajuizamento é de vinte e quatro horas, quando tiver sido veiculada no horário eleitoral gratuito; quarenta e oito horas, na programação normal; e setenta e duas horas, na imprensa escrita, devendo a petição inicial ser instruída com exemplar da publicação e do texto para resposta. Em caso de procedência, na imprensa escrita, a divulgação da resposta deverá ser efetuada em quarenta e oito horas da decisão ou na primeira vez que circular, "no mesmo veículo, espaço, local, página, tamanho, caracteres e outros elementos de realce usados na ofensa" ou, por solicitação do ofendido, "no mesmo dia da semana em que a ofensa foi divulgada, ainda que fora do prazo de quarenta e oito horas" (Brasil, 1997). Na programação normal de rádio e televisão, a requisição da fita é efetuada para entrega em vinte e quatro horas, sob pena de desobediência eleitoral, e a resposta publicada em quarenta e oito horas após a decisão. No horário eleitoral gratuito, a resposta será no tempo reservado ao partido ou à coligação responsável pela ofensa. Se a resposta for divergente da ofensa, será subtraído tempo idêntico do requerente. O descumprimento sujeita o responsável à multa, duplicada pela reiteração, e à conduta tipificada como crime de desobediência. A competência para o processo do julgamento é do juiz eleitoral nas eleições municipais e dos juízes auxiliares nas eleições gerais e presidenciais (Brasil, 1997, art. 96, § 3º), cabendo agravo para a Corte nesses últimos casos.

O TSE, em ato normativo, regulamenta o processo de perda de cargo eletivo e a justificação de desfiliação partidária, além de contemplar como *justa causa* a filiação a partidos incorporados, fundidos ou criados após as eleições (TSE, 2007c, art. 1º, § 1º) e a transferência para agremiação partidária integrante da mesma coligação que elegeu o parlamentar (TSE, 2007b; TSE, 2007c). A competência para o processo e o julgamento das ações para a perda de mandado eletivo é do TSE para mandato federal e do tribunal regional eleitoral do respectivo estado para os demais cargos, que deverão se encerrar em sessenta dias e receber preferência nas pautas de julgamento (TSE, 2007d, art. 2º). Os legitimados ativos são, em primeiro plano, o partido político interessado que possui o prazo de trinta dias da desfiliação. Caso a agremiação partidária não requeira a vaga, o suplente ou quem demonstre interesse jurídico ou, ainda, o Ministério Público Eleitoral poderá solicitar a vaga no prazo decadencial de trinta dias subsequentes (TSE, 2007c, art. 1º, § 2º). O ônus da prova de fato extintivo, impeditivo ou modificativo da eficácia do pedido (justa causa) recai sobre os requeridos. O mandatário desfiliado ou que pretenda se desfiliar poderá, desde que faça a citação do partido detentor da vaga, solicitar a declaração judicial da existência de justa causa (TSE, 2007c, art. 1º, § 3º).

A ação rescisória eleitoral tem como fonte legislativa o art. 22, I, "j", do Código Eleitoral e como objeto a desconstituição da inelegibilidade transitada em julgado. O prazo para o ajuizamento é de cento e vinte dias de decisão irrecorrível. O único legitimado para propositura é o candidato declarado inelegível. No polo passivo está a União, representada pelo TSE, e a parte autora da ação rescindenda, como

Rogério Carlos Born

o candidato, o partido e as coligações adversárias ou o Ministério Público. O STF declarou a inconstitucionalidade da parte final do art. 22, I, "j", do Código Eleitoral que permitia o exercício do mandato até o trânsito em julgado da rescisória (STF, 1999). Nas palavras deste autor, em outra obra: "porém, um único dispositivo do Código Eleitoral não é suficiente para garantir a aplicabilidade das ações rescisórias eleitorais e 'a aplicação das disposições do Código de Processo Civil ao processo eleitoral somente ocorre subsidiariamente, ou seja, na omissão do regulamento específico disciplinado nas leis eleitorais'" (Born, 2016a, p. 4). A competência para o processo e o julgamento é exclusiva do TSE.

Por fim, a consulta é uma modalidade interessante de jurisdição voluntária na Justiça Eleitoral, uma vez que é o único caso em que o Poder Judiciário responde questionamentos dos jurisdicionados. Estão previstas no Código Eleitoral no art. 23, XII (TSE), e no art. 30, VII (tribunais regionais eleitorais). O objeto é qualquer questionamento em matéria de direito eleitoral, desde que se trate de interpretação da *lei em tese*, ou seja, nenhum caso concreto poderá ser levado à corte eleitoral, somente hipóteses. Poderão ser formuladas a qualquer tempo no TSE, por autoridade com jurisdição federal ou órgão nacional de partido político, ou nos tribunais regionais eleitorais, por autoridade pública ou partido político, sendo que juízes e juntas eleitorais não possuem competência para responder consultas. O acórdão que resolverá a consulta, em regra, servirá de matéria disposta em resolução dos tribunais eleitorais, vinculando, com efeito de lei, a matéria tratada.

Os recursos eleitorais, por sua vez, são apelos de decisões julgadas em primeiro grau originárias perante segunda, especial ou extraordinária instâncias, em que o vencido supõe a presença de erros ou ilegalidades que causem a injustiça da decisão.

No TSE, conforme rege a Constituição, art.121, somente caberá recursos:

> § 4º Das decisões dos Tribunais Regionais Eleitorais somente caberá recurso quando:
>
> I – forem proferidas contra a disposição expressa desta Constituição ou de lei;
>
> II – ocorrer divergência na interpretação de lei entre dois ou mais tribunais eleitorais;
>
> III – versarem sobre inelegibilidade ou expedição de diplomas nas eleições federais ou estaduais;
>
> IV – anularem diplomas ou decretarem a perda de mandatos eletivos federais ou estaduais;
>
> V – denegarem habeas corpus, mandado de segurança, habeas data ou mandado de injunção. (Brasil, 1988)

As normas genéricas estão previstas nos arts. 257 a 259 do Código Eleitoral, que fixam o prazo de três dias da publicação do ato, da resolução ou do despacho sempre que a lei não fixar, sendo que os prazos para interposição de recurso são preclusivos, exceto se houver a discussão de matéria constitucional.

Os legitimados ativos são as pessoas naturais ou jurídicas que foram sucumbentes nas ações originárias.

O recurso ordinário de "que resulte cassação de registro, afastamento do titular ou perda de mandato eletivo será recebido pelo Tribunal competente com efeito suspensivo" (Brasil, 1965b, art. 257, § 2º).

Na diplomação, será consignado que os resultados poderão sofrer alterações decorrentes do julgamento em instância recursal, se ainda houver recurso pendente de decisão. O juiz ou o presidente do tribunal regional comunicará à instância superior se houve a interposição de recurso contra o ato da diplomação após o esgotamento do prazo para recurso.

O recurso especial constitucional está previsto no art. 121, § 4º, I e II, da Constituição e art. 276, I, do Código Eleitoral. A legitimidade ativa será do candidato, do partido, da coligação sucumbente ou do Ministério Público, como parte ou fiscal da lei em decisão proferida em ação originária pelos tribunais regionais eleitorais. O objeto será a contrariedade expressa à disposição constitucional ou legal ou a divergência de interpretação entre dois tribunais eleitorais. A competência para o processo e o julgamento é do TSE.

O recurso ordinário constitucional está autorizado pelo art. 121, § 4º, III e IV, da Constituição e art. 276, II, do Código Eleitoral. A legitimidade ativa será do candidato, do partido, da coligação sucumbente ou do Ministério Público, como parte ou fiscal da lei em decisão proferida em ação originária pelos tribunais regionais eleitorais. O objeto será a inelegibilidade e a diplomação nas eleições federais e estaduais; a anulação de diploma ou a decretação da perda de mandato eletivo federal ou estadual, ou a denegação de *habeas corpus,* mandado de segurança, *habeas data* ou mandado de injunção. A competência para o processo e o julgamento é do TSE.

O recurso para os tribunais regionais eleitorais está previsto nos arts. 268 a 274 do Código Eleitoral e poderá ser interposto no prazo de três dias da sentença. O objeto será qualquer matéria decidida em primeiro grau nas eleições municipais. A legitimidade ativa será da pessoa natural ou jurídica sucumbente ou do Ministério Público, como parte ou fiscal da lei. A competência para o processo e julgamento é dos tribunais regionais eleitorais e deverá ser instruído com a prova nos casos de coação, fraude, abuso ou desvio do poder econômico ou político, além de captação ilícita de sufrágio.

Os agravos de instrumento estão previstos nos arts. 279 e 282 do Código Eleitoral. O objeto é a denegação do recebimento de recurso pelo TSE ou tribunais regionais eleitorais. A petição de interposição deverá apresentar, segundo o art. 279, § 1º, do Código Eleitoral: "I – a exposição do fato e do direito; II – as razões do pedido de reforma da decisão; III – a indicação das peças do processo que devem ser trasladadas" (Brasil, 1965b). A legitimidade ativa será da parte sucumbente ou do Ministério Público, como parte ou fiscal da lei que teve o recebimento do recurso denegada pela relator. O Tribunal Superior imporá ao agravante a multa de um salário-mínimo, se o agravo de instrumento não for conhecido pela interposição fora do prazo legal.

Os embargos de declaração tecnicamente não se constituem um recurso, uma vez que são impetrados em face do próprio magistrado ou da corte prolatora da decisão. Estão prescritos pelo art. 275 do Código Eleitoral. A legitimidade ativa é de quaisquer das partes no processo e do Ministério Público. O objeto será o saneamento de obscuridade, contradição, omissão ou dúvida verificada na decisão embargada. A competência é do juiz ou da corte que proferiu a decisão.

(5.5)
Processo e direito penal eleitoral

No processo penal eleitoral, todos os crimes eleitorais – inclusive os crimes contra a honra (Brasil, 1965b, art. 323-330) – são de ação pública incondicionada (Brasil, 1965b, art. 355). No processo penal eleitoral, também será admitida a ação penal subsidiária pública, admitindo-se a "ação privada nos crimes de ação pública, se esta não for intentada no prazo legal" (Brasil, 1988, art. 5º, LIX).

Para o TSE (2011a), "a queixa-crime em ação penal privada subsidiária somente pode ser aceita caso o representante do Ministério Público não tenha oferecido denúncia, requerido diligências ou solicitado o arquivamento de inquérito policial, no prazo legal".

Os crimes eleitorais de menor potencial ofensivo seguirão o rito dos Juizados Especiais previstos na Lei n. 9.099/1995, mas serão processados e julgados na Justiça Eleitoral, como é o caso da prática da "boca de urna". Segundo a jurisprudência do TSE, está amparada na lei a aplicabilidade dos institutos da transação penal e da suspensão condicional do processo ao processo penal eleitoral (TSE, 2011d).

Para o TSE (2011d), "no processo-crime eleitoral a recusa à proposta de transação afasta o rito previsto na Lei 9.099/1995, cumprindo observar o previsto no Código Eleitoral".

É de competência penal da Justiça Eleitoral, como rege o art. 364 do Código Eleitoral, "processo e julgamento dos crimes eleitorais e dos comuns que lhes forem conexos, assim como nos recursos e na execução" (Brasil, 1965b). Nas lacunas da legislação eleitoral, aplicar-se-á o Código de Processo Penal (CPP) – Decreto-Lei n. 3.689, de 3 de outubro de 1941 (Brasil, 1941) – como norma subsidiária ou supletiva (Brasil, 1965b, art. 22, I, "d"; art. 29, I, "d"; art. 35, II).

O STF reafirmou a competência de juízos e tribunais eleitorais para o processo e o julgamento dos delitos penais comuns cometidos em conexão com as condutas penais eleitorais (STF, 2019).

Todo cidadão que tiver conhecimento de infração penal eleitoral deverá comunicá-la ao juiz eleitoral da zona onde ela ocorreu, que reduzirá a termo com a assinatura do apresentante e de duas testemunhas, quando a comunicação for verbal, remetendo ao órgão do Ministério Público. O STF (2011) e o TSE (2012b) admitem a "possibilidade de instauração de inquérito policial por requisição do Ministério Público com fundamento em delação anônima" (TSE, 2012b).

Se o Ministério Público não oferecer a denúncia no prazo de dez dias, o juiz eleitoral ou o relator representará contra ele, sem prejuízo da apuração da responsabilidade penal. No entanto, se requerer o arquivamento da comunicação e o juiz considerar improcedentes as razões invocadas, fará remessa ao procurador regional, que oferecerá a denúncia, designará outro promotor ou insistirá no pedido de arquivamento, ao qual o juiz ficará obrigado a atender. Para o TSE (2013b), a mesma providência deve ser tomada em caso de recusa do Ministério Público em propor suspensão condicional do processo. Se o juiz não agir de ofício em dez dias, qualquer eleitor poderá provocar a representação contra o órgão do Ministério Público.

Quando o Ministério Público Eleitoral requerer o arquivamento de inquérito policial e o juiz eleitoral não concordar com o pedido, deverá remeter a ação penal para a Câmara de Coordenação e Revisão. Se esse órgão concordar com o pedido de arquivamento do promotor, o magistrado será obrigado a arquivar o inquérito. Caso não concorde, nomeará outro membro do Ministério Público para propor a ação penal (Brasil, 1993a, art. 62, IV).

O Código Eleitoral, no art. 357, § 2º, prevê que:

> *A denúncia conterá a exposição do fato criminoso com todas as suas circunstâncias, a qualificação do acusado ou esclarecimentos pelos quais se possa identificá-lo, a classificação do crime e, quando necessário, o rol das testemunhas.* (Brasil, 1965b)

O magistrado eleitoral rejeitará a denúncia quando não houver a materialidade do fato ou este não for típico, for manifesta a ilegitimidade da parte (ausência de indícios de autoria) ou carecer de condição exigida pela lei para o exercício da ação penal ou, ainda, já estiver extinta a punibilidade pela prescrição, decadência ou outra causa.

Cabe recurso para o tribunal regional em dez dias das decisões condenatórios ou absolutórias proferidas pelos juízes eleitorais.

O Verbete 192 da Súmula do STJ (1997) fixa que: "Compete ao Juízo das Execuções Penais do Estado a execução das penas impostas a sentenciados pela Justiça Federal, Militar ou Eleitoral, quando recolhidos a estabelecimentos sujeitos a administração estadual".

O Código Eleitoral prevê que:

> *Art. 236. Nenhuma autoridade poderá, desde 5 (cinco) dias antes e até 48 (quarenta e oito) horas depois do encerramento da eleição, prender ou deter qualquer eleitor, salvo em flagrante delito ou em virtude de sentença criminal condenatória por crime inafiançável, ou, ainda, por desrespeito a salvo-conduto.* (Brasil, 1965b)

Em caso de delito cometido por candidato, o art. 236, § 1º, do Código Eleitoral rege que esse prazo é elevado para quinze dias e aplicado somente para o flagrante delito; já para os mesários é reduzido ao período dos trabalhos eleitorais.

Em síntese, entre o décimo quinto dia e o sexto dia anteriores às eleições, os candidatos somente podem ser presos em flagrante delito. No quinto dia anterior e na quadragésima oitava hora após as eleições, os eleitores e os candidatos (equipara-se a eleitor) somente podem ser presos em flagrante delito, virtude de sentença criminal condenatória por crime inafiançável ou, ainda, por desrespeito a salvo-conduto. No dia da eleição, os mesários somente podem ser presos em flagrante delito.

Porém, existem três hipóteses que autorizam a prisão do eleitor nesse período. A primeira ocorre quando eleitores, candidatos e mesários são presos em flagrante delito, principalmente porque, se ao contrário fosse, não seria possível combater a compra de votos e a "boca de urna". No CPP, art. 302, consta que:

Considera-se em flagrante delito quem:

I – está cometendo a infração penal;

II – acaba de cometê-la;

III – é perseguido, logo após, pela autoridade, pelo ofendido ou por qualquer pessoa, em situação que faça presumir ser autor da infração;

IV – é encontrado, logo depois, com instrumentos, armas, objetos ou papéis que façam presumir ser ele autor da infração. (Brasil, 1941)

Já o art. 303 do mesmo diploma rege que: "Nas infrações permanentes, entende-se o agente em flagrante delito enquanto não cessar a permanência" (Brasil, 1941).

A segunda hipótese são os mandados de prisão decorrentes de sentença criminal condenatória, independente do trânsito em julgado da decisão. Não alcança as modalidades de prisões provisórias aplicadas antes da sentença, como a prisão preventiva e a temporária. Essa condenação deverá decorrer, necessariamente, da prática de crimes inafiançáveis definidos pelos arts. 323 e 324 do Código de Processo Penal.

A terceira e última hipótese ocorre quando houver o desrespeito a salvo-conduto, sobre o qual o art. 235 do Código Eleitoral estabelece:

O Juiz Eleitoral, ou o Presidente da Mesa Receptora, pode expedir salvo-conduto com a cominação de prisão por desobediência até 5 (cinco) dias, em favor do eleitor que sofrer violência, moral ou física, na sua liberdade de votar, ou pelo fato de haver votado.

Rogério Carlos Born

Parágrafo único. A medida será válida para o período compreendido entre 72 (setenta e duas) horas antes até 48 (quarenta e oito) horas depois do pleito. (Brasil, 1965b)

Uma das raras situações de expedição de salvo-conduto ocorreu no interior de São Paulo. Numa universidade em que estava funcionando um local de votação, foi necessário que o acesso ao estacionamento, que estava fechado, fosse liberado para que um eleitor portador de deficiência motora pudesse chagar à urna. O responsável direto negou a liberação desse estacionamento, sendo necessário a expedição de um salvo-conduto pelo presidente da mesa, que foi destinado ao reitor. Caso não fosse cumprida a decisão, a autoridade acadêmica poderia responder pelo crime de desobediência e, inclusive, ser preso em flagrante delito.

Na parte geral do título IV, das disposições gerais do Código Eleitoral, a disciplina do Direito Penal Eleitoral é regida, primeiramente, pelo Código Eleitoral, e subsidiariamente, pelo Código Penal (CP) comum – Decreto-Lei n. 2.848, de 7 de dezembro de 1940 (Brasil, 1940), que, nesse caso, segue a seguinte correspondência: os arts. 1º a 31, 77 a 89 e 107 a 120, da parte geral do CP, são aplicados integralmente aos crimes eleitorais; nos arts. 32 a 76 e 90 a 106, a aplicação é apenas parcial nos delitos eleitorais.

O Código Eleitoral, art. 288, prevê que, "Nos crimes eleitorais cometidos por meio da imprensa, do rádio ou da televisão, aplicam-se exclusivamente as normas deste Código [Código Eleitoral] e as remissões a outra lei nele contempladas" (Brasil, 1965b), ou seja, não é possível se aplicar as normas da antiga Lei de Imprensa, que foi declarada inconstitucional pelo STF.

A tipificação dos crimes eleitorais, em regra, não apresenta a pena mínima, motivo pelo qual o Código Eleitoral estabelece, no art. 284, que: "Sempre que este Código não indicar o grau mínimo, entende-se que será ele de quinze dias para a pena de detenção e de um ano para a de reclusão" (Brasil, 1965b).

O mesmo acontece com as circunstâncias judiciais, pois, conforme rege o art. 285 do Código: "Quando a lei determina a agravação ou atenuação da pena sem mencionar o 'quantum', deve o Juiz fixá-lo entre um quinto e um terço, guardados os limites da pena cominada ao crime" (Brasil, 1965b).

O direito penal eleitoral também contempla uma regra diferenciada para a pena, fixada em dias-multa, em que o "montante é, no mínimo, 1 (um) dia-multa e, no máximo, 300 (trezentos) dias-multa" (Brasil, 1965b, art. 286, *caput*), no valor não "inferior ao salário-mínimo diário da região, nem superior ao valor de um salário-mínimo mensal" (Brasil, 1965b, art. 286, § 1º). Segundo rege o § 2º do art. 286 do Código Eleitoral, essa "multa pode ser aumentada até o triplo, embora não possa exceder o máximo genérico", caso o juiz considere que, "em virtude da situação econômica do condenado, é ineficaz a cominada, ainda que no máximo, ao crime de que se trate" (Brasil, 1965b).

Ainda conforme o art. 283 do Código Eleitoral:

Para os efeitos penais são considerados membros e funcionários da Justiça Eleitoral:

I – os Magistrados que, mesmo não exercendo funções eleitorais, estejam presidindo Juntas Apuradoras ou se encontrem no exercício de outra função por designação de Tribunal Eleitoral;

II – os cidadãos que temporariamente integram órgãos da Justiça Eleitoral;

III – os cidadãos que hajam sido nomeados para as mesas receptoras ou Juntas Apuradoras;

IV – os funcionários requisitados pela Justiça Eleitoral. (Brasil, 1965b)

Os crimes eleitorais são crimes comuns, e não crimes políticos. Esses delitos estão previstos na Lei de Segurança Nacional – Lei n. 7.170, de 14 de dezembro de 1983 – e os tipos objetivos são basicamente a lesão ou que expõem a perigo de lesão: "I – a integridade territorial e a soberania nacional; II – o regime representativo e democrático, a Federação e o Estado de Direito; III – a pessoa dos chefes dos Poderes da União" (Brasil, 1983b).

Na visão do STF (2000):

> 1. *Como a Constituição não define crime político, cabe ao intérprete fazê-lo diante do caso concreto e da lei vigente. 2. Só há crime político quando presentes os pressupostos do artigo 2º da Lei de Segurança Nacional (Lei 7.170/82), ao qual se integram os do artigo 1º: a materialidade da conduta deve lesar real ou potencialmente ou expor a perigo de lesão a soberania nacional, de forma que, ainda que a conduta esteja tipificada no artigo 12 da LSN, é preciso que se lhe agregue a motivação política.*

A competência originária para processar e julgar os crimes políticos é da Justiça Federal, e contra a decisão monocrática cabe recurso ordinário direto para o STF (Brasil, 1988, art. 102, II, "b"; art. 109, IV).

A *boca de urna* se encontra tipificada no art. 39 da Lei n. 9.504/1997, que prevê:

> § 5º *Constituem crimes, no dia da eleição, puníveis com detenção, de seis meses a um ano, com a alternativa de prestação de serviços à comunidade pelo mesmo período, e multa no valor de cinco mil a quinze mil UFIR:*
>
> I – *o uso de alto-falantes e amplificadores de som ou a promoção de comício ou carreata;*
>
> II – *a arregimentação de eleitor ou a propaganda de boca de urna;*

III – a divulgação de qualquer espécie de propaganda de partidos políticos ou de seus candidatos;

IV – a publicação de novos conteúdos ou o impulsionamento de conteúdos nas aplicações de internet de que trata o art. 57-B desta Lei, podendo ser mantidos em funcionamento as aplicações e os conteúdos publicados anteriormente. (Brasil, 1997)

O crime de corrupção eleitoral está contemplado pelo art. 299 do Código Eleitoral. O tipo objetivo é dar, oferecer, prometer, solicitar ou receber dinheiro ou dádiva, bem como obter qualquer vantagem, e o tipo subjetivo é o dolo. A pena é de reclusão de até quatro anos e cinco a quinze dias-multa. Note-se que os eleitores que solicitam ou recebem também cometem o crime de corrupção passiva, que é conhecido erroneamente como *compra de votos*.

Não se deve confundir a corrupção eleitoral com a infração administrativa de captação ilícita de sufrágio que consta no art. 41-A da Lei n. 9.504/1997, que caracteriza esta última como: "doar, oferecer, prometer, ou entregar, ao eleitor, com o fim de obter-lhe o voto, bem ou vantagem pessoal de qualquer natureza, inclusive emprego ou função pública, desde o registro da candidatura até o dia da eleição" (Brasil, 1997). Trata-se de uma infração administrativa sancionada com a multa e a cassação do registro ou do diploma, seguindo o rito do art. 22 da Lei Complementar n. 64/1990.

O crime eleitoral de informática, previsto pelo art. 72 da Lei n. 9.504/1997, é um dos mais severos da legislação eleitoral. O tipo objetivo é obter acesso ao sistema de dados da Justiça Eleitoral, bem como "desenvolver ou introduzir comando, instrução ou programa de computador capaz de destruir, apagar, eliminar, alterar, gravar ou transmitir dado, instrução ou programa ou provocar qualquer outro resultado diverso do esperado", além de causar dano físico aos equipamentos de votação ou de totalização de votos de forma propositai. O tipo subjetivo é o dolo. O elemento subjetivo do tipo é o intuito de alterar a apuração ou a contagem de votos e a pena é de reclusão de cinco a dez anos.

O uso indevido de símbolos estatais está previsto pelo art. 40 da Lei n. 9.504/1997, tendo como tipo objetivo: "O uso, na propaganda eleitoral, de símbolos, frases ou imagens, associadas ou semelhantes às empregadas por órgão de governo, empresa pública ou sociedade de economia mista" (Brasil, 1997). O tipo subjetivo é o dolo e a pena é de detenção de seis meses a um ano ou prestação de serviços à comunidade e multa

No crime de concentração de eleitores do art. 302 do Código Eleitoral, o tipo objetivo é promover, no dia da eleição, "a concentração de eleitores sobre qualquer forma, inclusive o fornecimento gratuito de alimento e transporte coletivo" (Brasil, 1965b). O tipo subjetivo é o dolo e o elemento subjetivo do tipo tem como fim "impedir, embaraçar ou fraudar o exercício do voto" (Brasil, 1965b). A pena é de reclusão de até seis anos e duzentos a trezentos dias-multa.

A Lei n. 6.091, de 15 de agosto de 1974, tipifica o crime de transporte ilícito de eleitores com a seguinte descrição: "Art. 11. Constitui crime eleitoral: [...] III – descumprir a proibição dos artigos 5º, 8º e 10º" (Brasil, 1974). O art. 5º prevê que:

Nenhum veículo ou embarcação poderá fazer transporte de eleitores desde o dia anterior até o posterior à eleição, salvo:

I – a serviço da Justiça Eleitoral;

II – coletivos de linhas regulares e não fretados;

III – de uso individual do proprietário, para o exercício do próprio voto e dos membros da sua família;

IV – o serviço normal, sem finalidade eleitoral, de veículos de aluguel não atingidos pela requisição de que trata o art. 2º. (Brasil, 1974)

Note-se que o crime consiste em efetuar o transporte de eleitores nos dia da eleição e no anterior e posterior. É comum que políticos ofereçam e realizem o traslado de eleitores de seus bairros até os cartórios eleitorais ou centrais de atendimento ao eleitor nos últimos dias do prazo final para o alistamento e a transferência da inscrição eleitoral (cento e cinquenta dias anteriores as eleições). Esta situação não configura o crime de transporte de eleitores, mas se o político registrar a sua candidatura posteriormente, o transporte poderá se configurar como abuso do poder econômico, se for financiado pelo candidato, ou como abuso do poder político, se for pago com recursos públicos.

Rogério Carlos Born

Figura 5.2 – Fluxograma da ação penal eleitoral

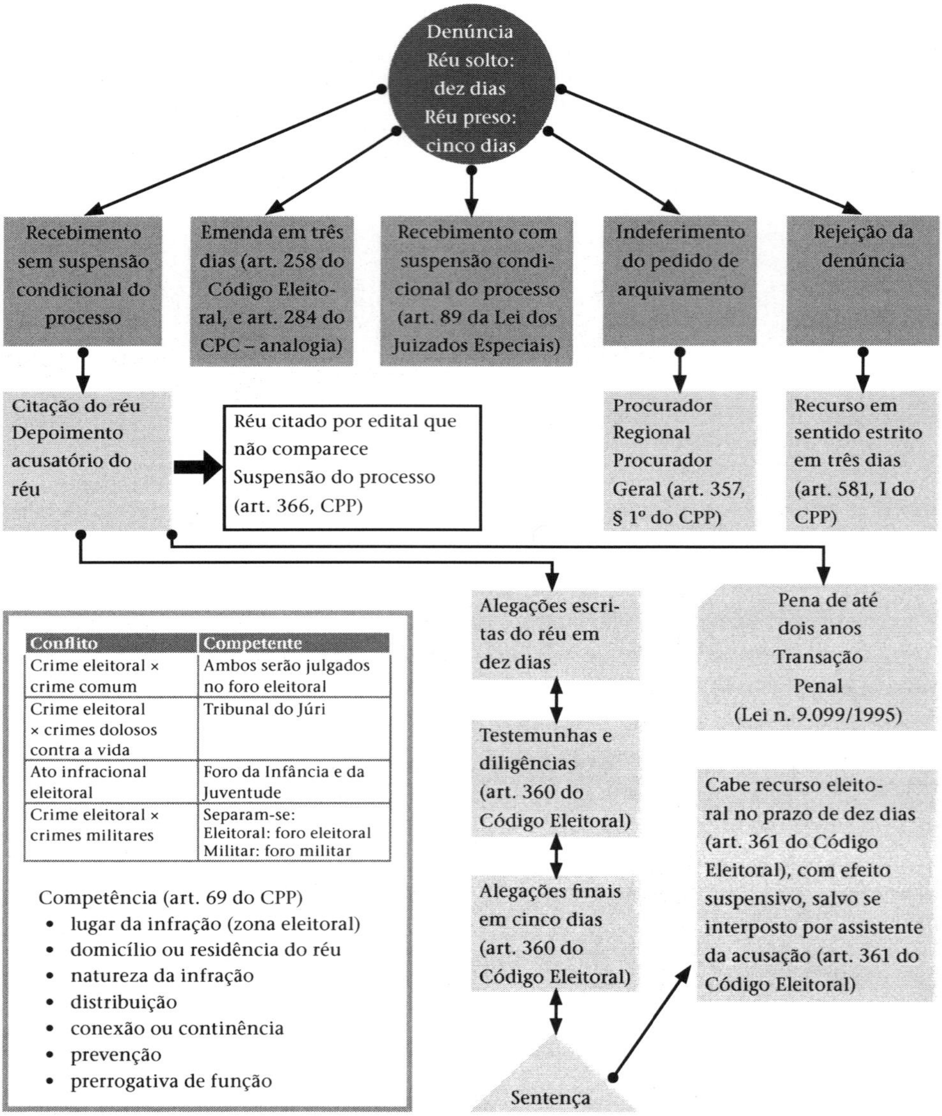

Denúncia
Réu solto: dez dias
Réu preso: cinco dias

- Recebimento sem suspensão condicional do processo
- Emenda em três dias (art. 258 do Código Eleitoral, e art. 284 do CPC – analogia)
- Recebimento com suspensão condicional do processo (art. 89 da Lei dos Juizados Especiais)
- Indeferimento do pedido de arquivamento
- Rejeição da denúncia

Citação do réu
Depoimento acusatório do réu

Réu citado por edital que não comparece
Suspensão do processo (art. 366, CPP)

Procurador Regional
Procurador Geral (art. 357, § 1º do CPP)

Recurso em sentido estrito em três dias (art. 581, I do CPP)

Conflito	Competente
Crime eleitoral × crime comum	Ambos serão julgados no foro eleitoral
Crime eleitoral × crimes dolosos contra a vida	Tribunal do Júri
Ato infracional eleitoral	Foro da Infância e da Juventude
Crime eleitoral × crimes militares	Separam-se: Eleitoral: foro eleitoral Militar: foro militar

Competência (art. 69 do CPP)
- lugar da infração (zona eleitoral)
- domicílio ou residência do réu
- natureza da infração
- distribuição
- conexão ou continência
- prevenção
- prerrogativa de função

Alegações escritas do réu em dez dias

Testemunhas e diligências (art. 360 do Código Eleitoral)

Alegações finais em cinco dias (art. 360 do Código Eleitoral)

Sentença

Pena de até dois anos
Transação Penal
(Lei n. 9.099/1995)

Cabe recurso eleitoral no prazo de dez dias (art. 361 do Código Eleitoral), com efeito suspensivo, salvo se interposto por assistente da acusação (art. 361 do Código Eleitoral)

Por meio desse fluxograma é possível constatar que o rito das ações penais eleitorais seguem um procedimento muito semelhante ao processo penal na Justiça Penal comum. Dessa decisão cabe recurso eleitoral para o respectivo Tribunal Regional Eleitoral.

Consultando a legislação

COMPETÊNCIA E ORGANIZAÇÃO DA JUSTIÇA ELEITORAL	
Disposição acerca da competência e da organização da Justiça Eleitoral Reserva de lei complementar	Constituição, art. 121, *caput*
Tribunal Superior Eleitoral	Constituição, art. 118, I; art. 119, 121, § 3º, 4º Código Eleitoral, art. 16, 17, 23 Lei n. 9.504/1997, art. 96, § 3º
Tribunais Regionais Eleitorais	Constituição, art. 120, § 1º Código Eleitoral, art. 13, 23, V; art. 25, 29, parágrafo único; art. 232
Juízes eleitorais	Constituição, art. 118, III Código Eleitoral, art. 32 Lei n. 9.504/1997, art. 96, § 2º
Juntas eleitorais	Constituição, art. 118, IV Código Eleitoral, art. 11, § 2º; art. 36-40
Juízes auxiliares	Lei n. 9.504/1997, art. 96, § 3º
Presidente das seções de votação (salvo-conduto)	Código Eleitoral, art. 35
FUNÇÕES ESSENCIAIS DA JUSTIÇA ELEITORAL	
Ministério Público Eleitoral	Código Eleitoral, art. 18, *caput* Lei Complementar n. 75/1993, art. 72 Lei n. 8.625/1993, art. 10, IX, "h"; art. 32, III

(continua)

(continuação)

Advocacia eleitoral	Constituição, art. 133 Lei n. 8.906/1994, art. 2º
Defensoria Pública e dativa eleitoral	Constituição, art. 5º, LXXIV Lei Complementar n. 80/1994, art. 14
Polícia judiciária e ostensiva	Constituição, art. 144. Decreto-Lei n. 1.064/1968, art. 2º
Forças Armadas	Código Eleitoral, art. 23, IV; art. 30, XII Lei Complementar n. 97/1999 Resolução n. 18.504/1992, do TSE
AÇÕES ELEITORAIS EM ESPÉCIE	
Ação de impugnação de mandato eletivo (Aime)	Constituição, art. 14 Lei Complementar n. 64/1990, art. 22, XV
Ação de investigação judicial	Lei Complementar n. 64/1990, art. 19
Ação de impugnação de registro de candidatos (Airc)	Lei Complementar 64/1990, art. 2º
Ação de recurso contra expedição do diploma	Código Eleitoral, art. 262
Consulta	Código Eleitoral, art. 23, XII (TSE); art. 30, VII (TRE)
Ação de pedido de direito de resposta Propaganda	Lei n. 9.504/1997, art. 58
Ações de representações relativas à propaganda eleitoral	Lei n. 9.504/1997, art. 96
Ação penal eleitoral	Código Eleitoral, art. 355
Ação para decretação da perda do mandato eletivo por infidelidade partidária	Resolução 22.610/2007, do TSE
Ação rescisória eleitoral	Código Eleitoral, art. 22, I, "j"

(conclusão)

RECURSOS ELEITORAIS EM ESPÉCIE	
Agravo de instrumento	Código Eleitoral, art. 279, 282
Recurso eleitoral	Constituição, art. 121, § 4º Código Eleitoral, art. 280
Recurso especial	Código Eleitoral, art. 276, I
Recurso ordinário	Código Eleitoral, art. 276, II
PROCESSO E DIREITO PENAL ELEITORAL	
Ação penal pública e subsidiária	Código Eleitoral, art. 355 Constituição, art. 5º, LIX
Crimes eleitorais de menor potencial ofensivo	Lei n. 9.099/1995
Compete às Câmaras de Coordenação e Revisão	Lei Complementar n. 75/1993, art. 62, IV
Prisão de candidato, mesários e eleitores no dia da eleição	Código Eleitoral, art. 236
Salvo-conduto	Código Eleitoral, art. 235
Disposições penais – parte geral	Código Eleitoral, art. 283-288
Crimes eleitorais em espécie	Código Eleitoral, art. 289-335 Lei n. 9.504/1997, art. 39, 40, 72 Lei n. 6.091/1974, art. 11

Síntese

A Constituição reservou ao processo eleitoral em sentido amplo uma justiça especializada *judicialiforme*, ou seja, um órgão que acumula não somente competências, mas assume atribuições típicas do Poder Executivo, como o alistamento eleitoral, a organização das eleições e o registro e a diplomação de candidatos. O constituinte confiou no Poder Judiciário por entender que este seria mais isento por não contar com cargos eletivos, exceto para o juiz de paz, mas que está afeto à justiça comum dos estados e do Distrito Federal.

Rogério Carlos Born

Desse modo, criou o Tribunal Superior Eleitoral (TSE), os tribunais regionais e os juízos eleitorais, que detêm a competência para, respectivamente, processo e julgamento de conflitos relacionados às eleições presidenciais, gerais (governador, deputado e senador) e municipais. Os dois primeiros também são instâncias recursais.

Ao lado dos ministros e dos juízes eleitorais, atuam com funções auxiliares da Justiça Eleitoral os membros do Ministério Público Eleitoral, os advogados, os defensores públicos, a Polícia Federal, com o apoio das políticas civil e militar, e, em casos extremos, as Forças Armadas.

As ações originárias mais importantes e frequentes são a impugnação de registro de candidatos, a investigação judicial eleitoral, o "recurso" contra expedição do diploma, a impugnação de mandato eletivo, as representações e as reclamações e o pedido de direito de resposta. Essas decisões são passíveis, em regra, de recurso eleitoral (tribunais regionais), recurso ordinário e especial, com os eventuais agravos e embargos.

Na seara penal, os crimes são de ação pública incondicionada, sendo possível apenas a queixa-crime se houver omissão por parte do Ministério Público Eleitoral, como ação penal subsidiária pública autorizada pela Constituição.

Os crimes eleitorais mais frequentes são a "boca de urna", a corrupção eleitoral e o transporte de eleitores. Os crimes políticos não são crimes eleitorais e seu processo e julgamento está na competência da Justiça Federal, com apelação direta ao Supremo Tribunal Federal com base na Lei de Segurança Nacional (Lei n. 7.170/1983).

Questões para revisão

1. Em relação à competência e à organização da Justiça Eleitoral, marque a alternativa correta:
   a) As atribuições relacionadas aos eleitores inscritos nos consulados brasileiros no exterior são fixadas para a Justiça Eleitoral do Distrito Federal.
   b) Na composição dos tribunais regionais eleitorais, integram, por nomeação, pelo governador do estado ou do Distrito Federal, dois juízes dentre seis advogados de notável saber jurídico e idoneidade moral indicados pelo Tribunal de Justiça em lista prévia da seção regional da OAB.
   c) As juntas eleitorais foram extintas pela Emenda Constitucional n. 45/2004.
   d) Os presidentes de mesa são autoridades máximas dentro de uma seção eleitoral, estando subordinados apenas ao juiz eleitoral e ao chefe de cartório da zona eleitoral respectiva.
   e) O Tribunal Superior Eleitoral compor-se-á de, no máximo, sete membros.

2. Em relação ao processo eleitoral, marque a alternativa correta:
   a) Os recursos contra expedição do diploma nas eleições municipais são recursos de apelação interpostos contra decisão da junta eleitoral que acolheu a ação de impugnação de registro de candidato.
   b) Nas omissões da legislação eleitoral, não é possível aplicar subsidiariamente as disposições do Código de Processo Civil.

Rogério Carlos Born

c) Todas as ações eleitorais possuem imunidade tributária de custas e emolumentos e não há honorários de sucumbência.

d) Quando a legislação eleitoral não especificar os prazos para a prática de atos processuais, aplica-se o prazo geral de cinco dias previsto pelo Código de Processo Civil.

e) A Justiça Eleitoral integra o Poder Judiciário da União e, como tal, não é um órgão consultivo.

3. Em relação às funções essenciais da Justiça Eleitoral e ao processo e direito penal eleitoral, marque a alternativa correta:

a) Os advogados integrantes do quinto constitucional dos tribunais eleitorais não poderão exercer a advocacia em qualquer juízo ou instância da justiça comum ou especial.

b) As ações penais privadas poderão ser ajuizadas com fundamento nas condutas relacionadas aos crimes eleitorais contra a honra, bem como nas *fake news* praticadas na propaganda eleitoral.

c) Nenhuma autoridade poderá, mesmo em flagrante delito ou com sentença penal condenatória, prender ou deter qualquer eleitor desde cinco dias antes e até quarenta e oito horas depois do encerramento da eleição.

d) O Ministério Público Eleitoral não está previsto pela Constituição.

e) Os crimes eleitorais de menor potencial ofensivo não serão processados e julgados na Justiça Eleitoral, haja vista que são delitos sujeitos à justiça especializada.

4. Os crimes eleitorais são considerados crimes políticos? Qual os órgãos judiciais competentes para o processo e o julgamento dos crimes eleitorais?

5. Qual a formação e a competência das juntas eleitorais?

Questões para reflexão

1. A Constituição, no art. 121, reserva à lei complementar a regulamentação da competência e a organização da Justiça Eleitoral. A Lei n. 9.504/1997, no art. 96, § 3º e 4º (lei ordinária), cria e fixa competência dos juízes auxiliares dos tribunais para a apreciação das reclamações ou representações. Essa competência é constitucional?

2. O eleitor com 16 anos possui o alistamento e o voto facultativo. Ele têm legitimidade para ingressar em juízo em ações que exijam a cidadania, como a ação popular e as ações de impugnação de mandato eletivo?

Para saber mais

BARROS, F. D. **Curso de processo eleitoral**. 3. ed. Belo Horizonte: Elsevier; Forense, 2014.

BARROS, F. D. **Manual de prática eleitoral**. 2. ed. Leme: JH Mizuno, 2016.

O direito eleitoral brasileiro é carente de obras que traduzam e sistematizem o processo eleitoral numa linguagem objetiva e didática, o que Francisco Dirceu Barros conseguiu, com proficiência, produzir em suas obras. Tratam-se de livros que dividem os temas processuais desde a persecução penal eleitoral judicial e extrajudicial até detalhes relativos às ações e aos recursos eleitorais.

BORN, R. C. **Ação rescisória no direito eleitoral no novo Código de Processo Civil**. 6. ed. Curitiba: Juruá, 2016.

Essa obra discute o fato de que as ações rescisórias eleitorais estarem contempladas no art. 22, I, "j", do Código Eleitoral altera a natureza dessa modalidade de tutela em relação às ações homônimas previstas pelo Código de Processo Civil, sendo necessária a aplicação do princípio da especialidade. No entanto, a previsão desse dispositivo em lei especial se limita apenas a reduzir o prazo de interposição em relação ao diploma formal comum, deixando uma lacuna quanto às hipóteses de rescindibilidade e aos procedimentos, exigindo necessariamente o subsídio do Código de Processo Civil para aplicá-la na Justiça Eleitoral.

Capítulo 6
Partidos e coligações

Conteúdos do capítulo:

- Criação, fusão, incorporação e extinção dos partidos.
- Organização e estatutos dos partidos.
- Natureza jurídica dos partidos e das coligações.
- Normas de fidelidade partidária.
- Financiamento, contabilidade e prestação de contas dos partidos e das campanhas.
- Convenções partidárias.
- Registros de candidatos.

Após o estudo deste capítulo, você será capaz de:

1. analisar a formação e a organização dos partidos e das coligações;
2. conhecer as normas de filiação e os deveres dos filiados com as respectivas sanções;
3. identificar as justas causas que impedem a perda do mandato por desfiliação partidária;
4. aferir os meios de financiamento das agremiações partidárias e campanhas;
5. avaliar os mecanismos de escolha e instrumentalizar os registros de candidatos.

(6.1)
Contextualização

O direito partidário é um ramo autônomo do direito público, embora tenha estreita ligação com o direito eleitoral. As normas partidárias são disciplinadas pelo art. 17 da Constituição da República Federativa do Brasil (CRFB) (Brasil, 1988) e regulamentada pela Lei n. 9.096, de 19 de setembro de 1995 (Brasil, 1995).

A Carta Magna, no art. 62, § 1º, I, "a", veda a edição de medidas provisórias sobre matéria relativa à cidadania, aos direitos políticos, aos partidos e ao direito eleitoral.

De acordo com a Lei n. 9.096/1995, os partidos são de livre criação, fusão, incorporação e extinção e deverão respeitar os princípios da soberania, da democracia, do pluripartidarismo e dos direitos humanos. Devem também possuir caráter nacional, serem mantidos apenas com recursos de fontes nacionais, prestarem contas à Justiça Eleitoral e ter funcionamento parlamentar de acordo com a lei.

Os partidos também têm autonomia para definir sua estrutura interna, fixas as normas internas sobre a estruturação de seus órgãos permanentes e provisórios e a adoção de critérios de escolha e o regime de suas coligações nas eleições majoritárias, sem obrigatoriedade de vinculação entre as candidaturas em âmbito nacional, estadual, distrital ou municipal.

(6.2)
Criação, apoiamento e organização dos partidos e as coligações

Os partidos são pessoas jurídicas de direito privado e possuem personalidade jurídica e, como podem atuar em juízo, também possuem

Rogério Carlos Born

personalidade judiciária. As greis não poderão ministrar instrução militar ou paramilitar ou utilizar-se de organização similar, bem como adotar uniforme para seus membros (Brasil, 1995, art. 6º). Assim, quaisquer divergências internas dos partidos deverão ser demandadas na Justiça Eleitoral dos estados ou do Distrito Federal, e não na Justiça Eleitoral, exceto se advierem reflexos no processo eleitoral.

Na criação de partidos, conforme o que rege a Lei n. 9.096/1995, § 8º, em respeito ao princípio do caráter nacional, em primeira etapa, os partidos adquirem a personalidade jurídica após a inscrição no Cartório de Registro Civil das Pessoas Jurídicas do Distrito Federal, sendo exigida a subscrição de, no mínimo, cento e um fundadores com domicílio eleitoral em, pelo menos, um terço dos Estados e/ou do Distrito Federal. Na documentação constitutiva, deverá constar a relação dos fundadores com nome completo, naturalidade, profissão, endereço residencial, bem como número, zona, seção, município e estado em que está cadastrado como eleitor (Brasil, 1995, art. 8º, III).

O Código Civil – Lei n. 10.406, de 10 de janeiro de 2002 – estabelece que os partidos políticos são pessoas jurídicas de direito privado (Brasil, 2002, art. 44, V), que "serão organizados e funcionarão conforme o disposto em lei específica" (Brasil, 2002, art. 44, VI, § 3º). Ato normativo da Secretaria da Receita Federal – Instrução Normativa n. 1.634, de 6 de maio de 2016 – faz exigências quanto aqueles que devem se inscrever no CNPJ:

> *Art. 4º São também obrigados a se inscrever no CNPJ:*
>
> *[...]*

§ 7° A inscrição dos partidos políticos no CNPJ ocorre por meio de seus órgãos de direção nacional, regional e local, cadastrados exclusivamente na condição de estabelecimento matriz.

§ 8° Não são inscritas no CNPJ as coligações de partidos políticos. (Brasil, 2016)

Porém, os partidos necessitam do registro do estatuto no Tribunal Superior Eleitoral (TSE) e também têm o direito de participar do processo eleitoral, receber recursos do Fundo Partidário e ter acesso gratuito ao rádio e à televisão (Brasil, 1988, art. 17, § 2°, 3°).

Para isso, a Lei n. 9.096/1995 estabelece uma segunda fase:

Artigo 7° [...]

§ 1° Só é admitido o registro do estatuto de partido político que tenha caráter nacional, considerando-se como tal aquele que comprove, no período de dois anos, o apoiamento de eleitores não filiados a partido político, correspondente a, pelo menos, 0,5% (cinco décimos por cento) dos votos dados na última eleição geral para a Câmara dos Deputados, não computados os votos em branco e os nulos, distribuídos por um terço, ou mais, dos Estados, com um mínimo de 0,1% (um décimo por cento) do eleitorado que haja votado em cada um deles. (Brasil, 1995)

Ainda conforme a Lei 9.096/1995, art. 9°, § 1°, o apoiamento mínimo deverá ser comprovado por meio das assinaturas dos eleitores, com o número do título eleitoral em listas organizadas por zona. O chefe de cada cartório eleitoral deverá reconhecer as firmas e atestar o número e a regularidade dos títulos dos subscritores (Brasil, 1995, art. 9°, § 2°). De acordo com o TSE (2017c), as assinaturas dos eleitores em situação irregular nas listas de apoiamento não são válidas e, conforme rege a Resolução n. 21.853, de 1° de julho de 2004 (TSE,

2004e), o cidadão analfabeto pode manifestar seu apoio por meio de impressão digital, desde que inscrito no cadastro eleitoral.

Ainda segundo respondeu o TSE (2017b), "o prazo para a comprovação do apoiamento mínimo é contado a partir do registro no competente cartório do registro civil das pessoas jurídicas".

O registro do estatuto no TSE também garante a exclusividade quanto à denominação, à sigla e aos símbolos do partido, sendo vedada a utilização, por outros partidos, de variações que possam induzir ao erro ou à confusão (Brasil, 1995, art. 7°, § 3°).

Os partidos registrados poderão credenciar delegados pelo órgão de direção nacional, os quais devem representar o partido perante quaisquer tribunais, juízes ou juntas eleitorais; pelos órgãos estaduais, que devem agir somente perante o tribunal regional e os juízes eleitorais do respectivo estado ou do Distrito Federal; bem como pelo órgão municipal, que representam o partido perante o juiz eleitoral (Brasil, 1995, art. 11).

Os partidos devem constituir as suas lideranças por meio de uma bancada nas casas legislativas, conforme as disposições estatutárias partidárias e regimentais das respectivas casas (Brasil, 1995, art. 12).

O Supremo Tribunal Federal (STF, 2007), porém, declarou a inconstitucionalidade do dispositivo a seguir, constante na Lei n. 9.096/1995:

> Art. 13. Tem direito a funcionamento parlamentar, em todas as Casas Legislativas para as quais tenha elegido representante, o partido que, em cada eleição para a Câmara dos Deputados obtenha o apoio de, no mínimo, cinco por cento dos votos apurados, não computados os brancos e os nulos, distribuídos em, pelo menos, um terço dos Estados, com um mínimo de dois por cento do total de cada um deles. (Brasil, 1995)

Nos casos de fusão e incorporação, a Lei n. 9.096/1995, arts. 27 a 29, rege que as agremiações partidárias extinguirão voluntariamente a sua personalidade jurídica quando se dissolva, incorpore-se ou venha a se fundir a outro na forma de seu estatuto.

Dois ou mais partidos com registro definitivo do TSE há, pelo menos, cinco anos poderão fundir-se ou incorporar-se. A fusão se formaliza por votação conjunta de seus órgãos nacionais, por maioria absoluta, na qual deliberarão sobre os projetos comuns e o programa e elegerão o órgão de direção nacional que promoverá o registro do novo partido. Da mesma forma também um partido poderá ser incorporado por outro, situação em que será cancelado o registro do partido incorporado no cartório de registro civil das pessoas jurídicas. Tanto na fusão quanto na incorporação os votos dos partidos obtidos na última eleição geral para a Câmara dos Deputados serão somados exclusivamente "para efeito da distribuição dos recursos do Fundo Partidário e do acesso gratuito ao rádio e à televisão" (Brasil, 1995, art. 29, § 7º).

O TSE, em processo em que se ofereça o contraditório e a ampla defesa, determinará a extinção de ofício pelo cancelamento do registro civil e do estatuto do partido que se comprove:

I – ter recebido ou estar recebendo recursos financeiros de procedência estrangeira;

II – estar subordinado a entidade ou governo estrangeiros;

III – não ter prestado, nos termos desta Lei, as devidas contas à Justiça Eleitoral;

IV – que mantém organização paramilitar. (Brasil, 1995, art. 28)

O processo de cancelamento poderá ser impetrado a partir da denúncia de qualquer eleitor, de representante de partido ou de representação do procurador-geral eleitoral (Brasil, 1995, art. 28, § 2º).

A Carta Magna assegura aos partidos autonomia para definir sua estrutura interna, sua organização e seu funcionamento e estabelecer regras sobre escolha, formação e duração de seus órgãos permanentes e provisórios (Brasil, 1988, art. 17, § 1º).

Os estatutos deverão determinar, dentre outras matérias, o nome, a sigla e o local da sede na capital federal; as competências dos órgãos em todos os níveis; o processo eleitoral para os cargos internos; as regras como a filiação, a fidelidade partidária e o processo para apuração das infrações e aplicação das penalidades; as finanças e a contabilidade, os critérios de distribuição dos recursos do Fundo Partidário; e o procedimento de reforma do programa e do estatuto (Brasil, 1995, art. 15).

A Constituição, no art. 150, VI, "c", garante a imunidade tributária de impostos sobre o patrimônio, a renda e os serviços dos partidos e suas fundações.

Segundo a Lei n. 9.096/1995, art. 15-A, a responsabilidade civil, tributária e trabalhista cabe exclusivamente ao órgão partidário "que tiver dado causa ao não cumprimento da obrigação, à violação de direito, a dano a outrem ou a qualquer ato ilícito, excluída a solidariedade de outros órgãos de direção partidária" (Brasil, 1995), sendo que o órgão nacional somente poderá ser demandado judicialmente na circunscrição judicial de onde está localizada a sua sede.

O partidos, repise-se, são entes personificados e legitimados em juízo, ao contrário das coligações, que são contratos celebrados entre os partidos para captação de eleitores, compartilhamento de recursos e aumento do tempo no horário eleitoral gratuito. As coligações, embora não possuam personalidade jurídica, são dotadas de personalidade judiciária, haja vista que são legitimados a atuar na Justiça Eleitoral.

A Constituição, no art. 17, § 1º, garante aos partidos políticos autonomia para adotar os critérios de escolha e o regime das coligações nas eleições majoritárias, "vedada a sua celebração nas eleições proporcionais, sem obrigatoriedade de vinculação entre as candidaturas em âmbito nacional, estadual, distrital ou municipal" (Brasil, 1988).

A denominação da coligação é formada pela junção de todas as siglas dos partidos que a compõem e não poderá ocorrer a coincidência, a inclusão ou a referência a número ou nome de candidato, bem como não pode fazer alusão a pedido de voto para partido (Brasil, 1997, art. 6º, § 1º, 1º-A). Na propaganda eleitoral, "a coligação usará, obrigatoriamente, sob sua denominação, as legendas de todos os partidos que a integram" (Brasil, 1997, art. 6º, § 2º).

Na formação de coligações, podem se inscrever na chapa candidatos filiados a qualquer partido que a compõe, sendo que o pedido de registro deverá ser subscrito pelos presidentes de todos os partidos ou por seus delegados, pela maioria dos membros dos órgãos executivos ou por representante da coligação (Brasil, 1997, § 3º, I, II).

Pela Lei das Eleições, art. 6º, § 4º:

> *O partido político coligado somente possui legitimidade para atuar de forma isolada no processo eleitoral quando questionar a validade da própria coligação, durante o período compreendido entre a data da convenção e o termo final do prazo para a impugnação do registro de candidatos.* (Brasil, 1997)

Para o TSE (2005c), por sua vez, "a coligação existe a partir do acordo de vontades dos partidos políticos e não da homologação pela Justiça Eleitoral".

Rogério Carlos Born

Assim, as coligações funcionam como se fossem um só partido na atuação na Justiça Eleitoral e nas relações interpartidárias e, para isso, recebem todas as prerrogativas, os deveres e as obrigações de uma agremiação partidária no processo eleitoral (Brasil, 1997, art. 6º, § 1º).

Os partidos integrantes deverão nomear um representante com poderes equiparados aos de presidente de partido nas atribuições concernentes ao processo eleitoral, podendo nomear, de forma direta ou por indicação: três delegados perante o juízo eleitoral, quatro perante os tribunais regionais eleitorais e cinco perante o TSE (Brasil, 1997, art. 6º, IV). O TSE (2006) menciona que "este dispositivo não confere capacidade postulatória a delegado de partido político" (TSE, 2006a) e que "a outorga de poderes realizada por todos os presidentes das agremiações que compõem a coligação é suficiente para legitimar a impugnação proposta pelos partidos coligados" (TSE, 2006b).

Os partidos coligados apenas possuem legitimidade para atuar individualmente no caso de questionar a validade da própria coligação entre a data da convenção e o prazo para a impugnação do registro de candidatos (Brasil, 1997, art. 6º, § 4º).

Em relação à aplicação de multas originadas da violação da propaganda eleitoral, a responsabilidade entre os candidatos e os respectivos partidos é solidária e não se estende às demais agremiações partidárias coligadas (Brasil, 1997, art. 6º, § 5º).

(6.3)
FILIAÇÃO PARTIDÁRIA E FIDELIDADE PARTIDÁRIA

As regras de filiação e fidelidade partidária têm a fonte legislativa nos arts. 16 a 26 da Lei n. 9.096/1995, a qual inicialmente estabelece que somente o eleitor que estiver no pleno gozo de seus direitos políticos poderá se filiar a uma agremiação partidária.

Ademais, a Constituição também veda a atividade político-partidária aos militares, aos magistrados e aos membros do Ministério Público e dos tribunais e conselhos de contas. Os integrantes das carreiras das defensorias públicas e servidores da Justiça Eleitoral também sofrem esse impedimento por força, respectivamente, da Lei Complementar n. 80, de 12 de janeiro de 1994 (Brasil, 1994b) e do Código Eleitoral (Brasil, 1965b).

A Lei dos Partidos determina que:

> *Art. 19. Deferido internamente o pedido de filiação, o partido político, por seus órgãos de direção municipais, regionais ou nacional, deverá inserir os dados do filiado no sistema eletrônico da Justiça Eleitoral, que automaticamente enviará aos juízes eleitorais, para arquivamento, publicação e cumprimento dos prazos de filiação partidária para efeito de candidatura a cargos eletivos, a relação dos nomes de todos os seus filiados, da qual constará a data de filiação, o número dos títulos eleitorais e das seções em que estão inscritos.* (Brasil, 1995)

O juízo eleitoral determinará o cancelamento da filiação mais antiga se houver duplicidade (Brasil, 1995, art. 22, parágrafo único).

Para o TSE (2019), "a ficha de filiação partidária não substitui a relação de filiados encaminhada pelo partido político ao juízo eleitoral"; assim, os prejudicados por desídia ou má-fé poderão requerer a filiação diretamente à Justiça Eleitoral (Brasil, 1995, art. 19, § 2º). O Verbete 20 da Súmula do TSE (2000b) prevê que: "A prova de filiação partidária daquele cujo nome não constou da lista de filiados de que trata o art. 19 da Lei nº 9.096/1995, pode ser realizada por outros elementos de convicção, salvo quando se tratar de documentos produzidos unilateralmente, destituídos de fé pública".

Rogério Carlos Born

Como rege a Lei n. 9.096/1995, art. 19, § 3º, os órgãos de direção nacional das agremiações partidárias terão pleno acesso às informações do cadastro eleitoral de seus filiados.

A desfiliação voluntária é efetuada a partir de dois dias da comunicação escrita do filiado ao órgão de direção municipal e ao juiz eleitoral da zona em que estiver inscrito, sendo dispensada aquela quando inexistir o diretório municipal ou comprovada impossibilidade de localização do representante do partido político (Brasil, 1995, art. 21).

O cancelamento de ofício da filiação ocorre com a morte; a perda ou a suspensão dos direitos políticos, a expulsão; "a filiação a outro partido, desde que a pessoa comunique o fato ao juiz da respectiva Zona Eleitoral" e "outras formas previstas no estatuto, com comunicação obrigatória ao atingido no prazo de quarenta e oito horas da decisão" (Brasil, 1995, art. 22).

Para o TSE (2014d), "a suspensão dos direitos políticos em condenação por improbidade administrativa opera a partir do trânsito em julgado da decisão e acarreta a perda da filiação partidária e do cargo eletivo, bem como o impedimento de o candidato ser diplomado".

A Constituição, art. 14, § 3º, V, prevê como condição de elegibilidade que o candidato seja filiado, possua domicílio eleitoral na respectiva circunscrição e a filiação seja deferida nos seis meses que antecedem às eleições, o que é corroborado pela Lei n. 9.504/1997, em seu art. 9º.

A lei faculta ao partido político a fixação de prazos de filiação superiores e restabelecê-los ao determinado na lei com vistas à candidatura a cargos eletivos nos estatutos, desde que não sejam alterados no ano eleitoral (Brasil, 1995, art. 20).

Para o TSE (2016c), em Recurso Especial, existe a possibilidade de redução para prazo mínimo de filiação até o limite fixado na lei por meio de alteração estatutária no ano da eleição.

Nesse sentido, a Constituição, no art. 17, § 1º, assegura aos partidos autonomia para definir as normas de fidelidade e disciplinas partidárias, o que é corroborado pela Lei n. 9.096/1995, em seus arts. 23 a 26.

Os filiados somente poderão sofrer medida disciplinar ou punição por conduta que esteja tipificada no estatuto e por órgão que esteja constituído antes da infração, que lhe devem assegurar amplo direito de defesa e o contraditório. Em relação ao procedimento disciplinar, o estatuto deverá preservar o princípio constitucional do julgador natural, criando previamente um órgão competente para apuração e julgamento dos filiados e parlamentares pela violação dos deveres partidários (Brasil, 1995, art. 23).

O estatuto deverá estabelecer os deveres partidários sujeitos à aplicação de medidas disciplinares. No preceito secundário, os filiados infratores estão sujeitos à expulsão e à suspensão do direito de voto nas reuniões internas (Brasil, 1995, art. 25).

Os integrantes das bancadas, na forma estatutária, devem "subordinar sua ação parlamentar aos princípios doutrinários e programáticos e às diretrizes estabelecidas pelos órgãos de direção partidários" (Brasil, 1995, art. 24). Em consequência, os parlamentares que, em atitudes ou votos, se opuserem às diretrizes estabelecidas pelos órgãos partidários de forma legítima estão sujeitos à perda de prerrogativas, cargos e funções que exerçam em decorrência da representação e da proporção partidária, além do desligamento temporário ou definitivo da bancada (Brasil, 1995, art. 25). Os partidos poderão tipificar outras sanções, além das arroladas na lei.

Tramita no Senado o Projeto de Lei que altera a redação do art. 23, § 1º, da Lei dos Partidos Políticos no sentido de que "nenhum filiado pode sofrer medida disciplinar ou punição por conduta que não esteja tipificada no estatuto do partido político ou por alegar objeção de

Rogério Carlos Born

consciência para não participar de votação no âmbito interno do partido", além de acrescentar o art. 25, parágrafo único, o qual diz que "é lícito ao parlamentar deixar de votar proposição legislativa sob o fundamento de objeção de consciência (Projeto de Lei 30, 2012)" (Born, 2014b, p. 111-112).

O parlamentar que deixar a legenda pela qual tenha sido eleito, em virtude do sistema proporcional, automaticamente perderá o mandato, a função ou o cargo que exerça no casa legislativa. O Verbete 67 da Súmula do TSE (2016e) prevê que "a perda do mandato em razão da desfiliação partidária não se aplica aos candidatos eleitos pelo sistema majoritário".

No entanto, a Lei dos Partidos Políticos preserva a cadeira quando for comprovado que o parlamentar possuía uma justa causa para desfiliação (Brasil, 1995, art. 22-A, parágrafo único).

A primeira justificativa é a objeção de consciência, ou seja, a infidelidade invertida que ocorre quando a agremiação partidária, formal ou informalmente, promove "mudança substancial ou desvio reiterado do programa partidário" (Brasil, 1995, art. 22-A, parágrafo único, I). A filiação consiste na adesão à ideologia e ao programa positivado no estatuto; sendo assim, o cidadão somente se filia porque comunga dos ideais desse partido. A partir do momento em que a grei descumpre os seus próprios mandamentos, a traição é do partido aderido, e não do filiado aderente.

O segundo motivo é a grave discriminação política pessoal, o que eventualmente ocorre quando há conflito de interesses com as elites ou as oligarquias partidárias, ou há a preterição de outras lideranças (Brasil, 1995, art. 22-A, parágrafo único, II). O escopo dessa norma é a imunidade parlamentar interna, a qual traz aos detentores de cargo eletivo a prerrogativa de questionar as posições e as finanças do partido sem ameaça de retaliação.

Por fim, a terceira causa é a conhecida janela partidária, que – no período de trinta dias que antecede o prazo legal de filiação para concorrer à eleição – permite que o filiado eleito troque de legenda e se mantenha no cargo até o término do mandato vigente (Brasil, 1995, art. 22-A, parágrafo único, III). Na verdade, não é necessariamente uma justa causa, mas uma oportunidade para se aderir a uma nova ideologia sem prejuízos na carreira política.

(6.4)
FINANÇAS, CONTABILIDADE E PRESTAÇÃO DE CONTAS

No direito partidário brasileiro, as finanças, a contabilidade e a prestação de contas têm dupla regulamentação, sendo a primeira contida na Lei n. 9.096/1995, relacionada à atividade permanente dos partidos, e a segunda, na Lei n. 9.504/1997, que se refere a arrecadações e despesas efetuadas na campanha eleitoral. Essas duas leis podem se intercalar em algumas situações.

A Constituição garante aos partidos o direito ao recebimento de recursos do Fundo Partidário e o acesso gratuito ao rádio e à televisão, ao passo que exige a prestação de contas da origem e dos gastos (Brasil, 1988, art. 17, III, § 3º). Também autoriza a formação do Fundo Especial de Assistência Financeira aos Partidos Políticos, ou simplesmente *Fundo Partidário*, que consiste na origem dos recursos para financiamento público das campanhas eleitorais (Brasil, 1995, art. 7º, § 2º, 38-44).

Em relação às finanças, à contabilidade e à prestação de contas da atividade permanente dos partidos, o Fundo Partidário é constituído de: multas e penalidades pecuniárias aplicadas em cumprimento da legislação eleitoral; recursos financeiros de caráter permanente ou eventual autorizados pela lei orçamentária; doações de pessoas físicas ou jurídicas[1]; e dotações orçamentárias da União no valor de R$ 0,35 por eleitor inscrito em 31 de dezembro do ano anterior ao da proposta orçamentária (Brasil, 1995, art. 38).

No ano da realização dos pleitos, "os partidos poderão aplicar ou distribuir pelas diversas eleições os recursos financeiros recebidos de pessoas físicas e jurídicas", observando-se os critérios legais e os "definidos pelos respectivos órgãos de direção e pelas normas estatutárias" (Brasil, 1995, art. 39, § 5º).

O TSE fará a distribuição aos órgãos nacionais dos partidos da seguinte forma: 5% em partes iguais a todos os partidos e 95% "na proporção dos votos obtidos na última eleição geral para a Câmara dos Deputados" (Brasil, 1995, art. 41-A).

Conforme o art. 44 da Lei dos Partidos Políticos, os recursos serão aplicados na manutenção das sedes e serviços do partido e pagamento de pessoal na proporção de:

a) 50% (cinquenta por cento) para o órgão nacional;

b) 60% (sessenta por cento) para cada órgão estadual e municipal;

II – na propaganda doutrinária e política;

III – no alistamento e campanhas eleitorais;

---

1   *A Lei n. 13.165/2015 ab-rogou o art. 23, II e III, da Lei n. 9.504/1997 para proibir que candidatos e partidos recebam doações de pessoas jurídicas. O art. 38, III, da Lei n. 9.096/1995 manteve a autorização para que o Fundo Partidário receba a doação de pessoas jurídicas e ainda não houve manifestação da jurisprudência acerca da revogação tácita desse dispositivo.*

IV – na criação e manutenção de instituto ou fundação de pesquisa e de doutrinação e educação política, sendo esta aplicação de, no mínimo, vinte por cento do total recebido.

V – na criação e manutenção de programas de promoção e difusão da participação política das mulheres, [...] observado o mínimo de 5% (cinco por cento) do total;

VI – no pagamento de mensalidades, anuidades e congêneres devidos a organismos partidários internacionais que se destinem ao apoio à pesquisa, ao estudo e à doutrinação política, aos quais seja o partido político regularmente filiado;

VII – no pagamento de despesas com alimentação, incluindo restaurantes e lanchonetes. (Brasil, 1995)

Para o TSE (2015c), "os valores do Fundo Partidário são absolutamente impenhoráveis, não cabendo ao Tribunal Superior Eleitoral o bloqueio deles para garantir quitação de créditos de terceiros".

No Brasil, os partidos e as campanhas são mantidos pelo financiamento público e privado, recebendo, respectivamente, rubricas do Fundo Partidário e do Fundo Especial de Financiamento de Campanha (FEFC), além de doações exclusivamente de pessoas físicas (Brasil, 1995, art. 31, II, parte final; Brasil, 1997, art. 16-C, 16-D).

As greis estão sujeitas a duas regras relativas às finanças, à contabilidade e à prestação de contas, sendo que a primeira se refere à manutenção permanente da própria agremiação, disciplinada pelos arts. 30 a 44 da Lei n. 9.096/1995, e a segunda é dirigida aos recursos utilizados na campanha eleitoral, o que alcança também os candidatos (Brasil, 1997, art. 17-35).

Em relação às finanças, à contabilidade e à prestação de contas dos partidos, os órgãos nacionais, regionais, distrital e municipais

Rogério Carlos Born

devem manter regularmente a escrituração contábil a fim de identificar e dar publicidade "da origem de suas receitas e a destinação de suas despesas" (Brasil, 1995, art. 30).

Os balanços e as demonstrações de resultado devem ser encaminhados, respectivamente, ao TSE, aos tribunais regionais eleitorais e aos juízes eleitorais até 30 de abril de cada ano, sendo publicados no *Diário de Justiça Eletrônico* e afixados em edital no cartório eleitoral (Brasil, 1995, art. 32). "Os órgãos partidários municipais que não hajam movimentado recursos financeiros ou arrecadado bens estimáveis em dinheiro ficam desobrigados de prestar contas à Justiça Eleitoral", desde que façam "a apresentação de declaração da ausência de movimentação de recursos" (Brasil, 1995, art. 32, § 4º).

As fontes de receitas dos partidos para a manutenção permanente são os recursos oriundos do Fundo Partidário; das doações ou contribuições de pessoas físicas; das sobras de campanha recebidas de candidatos; da alienação ou locação e comercialização de bens e produtos; da realização de eventos; de empréstimos contraídos com instituição financeira; de doações estimáveis em dinheiro; de rendimentos de aplicações financeiras e do FEFC.

Segundo o art. 31 da Lei n. 9.096/1995, os partidos são impedidos de receber, direta ou indiretamente,

> *[...] contribuição ou auxílio pecuniário ou estimável em dinheiro, inclusive através de ou publicidade de qualquer espécie, procedente de:*
>
> *I – entidade ou governo estrangeiros;*
>
> *II – entes públicos e pessoas jurídicas de qualquer natureza [...];*
>
> *[...]*
>
> *IV – entidade de classe ou sindical;*

*V – pessoas físicas que exerçam função ou cargo público de livre nomea-
ção e exoneração, ou cargo ou emprego público temporário, ressalvados os
filiados a partido político.* (Brasil, 1995)

A Lei n. 9.096/1995 ainda traz um interessante dispositivo que
autoriza a remessa de valores para o exterior quando enuncia, no
art. 44, que aqueles recursos provenientes do Fundo Partidário serão
aplicados:

*VI – no pagamento de mensalidades, anuidades e congêneres devidos a
organismos partidários internacionais que se destinem ao apoio à pesquisa, ao estudo e à doutrinação política, aos quais seja o partido político
regularmente filiado.* (Brasil, 1995)

A prestação de contas dos órgãos partidários tem caráter jurisdicional, ou seja, não é um procedimento administrativo. A Justiça
Eleitoral exerce o poder de polícia no que se refere às contas do partido e atesta se elas refletem a real movimentação financeira (Brasil,
1995, art. 34). Com o escopo de identificar a origem das receitas e a
destinação das despesas, procederá ao exame formal dos documentos fiscais apresentados, sendo vedada qualquer interferência na sua
autonomia, e à análise das atividades político-partidárias.

O TSE e os tribunais regionais eleitorais, se houver denúncia
fundada de filiado ou delegado, ou receber representação do procurador-geral ou regional ou mesmo do corregedor, determinarão o exame
da escrituração e a apuração do ato ilícito, podendo, inclusive, determinar a quebra de sigilo bancário para o esclarecimento dos fatos
(Brasil, 1995, art. 35).

A desaprovação das contas implicará exclusivamente na devolução
do valor irregular acrescido de multa de até 20%, aplicável somente à
esfera responsável de forma proporcional e razoável, descontado das

Rogério Carlos Born

futuras parcelas do Fundo Partidário, e não impedirá que o partido participe das eleições (Brasil, 1995, art. 37).

O partido ficará sujeito, em consequência da violação de normas legais ou estatutárias, além da multa, à suspensão do recebimento das quotas do Fundo Partidário pelo recebimento de origem oculta até o esclarecimento convincente perante a Justiça Eleitoral e à suspensão por um a doze meses da participação no Fundo Partidário pela arrecadação de recursos de fontes vedadas (Brasil, 1995, art. 37, § 3º)

Os órgãos partidários poderão interpor recurso com efeito suspensivo para os tribunais regionais eleitorais ou para o TSE da "decisão que desaprovar total ou parcialmente a prestação de contas dos órgãos partidário", além de ser possível a revisão "para fins de aplicação proporcional da sanção aplicada" (Brasil, 1995, art. 37, § 4º, 5º).

A ausência de prestação de contas sujeitará os dirigentes às penas da lei e implicará na suspensão de novas cotas do Fundo Partidário enquanto perdurar a inadimplência (Brasil, 1995, art. 37-A).

Nesse sentido, o TSE (2015a) estabelece que

a decisão judicial que julga as contas como não prestadas não pode ser revista após o seu trânsito em julgado. Isso, contudo, não impede que o partido político busque regularizar a sua situação perante a Justiça Eleitoral, com o propósito de suspender a sanção que lhe foi imposta pela decisão imutável.

Os dirigentes partidários serão responsabilizados civil e penalmente pela desaprovação das contas ou pela prática de atos ilícitos apenas "se verificada irregularidade grave e insanável resultante de conduta dolosa que importe enriquecimento ilícito e lesão ao patrimônio do partido" (Brasil, 1995, art. 37, § 13).

O FEFC foi criado pela Lei n. 13.487, de 6 de outubro de 2017 (Brasil, 2017b), e é constituído por dotações orçamentárias da União no ano das eleições no valor definido pelo TSE, equivalente à somatória da compensação fiscal que as emissoras comerciais de rádio e televisão receberam pela divulgação da propaganda partidária efetuada no ano da publicação dessa lei e no ano imediatamente anterior, atualizada monetariamente a cada eleição pelo Índice Nacional de Preços ao Consumidor (INPC), da Fundação Instituto Brasileiro de Geografia e Estatística (IBGE), ou por índice que o substituir (Brasil, 1997, art. 18-C).

Conforme consta na Lei das Eleições, art. 16-D, no primeiro turno das eleições os recursos serão distribuídos entre os partidos da seguinte forma:

I – 2% (dois por cento), divididos igualitariamente entre todos os partidos com estatutos registrados no Tribunal Superior Eleitoral;

II – 35% (trinta e cinco por cento), divididos entre os partidos que tenham pelo menos um representante na Câmara dos Deputados, na proporção do percentual de votos por eles obtidos na última eleição geral para a Câmara dos Deputados;

III – 48% (quarenta e oito por cento), divididos entre os partidos, na proporção do número de representantes na Câmara dos Deputados, consideradas as legendas dos titulares;

IV – 15% (quinze por cento), divididos entre os partidos, na proporção do número de representantes no Senado Federal, consideradas as legendas dos titulares. (Brasil, 1997)

Os recursos ficarão à disposição do partido apenas após a definição de critérios de distribuição interna, que deverão ser aprovados pela maioria absoluta dos membros do órgão de direção executiva nacional do partido e que serão divulgados publicamente (Brasil, 1997, art. 16-C, § 7º).

O candidato deverá fazer requerimento por escrito ao órgão partidário respectivo para ter acesso aos recursos desse Fundo, e as sobras deverão ser devolvidas integralmente ao Tesouro Nacional no momento da apresentação da prestação de contas (Brasil, 1997, art. 16-C; art. 11º; art. 16-D, § 2º).

Em relação às finanças, à contabilidade e à prestação de contas das campanhas eleitorais, a normas para arrecadação, aplicação e prestação de contas dos recursos utilizados nas campanhas eleitorais estão previstas nos arts. 17 a 28 da Lei n. 9.504/1997.

Os pré-candidatos estão autorizados a arrecadar previamente os recursos desde 15 de maio do ano das eleições até o dia do pleito, mas a realização de despesas de campanha deverá respeitar o calendário eleitoral e a liberação de recursos pelas entidades arrecadadoras fica condicionada ao registro da candidatura (Brasil, 1997, art. 22-A, § 3º). Após essa data, a arrecadação de recursos somente é permitida para a quitação de despesas contraídas e pendentes de pagamento até o dia da eleição e deverão ser integralmente quitadas até a entrega da prestação de contas (Brasil, 1997, art. 29, § 3º).

Os débitos de campanha não quitados até essa data poderão ser assumidos pelo partido, desde que a assunção seja deliberada pelo órgão nacional de direção partidária, caso em que o órgão partidário da circunscrição responde solidariamente com o candidato por todas as dívidas e a existência do débito não pode ser considerada como causa para a rejeição das contas do candidato (Brasil, 1997, art. 29, § 3º, 4º).

A arrecadação para ser utilizada deverá ser precedida de: requerimento do registro de candidatura; inscrição no Cadastro Nacional da Pessoa Jurídica (CNPJ) (Brasil, 1997, art. 22-A); abertura de conta bancária específica; emissão de recibos eleitorais nas doações estimáveis em dinheiro e pela internet (Brasil, 1997, art. 22, 22-A, 23, § 4º, III, "b").

Os recursos destinados às campanhas somente poderão ser originados de recursos próprios dos candidatos; doações financeiras ou estimáveis em dinheiro de pessoas físicas limitadas a 10% dos rendimentos brutos auferidos pelo doador no ano-calendário anterior à eleição; doações de outros partidos políticos e de outros candidatos; comercialização de bens e/ou serviços ou promoção de eventos de arrecadação realizados pelo candidato ou pelo partido político; recursos próprios dos partidos políticos, desde que identificada a sua origem e que sejam provenientes do Fundo Partidário, do FEFC, de doações de pessoas físicas efetuadas aos partidos políticos e/ou de contribuição dos seus filiados.

Para o TSE (2018a), não se aplica o princípio da insignificância às representações por doação acima do limite legal, ou seja, a ilegalidade ficará caracterizada mesmo que o valor da doação ilícita seja ínfimo ou irrisório.

De acordo com o art. 24 da Lei das Eleições, os partidos políticos e os candidatos não poderão receber doações diretas ou indiretas, inclusive por meio de propaganda ou publicidade, de pessoas jurídicas; quais sejam:

I – entidade ou governo estrangeiro;

II – órgão da administração pública direta e indireta ou fundação mantida com recursos provenientes do Poder Público;

III – concessionário ou permissionário de serviço público;

IV – entidade de direito privado que receba, na condição de beneficiária, contribuição compulsória em virtude de disposição legal;

V – entidade de utilidade pública;

VI – entidade de classe ou sindical;

VII – pessoa jurídica sem fins lucrativos que receba recursos do exterior;

VIII – entidades beneficentes e religiosas;

IX – entidades esportivas que recebam recursos públicos;

IX – entidades esportivas;

X – organizações não-governamentais que recebam recursos públicos;

XI – organizações da sociedade civil de interesse público. (Brasil, 1997)

As doações de pessoas físicas e de recursos próprios deverão, obrigatoriamente, ser realizadas por transferência bancária com a identificação do doador pelo cadastro de pessoas físicas (CPF) para os valores acima de R$ 1.064,10 (Brasil, 1997, art. 27, *caput*); por doação ou cessão temporária de bens e/ou serviços estimáveis em dinheiro, com a demonstração de que o doador é proprietário do bem ou é o responsável direto pela prestação de serviços ou por instituições que promovam técnicas e serviços de financiamento coletivo por meio de sítios da internet, aplicativos eletrônicos e outros recursos similares (Brasil, 1997, art. 23, IV). As doações não identificadas não poderão ser utilizadas e será obrigatória a transferência para o Tesouro Nacional por meio de Guia de Recolhimento da União (GRU) (Brasil, 1997, art. 24, § 11).

Os financiamentos coletivos ("vaquinhas") deverão possuir o cadastro prévio na Justiça Eleitoral pela instituição arrecadadora, no termos da regulamentação do Banco Central do Brasil; a identificação obrigatória com o nome completo e cadastro de pessoas físicas (CPF) de cada um dos doadores, o valor doado individualmente, a forma de pagamento e as datas; a disponibilização em sítio eletrônico de lista com identificação dos doadores das respectivas quantias doadas e a emissão obrigatória de recibo para o doador; o envio imediato para a Justiça Eleitoral e para o candidato de todas as informações e a ampla ciência a candidatos e eleitores sobre as taxas incididas na realização do serviço (Brasil, 1997, art. 22-A, IV).

O limite de gastos por candidato nas campanhas para Presidente da República será de R$ 70 milhões; para governador, o limite é definido de acordo com o número de eleitores de cada Unidade da Federação, entre R$ 2,8 milhões e R$ 21 milhões; e, para senador, entre R$ 2,5 milhões e R$ 5,6 milhões. Quando houver segundo turno para Presidente e governador, o limite será reduzido em até 50%. Os candidatos à deputado federal poderão gastar até R$ 2,5 milhões e os candidatos à deputado estadual ou distrital até R$ 1 milhão. O TSE ainda não definiu os limites para as eleições para prefeito, vice-prefeito e vereador. O gasto superior a esses limites sujeitará o infrator à multa de 100% do excesso, sem detrimento da apuração do abuso do poder econômico ("caixa 2").

Os limites para os gastos eleitorais e sujeitos à escrituração obrigatória são: confecção de impressos como panfletos, *folders* e jornais; alimentação dos cabos eleitorais militantes e funcionários dos comitês de campanha em até 10%; locação de veículos em até 20%; produção de propaganda eleitoral e intrapartidária e publicidade; locação de espaços para a realização de atos de campanha; transporte ou deslocamento de candidato e assessoria; despesas postais; despesas relativas à criação e ao funcionamento de comitês, bem como à prestação de serviços relacionados às campanhas eleitorais; remuneração ou gratificação aos prestadores de serviço; contratação de serviços de carros de som; celebrações de comícios e outros atos de campanha; produção de programas do horário eleitoral gratuito nas emissoras de rádio, televisão ou vídeos promocionais; contratação ou efetivação de pesquisas internas; criação e inclusão de páginas na rede mundial de computadores (*internet*) e o impulsionamento de conteúdos com provedor estabelecido no Brasil (Brasil, 1997, art. 26).

Qualquer eleitor pode realizar pessoalmente gastos não reembolsáveis e não sujeitos à contabilização em apoio a candidato de sua preferência até o valor de R$ 1.064,10 (Brasil, 1997, art. 27).

Os serviços de consultoria jurídica e de contabilidade são gastos eleitorais e deverão ser pagos com recursos da conta de campanha e declarados na prestação de contas (Brasil, 1997, art. 26, § 4º). Os honorários advocatícios e contábeis relacionados à defesa de candidato ou de partido em processo judicial não são gastos eleitorais e, por isso, não poderão ser pagos com recursos da campanha, cabendo o seu registro nas declarações fiscais das pessoas envolvidas e na prestação de contas anual dos partidos (Brasil, 1997, art. 26, § 10º).

Nas eleições para prefeito, as despesas com a contratação direta ou terceirizada para prestação de atividades de militância e mobilização nas campanhas eleitorais não excederá 1% do eleitorado em municípios com até 30 mil eleitores, e serão acrescidos de uma contratação para cada mil eleitores que excederem o número de 30 mil eleitores nos demais municípios e no Distrito Federal (Brasil, 1997, art. 100-A).

Nas campanhas para Presidente da República, governador e senador, o limite será o número estabelecido para o município com o maior número de eleitores, e, no Distrito Federal, o dobro do número de eleitores. Para deputado federal, será 70% do limite estabelecido para o município com o maior número de eleitores, e, no Distrito Federal, esse mesmo percentual será aplicado no eleitorado da maior região administrativa. Para deputado estadual ou distrital, será de 50% do limite estabelecido para deputados federais. Para vereador, será 50% dos limites previstos para prefeito indo até 80% do limite para deputados estaduais. Os limites servem para toda a campanha eleitoral, incluindo o primeiro e, se houver, o segundo turno. A contratação para prestação de serviços nas campanhas eleitorais não gera vínculo empregatício, uma vez que se trata de prestação de serviços normatizada pelo Código Civil (Brasil, 1997, art. 100, 100-A).

Como visto anteriormente, candidatos e partidos deverão, obrigatoriamente, fazer a prestação das contas dos recursos e gastos das campanhas eleitorais perante a Justiça Eleitoral (Brasil, 1997, art. 28- 32). As prestações de contas serão feitas pelo próprio candidato, por meio de extratos das contas bancárias e da relação dos cheques recebidos (Brasil, 1997, art. 28, § 1º).

A Justiça Eleitoral adotará um sistema simplificado de prestação de contas nas eleições para prefeito e vereador de municípios com menos de 50 mil eleitores para candidatos que movimentarem abaixo de R$ 20 mil, atualizados a cada eleição pelo INPC (Brasil, 1997, art. 28, § 9º, 10).

Os partidos, as coligações e os candidatos, até 15 de setembro do ano em que se realizarem as eleições, deverão efetuar a divulgação, em página eletrônica disponibilizada pela Justiça Eleitoral, de todos os recursos em espécie recebidos. A publicação deve ser realizada no prazo de setenta e duas horas do recebimento de cada doação. Na data final, deverá ser elaborado e publicado um relatório contendo todas as transferências recebidas do Fundo Partidário, os valores e os estimáveis em espécie arrecadados, além das despesas realizadas (Brasil, 1997, art. 28, § 4º).

Conforme rege o art. 28, § 6º, não será necessária a comprovação nos seguintes casos:

Rogério Carlos Born

I – a cessão de bens móveis, limitada ao valor de R$ 4.000,00 (quatro mil reais) por pessoa cedente;

II – doações estimáveis em dinheiro entre candidatos ou partidos, decorrentes do uso comum tanto de sedes quanto de materiais de propaganda eleitoral, cujo gasto deverá ser registrado na prestação de contas do responsável pelo pagamento da despesa;

III – a cessão de automóvel de propriedade do candidato, do cônjuge e de seus parentes até o terceiro grau para seu uso pessoal durante a campanha. (Brasil, 1997)

É possível à Justiça Eleitoral requisitar técnicos do Tribunal de Contas da União, dos estados, do Distrito Federal ou pelos Conselhos de Contas municipais (Brasil, 1997, art. 30, § 3º). Também "poderá requisitar do candidato as informações adicionais e determinar diligências para a complementação dos dados ou o saneamento das falhas", se houver indício de irregularidade (Brasil, 1995, art. 30, § 4º).

Também cabe à Justiça Eleitoral, segundo a Lei n. 9.504/1997, art. 30, a regularidade das contas de campanha, decidindo, após parecer do órgão de controle interno, pela aprovação, se estiverem regulares; pela aprovação com ressalvas, se verificados erros sanáveis e que não comprometam a regularidade; pela desaprovação, se verificadas falhas que comprometam a regularidade; ou pela não prestação, se não apresentadas as contas após a notificação para prestar extemporaneamente as contas em setenta e duas horas. Da decisão que julgar as contas caberá recurso ao órgão superior da Justiça Eleitoral em três dias, a contar da publicação no *Diário Oficial* (Brasil, 1995, art. 30, § 1º).

Para o TSE (2012a),

a decisão que julgar as contas eleitorais como não prestadas implicará ao candidato o impedimento de obter a certidão de quitação eleitoral no curso do mandato pelo qual concorreu. A apresentação extemporânea das contas de campanhas não é capaz de afastar a decisão que julgou as contas não prestadas, em razão do instituto da preclusão.

Qualquer partido, coligação ou o Ministério Público, até quinze dias da diplomação, poderá pedir à Justiça Eleitoral a abertura de investigação judicial para apurar condutas ilegais relativas à arrecadação e aos gastos de recursos por meio do relato de fatos e da indicação de provas (Brasil, 1997, art. 30-A).

Na apuração, aplica-se o procedimento da Lei das Inelegibilidades – Lei Complementar n. 64, de 18 de maio de 1990 – e, se for comprovada a captação ou os gastos ilícitos de recursos para fins eleitorais ("caixa 2"), o diploma do candidato será denegado ou cassado (Brasil, 1997, art. 30-A, § 1º, 2º; Brasil, 1990, art. 22).

As sobras de recursos financeiros deverão ser declaradas na prestação de contas e, após o julgamento dos recursos, nas candidaturas para prefeito, vice-prefeito e vereador, os valores deverão ser transferidos para o órgão diretivo municipal; para governador, vice-governador, senador, deputado federal e deputado estadual ou distrital, para o órgão diretivo regional; e para presidente e vice-presidente da República, para o órgão diretivo nacional do partido. Os órgãos diretivos serão responsáveis exclusivos pela identificação, utilização, contabilização e prestação de contas perante o órgão eleitoral da sua esfera (Brasil, 1997, art. 31).

(6.5)
CONVENÇÕES PARTIDÁRIAS E REGISTRO DE CANDIDATOS

As fases de realização das convenções e do registro de candidato se destinam à escolha, dentre os pré-candidatos, daqueles filiados que concorrerão aos cargos eletivos e à formação de coligações.

As regras formais destinadas a essas fases se encontram fixadas nos arts. 7º a 16 da Lei n. 9.504/1997 e nos estatutos dos partidos políticos.

As convenções são assembleias de filiados das agremiações partidárias com o escopo de, por meio de votação, escolher ou substituir os candidatos e deliberar sobre as coligações nas eleições e deverão ocorrer entre 20 de julho a 5 de agosto do ano eleitoral, lavrando-se a ata em livro aberto, rubricado pela Justiça Eleitoral e publicada em vinte e quatro horas nos meios de comunicação (Brasil, 1997, art. 8º). Os partidos têm o prazo de até às 19h de 15 de agosto para efetuar o registro dos candidatos (Brasil, 1997, art. 11).

As normas para a realização são estabelecidas pelo estatuto ou, se omisso, por regras estabelecidas pelo órgão nacional, que deverão ser publicadas em até cento e oitenta dias anteriores às eleições no *Diário Oficial da União*. Na deliberação sobre coligações, se a convenção inferior se opuser às diretrizes estabelecidas pelo órgão nacional, poderá ser anulada por esse organismo (Brasil, 1997, art. 7º, § 1º, 2º).

Pelo que consta no Verbete 53 da Súmula do TSE (2016d): "O filiado a partido político, ainda que não seja candidato, possui legitimidade e interesse para impugnar pedido de registro de coligação partidária da qual é integrante, em razão de eventuais irregularidades havidas em convenção".

Os pré-candidatos, para concorrer nas convenções, deverão estar filiados e possuir domicílio eleitoral na circunscrição nos seis meses anteriores às eleições (Brasil, 1997, art. 9º).

O TSE (2005d) prevê que "o servidor da Justiça Eleitoral deve se exonerar do cargo público para cumprir o prazo legal de filiação partidária, ainda que afastado do órgão de origem e pretenda concorrer em estado diverso de seu domicílio profissional". Ainda para a Corte, a "não exigência de prévia filiação partidária do militar da ativa, bastando o pedido de registro de candidatura após escolha em convenção partidária" (TSE, 2004d).

O prazo para o registro de candidatos é até as 19h de 15 de agosto do ano em que se realizarem os pleitos (Brasil, 1997, art. 11, *caput*). As candidaturas não preenchidas nas convenções poderão ser preenchidas pelos órgãos de direção dos partidos até trinta dias antes da eleição (Brasil, 1997, art. 13), mas ocorre a "impossibilidade de preenchimento das vagas remanescentes por candidato que tenha pedido de registro indeferido, com decisão transitada em julgado, para a mesma eleição" (TSE, 2013a).

Dentre os documentos a serem apresentados, a certidão de quitação eleitoral atestará apenas "a plenitude do gozo dos direitos políticos, o regular exercício do voto, o atendimento a convocações da Justiça Eleitoral", a inexistência de multas eleitorais definitivas inadimplidas, inclusive por ausência aos pleitos, e a apresentação de contas de campanha eleitoral (Brasil, 1997, art. 11, VI, § 7º, 8º).

As condições de elegibilidade e as causas de inelegibilidade devem ser apuradas no momento do pedido de registro, ressalvadas as causas de afastamento da inelegibilidade fáticas ou jurídicas supervenientes ao registro (Brasil, 1997, art. 11, § 10).

A idade mínima exigida como condição constitucional de elegibilidade tem como referência a data da posse, exceto para o cargo

Rogério Carlos Born

de vereador em que a idade de 18 anos será apurada na data-limite do pedido de registro (Brasil, 1997, art. 11, § 2º).

Os tribunais e conselhos de contas disponibilizarão à Justiça Eleitoral a relação dos administradores públicos que tiveram a rejeição por irregularidade insanável e por decisão irrecorrível do órgão competente das contas relativas ao exercício de cargos ou funções públicas, inelegibilidade que poderá ser afastada se estiver sendo examinada pelo Poder Judiciário ou se já existir decisão judicial favorável ao candidato (Brasil, 1997, art. 11, § 5º).

Nas eleições majoritárias à eleição de presidente, governador e prefeito, importará a do candidato a vice com ele registrado (Brasil, 1997, art. 2º, § 4º; art. 3º, § 1º).

Dessas vagas do sistema proporcional, é obrigatória a observância das quotas de gênero, ou seja, cada grei ou coligação deverá observar, em cada sexo, o mínimo de 30% e o máximo de 70% para candidaturas (Brasil, 1997, art. 10, § 3º). Para o TSE (2012c), "na impossibilidade de registro de candidaturas femininas no percentual mínimo de 30%, o partido ou a coligação deve reduzir o número de candidatos do sexo masculino para adequar-se os respectivos percentuais".

A Constituição estabelece, no art. 45, que "a Câmara dos Deputados compõe-se de representantes do povo, eleitos, pelo sistema proporcional, em cada Estado, em cada Território e no Distrito Federal". Também, fixa que a representação na Câmara dos Deputados, por estado e no Distrito Federal, será de, no mínimo, oito[2] e, no máximo, setenta[3] deputados, e se forem criados territórios, estes contarão com quatro parlamentares (Brasil, 1988, art. 45, § 1º).

---

2   *Acre, Alagoas, Amapá, Distrito Federal, Mato Grosso do Sul, Mato Grosso, Piauí, Rio Grande do Norte, Rondônia, Roraima, Sergipe e Tocantins.*

3   *Apenas São Paulo.*

A Lei Complementar n. 78, de 30 de dezembro de 1993 (Brasil, 1994a), regulamenta que o número de deputados será proporcional à população dos Estados e do Distrito Federal e que o número de deputados federais não ultrapassará quinhentos e treze representantes, de acordo com a projeção da Fundação IBGE no ano anterior ao pleito. O TSE efetua o cálculo do número de vagas e fornece-o aos tribunais regionais eleitorais e aos partidos políticos (Brasil, 1994a, art. 1º).

A Carta Magna, no art. 27, fixa que: "O número de Deputados à Assembleia Legislativa[4] corresponderá ao triplo da representação do Estado na Câmara dos Deputados e, atingido o número de trinta e seis, será acrescido de tantos quantos forem os Deputados Federais acima de doze".

Embora o descritivo do cálculo seja confuso no texto constitucional, a fórmula é simples.

No Distrito Federal e nos estados com até doze deputados federais, basta multiplicar por três o número de deputados federais. Por exemplo, no Distrito Federal, multiplica-se o número de oito deputados federais por três, extraindo-se vinte e quatro deputados distritais; ao passo que na Paraíba multiplica-se dez deputados federais por três, alcançando-se o número de trinta deputados estaduais. Nessas unidades da federação, cada partido poderá registrar até 200% das respectivas vagas de candidatos a deputado federal, estadual ou distrital (Brasil, 1997, art. 10, II).

Nos estados com mais de doze deputados federais, basta somar vinte e quatro ao número de deputados federais. Por exemplo, no Paraná, soma-se o número de vinte e nove deputados federais por vinte e quatro, alcançando-se o número de cinquenta e três

---

4   Constituição, art. 32, § 3º. Aos Deputados Distritais e à Câmara Legislativa aplica-se o disposto no art. 27.

deputados estaduais; ao passo que em São Paulo soma-se o número de setenta deputados federais por vinte e quatro, alcançando-se o número de noventa e quatro deputados estaduais. As agremiações partidárias poderão efetuar o registro de candidatos no total de até 150% do número das cadeiras na Câmara dos Deputados, na Câmara Legislativa do Distrito Federal e nas assembleias legislativas (Brasil, 1997, art. 10, I).

Nas câmaras municipais, o número de vereadores é calculado por meio de uma fórmula complexa, que conjuga a população do município e o comprometimento orçamentário e financeiro, de modo que os municípios poderão escolher entre um número maior de vereadores com menor subsídio ou um número menor de vereadores com maior subsídio. O presidente da câmara municipal que descumprir esses parâmetros está sujeito a responder pelo crime de responsabilidade.

O critério populacional está fixado na Constituição, que, no art. 29, IV, dá os exemplos dos munícipios de até 15 mil habitantes, que poderão contar com até nove vereadores; os que possuem entre 15 mil e 30 mil habitantes, que poderão contar com até onze vereadores; e, omitindo a faixa intermediária, chega-se ao número máximo de cinquenta e cinco vereadores nos municípios com mais de 8 milhões de habitantes.

Na compatibilização com o critério orçamentário-financeiro, o Poder Legislativo não poderá dispender mais que 70% de sua receita tributária e transferências recebidas no exercício anterior com folha de pagamento, o que inclui o subsídio de seus Vereadores (Brasil, 1988, art. 29-A, § 1º).

Ademais, deverá cumprir as rubricas que constam no Quadro 6.1 a seguir para evitar uma elevação excessiva nos subsídios dos vereadores e vencimentos dos servidores nos municípios com maior arrecadação (Brasil, 1988, art. 29-A, I-VII).

Quadro 6.1 – Cálculo do número de vereadores conforme o orçamento

POPULAÇÃO (habitantes)	COMPROMETIMENTO ORÇAMENTÁRIO
Até 100.000	7%
100.000 até 300.000	6%
300.001 até 500.000	5%
500.001 até 3.000.000	4,5%
3.000.001 até 8.000.000	4%
Acima de 8.000.001	3,5%

Nos municípios com mais de 100 mil eleitores, os partidos poderão registrar até 150% do número de lugares a preencher na Câmara Municipal (Brasil, 1997, art. 10, *caput*).

Pelo sistema proporcional, em regra, as agremiações partidárias e as coligações poderão efetuar o registro de candidatos no total de até 150% do número das cadeiras na Câmara dos Deputados, na Câmara Legislativa do Distrito Federal, nas assembleias legislativas e nas câmaras municipais (Brasil, 1997, art. 10, I).

No entanto, no Distrito Federal e nos estados que possuem até doze vagas na Câmara dos Deputados, cada partido poderá registrar até 200% das respectivas vagas de candidatos a deputado federal, estadual ou distrital, bem como nos municípios com menos 100 mil eleitores, dos lugares a preencher nas câmaras municipais (Brasil, 1997, art. 10, II).

Os partidos ou as coligações, após o prazo do registro, poderão efetuar a substituição de candidatos falecidos ou inelegíveis, bem como aqueles que tenham renunciado à candidatura ou tiverem o registro indeferido ou cancelado. O estatuto do partido é livre para fixar o procedimento de substituição e o registro suplementar deverá ser requerido em até dez dias contados do fato ou da notificação da

Rogério Carlos Born

decisão judicial que originou a vacância. No entanto, nas eleições majoritárias e nas proporcionais, salvo na hipótese de falecimento, o novo requerimento deverá ser apresentado, necessariamente, até os vinte dias anteriores às eleições (Brasil, 1997, art. 13).

No entanto, se o candidato pertencer a uma coligação nas eleições majoritárias, cabe a maioria absoluta dos órgãos executivos dos partidos coligados deliberar acerca da escolha do substituído, sendo facultada a escolha de filiado a qualquer agremiação partidária que dela compõe, desde que haja renúncia ao direito de preferência pelo partido do substituído (Brasil, 1997, art. 13, § 2º).

O partido poderá requerer à Justiça Eleitoral o cancelamento do registro dos candidatos que forem punidos com a expulsão do partido em procedimento em que foi observado o devido processo legal, o contraditório e a ampla defesa (Brasil, 1997, art. 14).

Os candidatos com o registro impugnado e pendentes de decisão definitiva e aqueles que o registro ainda não tenha sido apreciado poderão praticar todos os atos de campanha, inclusive a propaganda eleitoral gratuita no rádio e na televisão, bem como manter o seu nome na urna eletrônica, mas a validade do sufrágio alcançado ficará condicionada ao deferimento de registro por instância superior. Aplica-se igualmente ao candidato cujo pedido de registro tenha sido protocolado no prazo legal e ainda não tenha sido apreciado pela Justiça Eleitoral (Brasil, 1997, art. 16-A).

Para o TSE (2013c), "o candidato que deu causa à anulação do pleito não poderá participar das novas eleições, vedação que ocorre em razão da prática de ilícito eleitoral pelo próprio candidato, não sendo o caso quando seu registro estiver sub judice".

O registro de candidatura avulsa é proibido mesmo que o requerente seja filiado, mas o candidato escolhido em convenção poderá requerer diretamente o seu registro no prazo de quarenta e oito horas seguintes à publicação da lista de candidatos se houver omissão pelo partido (Brasil, 1997, art. 11, § 4º, 14).

Nas eleições proporcionais, o candidato indicará o seu nome completo, três variações nominais com ordem de preferência com que deseja ser registrado, "que poderão ser o prenome, sobrenome, cognome, nome abreviado, apelido ou nome pelo qual é mais conhecido" (Brasil, 1997, art. 12). O nome registrado não pode gerar confusões de identificação do candidato, não pode atentar contra a ordem e o pudor e não seja ridículo ou irreverente (Brasil, 1997, art. 12).

Em caso de homônimos, poderão ser exigidas provas de como é socialmente conhecido, bem como será deferido o nome que o candidato utilizou no mandato que estiver exercendo ou exerceu ou que se candidatou nos quatro anos anteriores ao registro, ficando os demais concorrentes proibidos de fazer uso da propaganda com esse mesmo nome. Também será deferido o nome que, na vida política, social ou profissional, seja popularmente conhecido. Se não houver solução quanto aos nomes a serem usados, será estabelecida uma composição entre os envolvidos em dois dias após a notificação da Justiça Eleitoral para que cheguem a um acordo sobre os respectivos nomes a serem usados (Brasil, 1997, art. 12, § 1º).

A Lei das Eleições fixa, no art. 12, § 3º, que:

> *A Justiça Eleitoral indeferirá todo pedido de variação de nome coincidente com nome de candidato a eleição majoritária, salvo para candidato que esteja exercendo mandato eletivo ou o tenha exercido nos últimos quatro anos, ou que, nesse mesmo prazo, tenha concorrido em eleição com o nome coincidente.* (Brasil, 1997)

Se não houver acordo, cada candidato será registrado, na ordem de preferência, com o nome e o sobrenome que constem do pedido de registro (Brasil, 1997, art. 12, § 1º, V).

Nas eleições majoritárias, os candidatos disputarão os pleitos com o número coincidente com o registrado no partido no Tribunal Superior Eleitoral, sendo impossível "registrar-se candidato a presidente da República, governador ou prefeito com número de outro partido integrante da coligação" (TSE, 2004c). Os candidatos ao cargo de deputado federal concorrerão com o número do partido acrescido de dois algarismos à direita, e ao cargo de deputado estadual ou distrital, acrescido de três algarismos à direita. O TSE fixa, por meio de resolução, a fórmula de numeração nas eleições para prefeito, vice-prefeito, vereador e juiz de paz. Os partidos e os candidatos têm a garantia de utilização dos números atribuídos na eleição anterior para o mesmo cargo (Brasil, 1997, art. 15).

Consultando a legislação

DIREITO PARTIDÁRIO	
Normas constitucionais	Constituição, art. 17
Criação, fusão, incorporação e extinção	Lei n. 9.096/1995, art. 2º, 8º-11; 27-29
Personalidade jurídica, apoiamento e registro no Tribunal Superior Eleitoral	Constituição, art. 17, § 2º Lei n. 9.096/1995, art. 9º Código Civil, art. 44, V Instrução normativa n. 1.634/2016 da Secretaria da Receita Federal, art. 1º
Coligações	Constituição, art. 17, § 1º; art. 14, § 3º, V Lei n. 9.504/1997, art. 6º
Filiação e fidelidade partidária	Constituição, art. 17, § 1º Lei n. 9.096/1995, art. 16-26 Resolução n. 22.610/2007 do TSE

(continua)

(conclusão)

DIREITO PARTIDÁRIO	
Finanças, contabilidade e prestação de contas	Constituição, art. 17, III, § 3º Lei n. 9.096/1995, art. 30-37 Lei n. 9.504/1997, art. 17-31
Fundo Especial de Financiamento de Campanha	Lei n. 9.096/1995, art. 31, II, parte final Lei n. 9.504/1997, art. 16-C, 16-D
Fundo Especial de Assistência Financeira aos Partidos Políticos – Fundo Partidário	Constituição, art. 17, § 3º; Lei 9.096/1995, art. 7º, § 2º; art. 38-44
Convenções partidárias	Lei n. 9.504/1997, art. 7º-9º
Registro de candidatos	Lei n. 9.504/1997, art. 10-16

Síntese

A Constituição prevê a estrutura dos partidos no Brasil, prevendo a sua autonomia para a organização e a deliberação, bem como as etapas para a aquisição de personalidade jurídica de direito privado e para o registro dos estatutos no TSE. Por isso, toda a matéria *interna corporis* dos partidos que não tenham reflexo nas eleições é da competência da Justiça comum dos estados ou do Distrito Federal.

Os partidos se sustentam, preferencialmente, por meio de recursos do Fundo Partidário, das contribuições de seus filiados, das campanhas do Fundo Especial de Financiamento de Campanha e das doações de pessoas físicas, sendo obrigatória a prestação de contas perante a Justiça Eleitoral.

O regime de filiação e fidelidade partidária é definido nos estatutos dos partidos, que deverão tipificar os deveres, as sanções e o órgão competente para o processo e o julgamento. Os filiados que são detentores de cargos eletivos no Poder Legislativo que se desfiliarem do partido sem justa causa poderão perder o cargo.

Rogério Carlos Born

Os partidos devem escolher seus candidatos e deliberar acerca das coligações nas convenções partidárias, contando com um prazo para efetuar o registro dos escolhidos. É possível ainda a substituição dos candidatos em algumas circunstâncias.

Questões para revisão

1. Em relação à criação, à fusão, à incorporação e à organização dos partidos, bem como à filiação e à fidelidade partidária, marque a alternativa correta:

   a) Os partidos adquirem a personalidade jurídica de direito público interno após a inscrição dos estatutos no Tribunal Superior Eleitoral, sendo exigida a subscrição de, no mínimo, cento e um fundadores com domicílio eleitoral em, pelo menos, um terço dos estados e/ou do Distrito Federal.

   b) A Constituição, por meio do art. 150, VI, "c", garante a imunidade tributária de impostos, taxas, contribuições de melhoria e contribuições para fiscais sobre o patrimônio, a renda e os serviços dos partidos e suas fundações.

   c) Os filiados somente poderão sofrer medida disciplinar ou punição por conduta que esteja tipificada no estatuto, que será processada e aplicada de ofício pelo presidente da agremiação partidária.

   d) Os partidos são pessoas jurídicas de direito privado e, dessa forma, por se tratar de matéria *interna corporis*, a ação para decretação da perda do mandato por infidelidade partidária é da competência da Justiça comum dos estados ou do Distrito Federal, conforme o caso.

e) É inconstitucional a norma da Lei dos Partidos Políticos que fixa funcionamento parlamentar.

2. Quanto às finanças, à contabilidade e à prestação de contas dos partidos e dos candidatos, marque a alternativa correta:
   a) As doações e as contribuições de pessoas jurídicas para campanhas eleitorais poderão ser feitas no valor de até 2% do faturamento bruto do ano anterior ao pleito.
   b) É permitida a doação por cooperativas, cujos cooperados não sejam concessionários ou permissionários de serviços públicos, desde que não estejam sendo beneficiadas com recursos públicos.
   c) Os candidatos que apresentaram as contas e estas foram rejeitadas tornam-se imediatamente inelegíveis a partir do trânsito em julgado da decisão de desaprovação.
   d) Os candidatos que desistiram do pleito eleitoral antes das eleições não são obrigados a apresentar as contas da campanha pela perda de objeto.
   e) No Brasil, vigora integralmente o financiamento público de campanha com recursos do Fundo Especial de Financiamento de Campanha e do Fundo Partidário, não sendo permitido, em hipótese alguma, o ingresso de recursos de pessoas físicas ou jurídicas.

3. Sobre as normas pertinentes às convenções partidárias e ao registro de candidatos, marque a alternativa correta:
   a) O número de vereadores é definido pela Constituição, numa faixa com o mínimo e o máximo de camaristas conforme a população, que deverá ser compatibilizado com parâmetros de comprometimento orçamentário do município.

Rogério Carlos Born

b) A idade mínima exigida como condição constitucional de elegibilidade terá como referência a data do registro de candidato para todos os cargos.

c) Das vagas do sistema proporcional, é obrigatória a observância das quotas de gênero feminino, ou seja, cada partido ou coligação deverá observar o mínimo de 30% de candidatas.

d) A representação na Câmara dos Deputados por estado e do Distrito Federal será de, no mínimo, oito e, no máximo, oitenta deputados, e se forem criados territórios, estes contarão com quatro parlamentares.

e) O partido deverá promover uma nova convenção para substituição e o registro suplementar de candidato às eleições proporcionais, que deverá ser requerido até dez dias contados do fato ou da notificação da decisão judicial que originou a vacância.

4. Como é calculado o número de deputados estaduais e distritais?

5. Qual a diferença entre os partidos e as coligações quanto à personalidade jurídica?

Questões para reflexão

1. As pessoas físicas poderão fazer doações e contribuições aos candidatos e partidos no limite de até 10% dos rendimentos brutos auferidos no ano anterior à eleição, o que sujeita o infrator à multa de até 100% da quantia em excesso, além de estarem sujeitos a inelegibilidade por oito anos (Brasil, 1997, art. 23-A, § 1º, 3º; Lei Complementar n. 64/1990, art. 1º, I, "j").

Nas eleições presidenciais de 2014, vários universitários entusiastas pela proposta de determinada candidata que não venceu as eleições efetuaram doações de valores muito baixos (em torno de R$ 10,00). O Ministério Público Eleitoral, a partir de um levantamento, ajuizou uma investigação judicial eleitoral contra esses jovens alegando excesso na doação, uma vez que não tinham renda e viviam de mesada. Analise a pertinência e a proporcionalidade de uma eventual condenação nesse caso.

2. No sistema proporcional, é obrigatória a observância das quotas de gênero, ou seja, cada partido ou coligação deverá observar, em cada sexo, o mínimo de 30% e o máximo de 70% para candidaturas (Brasil, 1997, art. 10, § 3º). Um determinado partido preencheu todas as vagas do sexo masculino, restando 20% das vagas destinadas ao gênero feminino. Um candidato transgênero, do qual consta o sexo masculino no registro civil, requereu uma das vagas femininas remanescentes ao partido para concorrer ao cargo de vereador. Analise a possibilidade de se efetivar essa candidatura.

Para saber mais

ALMEIDA, F.; COSTA, R. **Registro de candidaturas**. 2. ed. Curitiba: Instituto Memória, 2016.

Nessa obra, Frederico Almeida e Rafael Costa fazem um recorte acerca de aspectos materiais relacionados às restrições à elegibilidade, caminhando pela teoria das inelegibilidades em sentido amplo e estrito. No entanto, o que chama a atenção é o aspecto formal pouco abordado pela doutrina eleitoral, uma

Rogério Carlos Born

vez que os autores registram as suas experiências na Justiça Eleitoral, atentando para detalhes como prazos e documentos necessários à efetivação do registro de candidaturas, sem olvidar do processo e do julgamento das ações de impugnação a registro de candidatura. Para além da descrição que esta apresentação não tem por função esgotar, a obra proporciona ao leitor a exata perspectiva do registro de candidatura, preenchendo lacuna na doutrina eleitoralista, ressentida que estava da ausência de trabalho tão precisamente vocacionado a esse tema, atendendo até mesmo os mais genuínos anseios da sociedade civil na efetividade desse importante filtro da moralidade e da legitimidade das eleições.

SALGADO, E. D.; DANTAS, I. (Coord.). **Partidos políticos e seu regime jurídico**. Curitiba: Juruá, 2013.

A obra, coordenada por Eneida Desiree Salgado e Ivo Dantas, reúne contribuições de doutrinadores de Direito e Ciência Política na ótica multifacetada da organização dos partidos. No livro, são abordados a teoria dos partidos, a história partidária no Brasil, o tratamento normativo, o financiamento e a democracia interna dos partidos.

SANTANO, A. C. **Candidaturas independentes**. Curitiba: Íthala, 2018.

Ana Claudia Santano avalia os partidos pelo protagonismo na condução dos assuntos políticos e o cerne do problema da representatividade, a surdez nas tomadas de decisões ou a incapacidade de se trabalhar com a democracia. Partindo dessa perspectiva, estuda as candidaturas independentes como alternativa de participação e de exercício de direitos políticos, com o lançamento de candidatos alheios aos sistemas partidários, livres de indicações do *staff* das greis e que pudessem enriquecer os pleitos com novas propostas.

SANTANO, A. C. **O financiamento da política**: teoria geral e experiências no direito comparado. 2. ed. Curitiba: Íthala, 2018.

A obra envolve tanto o financiamento de partidos políticos quanto de campanhas eleitorais. A autora faz interessantes análises da política no direito comparado e analisa o comportamento dos políticos conforme a realidade do seu Estado e da sua cultura política. Faz ainda a crítica quanto à importação de modelos estrangeiros para o Brasil.

Considerações finais

Panorama do direito eleitoral e partidário apresentou e discutiu com profundidade os principais pontos que orbitam a matéria, bem como as suas vertentes positivas e negativas.

Embora a proposta fosse mapear a memória dos acadêmicos e bacharéis num primeiro contato com a disciplina, acreditamos que a obra supera as expectativas do leitor, com a abordagem de temas legais, técnicos e doutrinários, além de jurisprudências, que cercam as eleições para todos os cargos e a movimentação interna dos partidos.

No entanto, o direito eleitoral e partidário são duas disciplinas em construção no direito e seus alicerces ainda estão sendo fincados pela jurisprudência dos tribunais eleitorais e pela doutrina. Isso ocorre porque a composição dos tribunais eleitorais é temporária e mista e a rotatividade não é concomitante, o que proporciona mudança de entendimentos a cada momento.

Nessa esteira, os eleitoralistas enfrentarão muitos desafios que cercam a legitimidade das eleições, como o sistema eleitoral ideal, o financiamento das campanhas, os abusos cometidos na propaganda eleitoral (notícias falsas ou *fake news*), a inclusão do eleitor etc.

No entanto, é justamente essa instabilidade que proporciona as oportunidades acadêmicas e profissionais àqueles que concluem o aprendizado fundamental de direito eleitoral e partidário.

Dessa forma, delegamos a você a missão de continuar, no seu campo acadêmico e profissional, com a responsabilidade de levantar a estrutura dessa grande obra que é a democracia.

Sucesso!

Referências

ALMEIDA, A. C. **A cabeça do eleitor**: estratégia de campanha, pesquisa e vitória eleitoral. 3. ed. São Paulo: Record, 2008.

ALMEIDA, F. R. M.; COSTA, R. A. **Propaganda eleitoral**: poder de polícia, direito de resposta, representação eleitoral. Curitiba: Instituto Memória, 2016.

ALMEIDA, F. R. M.; COSTA, R. A. **Registro de candidaturas**. 2. ed. Curitiba: Instituto Memória, 2016.

ALMEIDA, J. M. P. de; COLUCCI, M. da G. **Lições de teoria geral do processo**. 4. ed. Curitiba: Juruá, 1997.

ARAÚJO, C. A. Bestas políticas. **Revista Os Caminhos da Terra**, São Paulo, p. 27-31, set. 2002.

AZAMBUJA, D. **Teoria geral do Estado**. 40. ed. São Paulo: Globo, 2001.

BARRETO, L. **Investigação judicial eleitoral e ação de impugnação de mandato eletivo**. Bauru: Edipro, 1994.

BARROS, F. D. **Curso de processo eleitoral**. 3. ed. Belo Horizonte: Elsevier; Forense, 2014.

BARROS, F. D. **Manual de prática eleitoral**. 2. ed. Leme: JH Mizuno, 2016.

BBC BRASIL. **Formigas são "traiçoeiras e corruptas", diz estudo.** Brasília, 13 mar. 2008. Disponível em: <https://www.bbc.com/portuguese/reporterbbc/story/2008/03/080313_formigasegoistas.shtml>. Acesso em: 7 dez. 2019.

BELOV, G. Voto: uma questão de cidadania – o direito do voto do presidiário. **Paraná Eleitoral**, Curitiba, n. 32, abr. 1999. Disponível em: <http://www.justicaeleitoral.jus.br/arquivos/tre-pr-revista-parana-eleitoral-n032-1999-graca-belov/rybena_pdf?file=http://www.justicaeleitoral.jus.br/arquivos/tre-pr-revista-parana-eleitoral-n032-1999-graca-belov/at_download/file>. Acesso em: 11 fev. 2020.

BERNARDI, D. P. S. **Curso didático de direito eleitoral.** 2. ed. Curitiba: Juruá, 2016.

BORN, R. C. **Ação rescisória no Direito Eleitoral no novo Código de Processo Civil.** 6. ed. Curitiba: Juruá, 2016a.

BORN, R. C. A tributação das emissoras de rádio e de televisão pela propaganda política obrigatória. **Paraná Eleitoral**, Curitiba, v. 5, n. 1, p. 145-164, jan./maio 2016b.

BORN, R. C. **Direito eleitoral internacional e comunitário.** 2. ed. Curitiba: Juruá, 2016c.

BORN, R. C. **Direito eleitoral militar.** 3. ed. Curitiba: Juruá, 2014a.

BORN, R. C. **Objeção de consciência**: restrições aos direitos políticos e fundamentais. Curitiba: Juruá, 2014b.

BORN, R. C. **Valores políticos, ideológicos, cívicos e culturais.** Curitiba: InterSaberes, 2017.

BORN, R. C.; KARPSTEIN, C. **Direito eleitoral para concursos.** 2. ed. Curitiba: Iesde, 2012.

BRASIL. Constituição (1967). **Diário Oficial da União**, Brasília, DF, 24 jan. 1967. Disponível em: <http://www.planalto.gov.br/ccivil_03/constituicao/constituicao67.htm>. Acesso em: 11 fev. 2020.

BRASIL. Constituição (1988). **Diário Oficial da União**, Brasília, DF, 5 out. 1988. Disponível em: <http://www.planalto.gov.br/ccivil_03/constituicao/constituicao.htm>. Acesso em: 11 fev. 2020.

BRASIL. Constituição (1988). Emenda Constitucional n. 45, de 30 de dezembro de 2004. **Diário Oficial da União**, Poder Legislativo, Brasília, DF, 16 dez. 2004a. Disponível em: <http://www.planalto.gov.br/ccivil_03/constituicao/emendas/emc/emc45.htm>. Acesso em: 18 mar. 2020.

BRASIL. Decreto-Lei n. 1.064, de 24 de outubro de 1969. **Diário Oficial da União**, Poder Executivo, Brasília, DF, 27 out. 1969. Disponível em: <http://www.planalto.gov.br/ccivil_03/Decreto-Lei/1965-1988/Del1064.htm>. Acesso em: 7 nov. 2019.

BRASIL. Decreto-Lei n. 2.848, de 7 de dezembro de 1940. **Diário Oficial da União**, Poder Executivo, Brasília, DF, 31 dez. 1940. Disponível em: <http://www.planalto.gov.br/ccivil_03/decreto-lei/del2848compilado.htm>. Acesso em: 12 fev. 2020.

BRASIL. Decreto-Lei n. 3.689, de 3 de outubro de 1941. **Diário Oficial da União**, Poder Executivo, Brasília, DF, 13 out. 1941. Disponível em: <http://www.planalto.gov.br/ccivil_03/decreto-lei/del3689.htm>. Acesso em: 12 fev. 2020.

BRASIL. Decreto-Lei n. 4.657, de 4 de setembro de 1942. **Diário Oficial da União**, Poder Executivo, Brasília, DF, 9 set. 1942. Disponível em: <http://www.planalto.gov.br/ccivil_03/decreto-lei/del4657.htm>. Acesso em: 15 fev. 2020.

Rogério Carlos Born

BRASIL. Decreto-Lei n. 5.452, de 1º de maio de 1943. **Diário Oficial da União**, Poder Executivo, Brasília, DF, 9 ago. 1943. Disponível em: <http://www.planalto.gov.br/ccivil_03/decreto-lei/del5452compilado.htm>. Acesso em: 15 fev. 2020.

BRASIL. Decreto n. 3.927, de 19 de setembro de 2001. Diário Oficial da União, Poder Executivo, Brasília, DF, 20 set. 2001. Disponível em: <http://www.planalto.gov.br/ccivil_03/decreto/2001/D3927.htm>. Acesso em: 7 nov. 2019.

BRASIL. Decreto n. 5.296, de 2 de dezembro de 2004. **Diário Oficial da União**, Poder Executivo, Brasília, DF, 3 dez. 2004. Disponível em: <http://www.planalto.gov.br/ccivil_03/_ato2004-2006/2004/decreto/d5296.htm>. Acesso em: 15 fev. 2020.

BRASIL. Decreto n. 6.105, de 30 de abril de 2007. **Diário Oficial da União**, Poder Executivo, Brasília, DF, 2 maio 2007. Disponível em: <http://www.planalto.gov.br/ccivil_03/_ato2007-2010/2007/decreto/D6105.htm>. Acesso em: 15 fev. 2020.

BRASIL. Decreto n. 57.654, de 20 de janeiro de 1966. **Diário Oficial da União**, Poder Executivo, Brasília, DF, 31 jan. 1966a. Disponível em: <http://www.planalto.gov.br/ccivil_03/decreto/D57654.htm>. Acesso em: 29 fev. 2020.

BRASIL. Lei Complementar n. 35, de 14 de março de 1979. **Diário Oficial da União**, Poder Legislativo, Brasília, DF, 14 mar. 1979. Disponível em: <http://www.planalto.gov.br/ccivil_03/leis/lcp/lcp35.htm>. Acesso em: 7 nov. 2019.

BRASIL. Lei Complementar n. 64, de 18 de maio de 1990. **Diário Oficial da União**, Poder Legislativo, Brasília, DF, 21 maio 1990. Disponível em: <http://www.planalto.gov.br/ccivil_03/leis/lcp/lcp64.htm>. Acesso em: 7 nov. 2019.

BRASIL. Lei Complementar n. 75, de 20 de maio de 1993. **Diário Oficial da União**, Poder Legislativo, Brasília, DF, 21 maio 1993a. Disponível em: <http://www.planalto.gov.br/ccivil_03/leis/lcp/lcp75.htm>. Acesso em: 7 nov. 2019.

BRASIL. Lei Complementar n. 78, de 30 de dezembro de 1993. **Diário Oficial da União**, Poder Legislativo, Brasília, DF, 5 jan. 1994a. Disponível em: <http://www.planalto.gov.br/ccivil_03/LEIS/LCP/Lcp78.htm>. Acesso em: 15 fev. 2020.

BRASIL. Lei Complementar n. 80, de 12 de janeiro de 1994. **Diário Oficial da União**, Poder Legislativo, Brasília, DF, 13 janeiro 1994b. Disponível em: <http://www.planalto.gov.br/ccivil_03/leis/lcp/Lcp80.htm>. Acesso em: 7 nov. 2019.

BRASIL. Lei Complementar n. 97, de 9 de junho de 1999. **Diário Oficial da União**, Poder Legislativo, Brasília, DF, 10 junho 1999. Disponível em: <http://www.planalto.gov.br/ccivil_03/leis/lcp/lcp97.htm>. Acesso em: 7 nov. 2019.

BRASIL. Lei Complementar n. 135, de 4 de junho de 2010. **Diário Oficial da União**, Poder Legislativo, Brasília, DF, 7 jun. 2010. Disponível em: <http://www.planalto.gov.br/ccivil_03/leis/lcp/lcp135.htm>. Acesso em: 7 nov. 2019.

BRASIL. Lei n. 1.060, de 5 de fevereiro de 1950. **Diário Oficial da União**, Poder Legislativo, Brasília, DF, 13 fev. 1950. Disponível em: <http://www.planalto.gov.br/ccivil_03/LEIS/L1060compilada.htm>. Acesso em: 7 nov. 2019.

BRASIL. Lei n. 4.375, de 17 de agosto de 1964. **Diário Oficial da União**, Poder Legislativo, Brasília, DF, 3 set. 1964a. Disponível em: <http://www.planalto.gov.br/ccivil_03/LEIS/L4375.htm>. Acesso em: nov. 2019.

BRASIL. Lei n. 4.410, de 24 de setembro de 1964. **Diário Oficial da União**, Poder Legislativo, Brasília, DF, 29 set. 1964b. Disponível em: <http://www.planalto.gov.br/ccivil_03/leis/1950-1969/L4410htm.htm>. Acesso em: 7 nov. 2019.

BRASIL. Lei n. 4.717, de 29 de junho de 1965. **Diário Oficial da União**, Poder Legislativo, Brasília, DF, 5 jul. 1965a. Disponível em: <http://www.planalto.gov.br/ccivil_03/leis/l4737.htm>. Acesso em: 7 nov. 2019.

BRASIL. Lei n. 4.737, de 15 de julho de 1965. **Diário Oficial da União**, Poder Legislativo, Brasília, DF, 19 jul. 1965b. Disponível em: <http://www.planalto.gov.br/ccivil_03/leis/l4737.htm>. Acesso em: 7 nov. 2019.

BRASIL. Lei n. 5.172, de 25 de outubro de 1966. **Diário Oficial da União**, Poder Legislativo, Brasília, DF, 27 out. 1966b. Disponível em: <http://www.planalto.gov.br/ccivil_03/leis/l5172.htm>. Acesso em: 7 nov. 2019.

BRASIL. Lei n. 6.091, de 15 de agosto de 1974. **Diário Oficial da União**, Poder Legislativo, Brasília, DF, 15 ago. 1974. Disponível em: <http://www.planalto.gov.br/ccivil_03/leis/L6091.htm>. Acesso em: 15 fev. 2020.

BRASIL. Lei n. 6.236, de 18 de setembro de 1975. **Diário Oficial da União**, Poder Legislativo, Brasília, DF, 19 set. 1975. Disponível em: <http://www.planalto.gov.br/ccivil_03/leis/1970-1979/L6236.htm>. Acesso em: 15 fev. 2020.

BRASIL. Lei n. 6.996, de 7 de junho de 1982. **Diário Oficial da União**, Poder Legislativo, Brasília, DF, 8 jun. 1982a. Disponível em: <http://www.planalto.gov.br/ccivil_03/leis/1980-1988/L6996.htm>. Acesso em: 7 nov. 2019.

BRASIL. Lei n. 6.999, de 7 de junho de 1982. **Diário Oficial da União**, Poder Legislativo, Brasília, DF, 8 jun. 1982b. Disponível em: <http://www.planalto.gov.br/ccivil_03/leis/L6999.htm>. Acesso em: 15 fev. 2020.

BRASIL. Lei n. 7.115, de 29 de agosto de 1983. **Diário Oficial da União**, Poder Legislativo, Brasília, DF, 30 ago. 1983a. Disponível em: <http://www.planalto.gov.br/ccivil_03/LEIS/L7115.htm>. Acesso em: 15 fev. 2020

BRASIL. Lei n. 7.170, de 14 de dezembro de 1983. **Diário Oficial da União**, Poder Legislativo, Brasília, DF, 15 dez. 1983b. Disponível em: <http://www.planalto.gov.br/ccivil_03/leis/l7170.htm>. Acesso em: 7 nov. 2019.

BRASIL. Lei n. 7.444, de 20 de dezembro de 1985. **Diário Oficial da União**, Poder Legislativo, Brasília, DF, 23 dez. 1985. Disponível em: <http://www.planalto.gov.br/ccivil_03/leis/1980-1988/L7444.htm>. Acesso em: 15 fev. 2020.

BRASIL. Lei n. 7.844, de 18 de outubro de 1989. **Diário Oficial da União**, Poder Legislativo, Brasília, DF, 19 out. 1989. Disponível em: <http://www.planalto.gov.br/ccivil_03/LEIS/L7844.htm>. Acesso em: 7 nov. 2019.

BRASIL. Lei n. 8.212, de 24 de julho de 1991. **Diário Oficial da União**, Poder Legislativo, Brasília, DF, 25 jul. 1991. Disponível em: <http://www.planalto.gov.br/ccivil_03/leis/L8212cons.htm#art12vh>. Acesso em: 15 fev. 2020.

BRASIL. Lei n. 8.429, de 2 de junho de 1992. **Diário Oficial da União**, Poder Legislativo, Brasília, DF, 3 jun. 1992. Disponível em: <http://www.planalto.gov.br/ccivil_03/LEIS/L8429.htm>. Acesso em: 29 fev. 2020.

BRASIL. Lei. n. 8.625, de 12 de fevereiro de 1993. **Diário Oficial da União**, Poder Legislativo, Brasília, DF, 15 fev. 1993b. Disponível em: <http://www.planalto.gov.br/ccivil_03/LEIS/L8625.htm>. Acesso em: 15 fev. 2020.

BRASIL. Lei n. 8.906, de 4 de julho de 1994. **Diário Oficial da União**, Poder Legislativo, Brasília, DF, 5 jul. 1994c. Disponível em: <http://www.planalto.gov.br/ccivil_03/leis/L8906.htm>. Acesso em: 7 nov. 2019.

BRASIL. Lei n. 9.096, de 19 de setembro de 1995. **Diário Oficial da União**, Poder Legislativo, Brasília, DF, 20 set. 1995. Disponível em: <http://www.planalto.gov.br/ccivil_03/leis/l9096.htm>. Acesso em: 7 nov. 2019.

BRASIL. Lei n. 9.265, de 12 de fevereiro de 1996. Diário Oficial da União, Poder Legislativo, Brasília, DF, 13 fev. 1996. Disponível em: <http://www.planalto.gov.br/ccivil_03/LEIS/L9265.htm>. Acesso em: 15 fev. 2020.

BRASIL. Lei n. 9.504, de 30 de setembro de 1997. **Diário Oficial da União**, Poder Legislativo, Brasília, DF, 1º out. 1997. Disponível em: <http://www.planalto.gov.br/ccivil_03/leis/L9504.htm>. Acesso em: 7 nov. 2019.

BRASIL. Lei n. 9.709, de 18 de novembro de 1998. **Diário Oficial da União**, Poder Legislativo, Brasília, DF, 19 nov. 1998. Disponível em: <http://www.planalto.gov.br/ccivil_03/leis/L9709.htm>. Acesso em: 15 fev. 2020.

BRASIL. Lei n. 10.406, de 10 de janeiro de 2002. **Diário Oficial da União**, Poder Legislativo, Brasília, DF, 11 jan. 2002. Disponível em: <http://www.planalto.gov.br/ccivil_03/LEIS/2002/L10406.htm>. Acesso em: 7 nov. 2019.

BRASIL. Lei n. 10.741, de 1º de outubro de 2003. **Diário Oficial da União**, Poder Legislativo, Brasília, DF, 3 out. 2003. Disponível em: <http://www.planalto.gov.br/ccivil_03/leis/2003/l10.741.htm>. Acesso em: 15 fev. 2020.

BRASIL. Lei n. 11.300, de 10 de maio de 2006. **Diário Oficial da União**, Brasília, DF, 11 maio 2006. Disponível de: <http://www.planalto.gov.br/ccivil_03/_Ato2004-2006/2006/Lei/L11300.htm>. Acesso em: 15 fev. 2020.

BRASIL. Lei n. 13.105, de 16 de março de 2015. **Diário Oficial da União**, Brasília, DF, 17 mar. 2015a. Disponível de: <http://www.planalto.gov.br/ccivil_03/_ato2015-2018/2015/lei/l13105.htm>. Acesso em: 15 fev. 2020.

BRASIL. Lei n. 13.146, de 6 de julho de 2015. **Diário Oficial da União**, Brasília, DF, 7 jul. 2015b. Disponível de: <http://www.planalto.gov.br/ccivil_03/_ato2015-2018/2015/lei/l13146.htm>. Acesso em: 29 fev. 2020.

BRASIL. Lei n. 13.165, de 29 de setembro de 2015. **Diário Oficial da União**, Brasília, DF, 29 set. 2015c. Disponível de: <http://www.planalto.gov.br/ccivil_03/_ato2015-2018/2015/lei/l13165.htm>. Acesso em: 29 fev. 2020.

BRASIL. Lei n. 13.445, de 24 de maio de 2017. **Diário Oficial da União**, Poder Legislativo, Brasília, DF, 25 maio 2017a. Disponível em: <http://www.planalto.gov.br/ccivil_03/_ato2015-2018/2017/lei/L13445.htm>. Acesso em: 7 nov. 2019.

BRASIL. Lei n. 13.487, de 6 de outubro de 2017. **Diário Oficial da União**, Poder Legislativo, Brasília, DF, 6 out. 2017b. Disponível em: <http://www.planalto.gov.br/ccivil_03/_ato2015-2018/2017/lei/l13487.htm>. Acesso em: 29 fev. 2019.

BRASIL. Receita Federal. Instrução Normativa n. 1.634, de 6 de maio de 2016. **Diário Oficial da União**, 9 maio 2016. Disponível de: <http://normas.receita.fazenda.gov.br/sijut2consulta/link.action?idAto=73658>. Acesso em: 12 fev. 2020.

BRETAS, C. P. **Urna eletrônica e (des)confiança no processo eleitoral**. Rio de Janeiro: Lumen Juris, 2018.

CÂNDIDO, J. J. **Direito eleitoral brasileiro**. 8. ed. Bauru: Edipro, 2000.

CARVALHO FILHO, J. dos S. **Manual de direito administrativo**. 17. ed. Rio de Janeiro: Lumen Juris, 2007.

CARVALHO NETO, I. de. **Curso de direito civil brasileiro**: teoria geral do direito civil. Curitiba: Juruá, 2008. v. 1.

CERQUEIRA, T. T. P. L. P. **Direito eleitoral brasileiro**: o Ministério Público Eleitoral, as eleições em face das leis 9.504/97, 9.840/99, 10.732/03, 10.740/03 e 10.792/03, EC 35/01 (imunidade parlamentar e restrições). 3. ed. Belo Horizonte: Del Rey, 2004.

CERQUEIRA, T. T. P. L. P. **Preleções de direito eleitoral**: direito material. Rio de Janeiro: Lumen Juris, 2006.

CÍCERO, M. T. **Manual do candidato às eleições. Carta do bom administrador público. Pensamentos políticos selecionados**. São Paulo: Nova Alexandria, 2000.

CIDH – Comissão Interamericana de Direitos Humanos. **Declaração Americana dos Direitos e Deveres do Homem**. Bogotá, 1948. Disponível em: <https://www.cidh.oas.org/basicos/portugues/b.Declaracao_Americana.htm>. Acesso em: 29 fev. 2020.

CONCEIÇÃO, T. de M. **Direitos políticos fundamentais**: a sua suspensão por condenação criminal e por improbidade administrativa. 3. ed. Curitiba: Juruá, 2014.

CONEGLIAN, O. **Propaganda eleitoral**. 14. ed. Curitiba: Juruá, 2018.

CONSELHO NACIONAL DO MINISTÉRIO PÚBLICO. Resolução n. 5, de 20 de março de 2006. **Diário da Justiça**, 24 mar. 2006. Disponível em: <http://pesquisa.in.gov.br/imprensa/jsp/visualiza/index.jsp?jornal=4&pagina=922&data=24/03/2006>. Acesso em: 29 fev. 2020.

COSTA, A. S. **Inabilitação para mandato eletivo**. Belo Horizonte: Ciência Jurídica, 1998.

COSTA, A. S. Inelegibilidade e inabilitação no direito eleitoral. **Paraná Eleitoral**, Curitiba, n. 29, p. 61-64, jul./set. 1998.

COSTA, A. S. **Instituições de direito eleitoral**: teoria da inelegibilidade – direito processual eleitoral. 10. ed. Belo Horizonte: Fórum, 2016.

COSTA, A. S. **Teoria da inelegibilidade e o direito processual eleitoral**. Belo Horizonte: Del Rey, 1998.

COSTA, T. Ação rescisória no direito eleitoral. **Estudos Eleitorais**, Brasília, DF, v. 2, n. 1, p. 53-57, jan./abr. 1998. Disponível em: <http://bibliotecadigital.tse.jus.br/xmlui/handle/bdtse/1132>. Acesso em: 19 mar. 2020.

COSTA, A. T. **Recursos em matéria eleitoral**. Belo Horizonte: Del Rey, 1997.

COSTA, R.; COSTA, T. P. **Técnicas de persuasão na propaganda eleitoral**. São Paulo: Fiuza, 2004.

DECOMAIN, P. R. **Elegibilidade e inelegibilidades**. 2. ed. São Paulo: Dialética, 2004.

DI PIETRO, M. S. Z. **Direito administrativo**. 12. ed. São Paulo: Atlas, 2000.

DISTRITO FEDERAL. Câmara Legislativa do Distrito Federal. Lei Orgânica do Distrito Federal. **Diário Oficial do Distrito Federal**, Brasília, 9 de junho de 1993. Disponível em: <https://www2.senado.leg.br/bdsf/bitstream/handle/id/70442/LO_DF_ELO_102.pdf?sequence=9&isAllowed=y>. Acesso em: 15 fev. 2020.

ERICEIRA, J. B. **Painel temático sobre rejeição de contas e inelegibilidade, questões eleitorais controvertidas promovido pelo Instituto Maranhense de Direito Eleitoral-IMADE**. 28 set. 2006. Disponível em: <https://www.oab.org.br/ena/users/gerente/120093036664174131941.pdf>. Acesso em: 14 out. 2016.

ESCOLHIDO pelo povo: a eleição de Barack Obama. Direção: Amy Rice e Alicia Sams. Manaus: HBO, 2009. 116 min.

FERRARI, B.; VENTICINQUE, D. Qual será o papel da internet nas eleições? **Época**, 24. abr. 2010.

FERRAZ, F. **12 receitas para perder uma eleição**: II. Tornar-se o alvo de um escândalo; III. Manchas, dúvidas e estigmas na biografia. Porto Alegre: AD2000, 2006a.

FERRAZ, F. **12 receitas para perder uma eleição**: IV. O pouso no escuro: ignorar o que o povo pensa; V. Muito cuidado com o efeito desagregador das pesquisas. Porto Alegre: AD2000, 2006b.

FERRAZ, F. **12 receitas para perder uma eleição**: IX. Os programas de rádio e TV: muito por pouco; X. Debates sem repercussão favorável e sem edição própria pouco valem. Porto Alegre: AD2000, 2006c.

FERRAZ, F. **A construção da imagem 2**: tipos de imagens mais frequentes na política. Como usar suas vantagens e evitar seus riscos e desvantagens. Porto Alegre: AD2000, 2004a.

FERRAZ, F. **A construção da imagem**: eles não votam em você. Votam na sua imagem. Por falar nisso, qual é mesmo a sua imagem? Porto Alegre: AD2000, 2004b.

FERRAZ, F. **A pesquisa na campanha eleitoral 1**: pesquisa quantitativa (survey), amostra e questionário. Porto Alegre: AD2000, 2004c.

FERRAZ, F. **A pesquisa na campanha eleitoral 2**: tamanho da amostra, margem de erro, perguntas do questionário e pesquisa de tracking. Porto Alegre: AD2000, 2004d.

FERRAZ, F. **A pesquisa na campanha eleitoral 3**: pesquisa quantitativa e pesquisa de investigação do adversário. Porto Alegre: AD2000, 2004e.

FERRAZ, F. **A sedução na política e a oratória da sedução**. Porto Alegre: AD2000, 2006d.

FERRAZ, F. **As fases da campanha eleitoral**. Porto Alegre: AD2000, 2006e.

FERRAZ, F. **Conheça o eleitor**: saiba como ele se informa, o que ele pensa e como decide seu voto. Porto Alegre: AD2000, 2004f.

FERRAZ, F. **Manual breve de oratória política**. Porto Alegre: AD2000, 2006e.

FERREIRA, D. **Sanções administrativas**. São Paulo: Malheiros, 2001.

FIGUEIREDO, C. **Manual do candidato a vereador**. São Paulo: Laser Press, 2000.

FUX, L. et al. **Tratado de direito eleitoral**. Belo Horizonte: Forum, 2018. 8 v.

GOMES, J. J. **Direito eleitoral**. 14. ed. São Paulo: Atlas, 2018.

GRAEFF, A. **Eleições 2.0**: a internet e as mídias sociais no processo eleitoral. São Paulo: Publifolha, 2009.

IRMÃO, J. A. **A Perseverança III e Sorocaba**. Sorocaba: Fundação Ubaldino do Amaral, 1999. v. 1: da fundação à proclamação da República.

JARDIM, T. **Introdução ao direito eleitoral positivo**: conforme revisão constitucional e a Lei n. 8.713/93. Brasília: Brasília Jurídica, 1994.

JARDIM, T. **Introdução ao direito eleitoral positivo**: conforme revisão constitucional e a Lei n. 8.713/93. 2. ed. Brasília: Brasília Jurídica, 1998.

JORGE, F. C.; LIBERATO, L.; RODRIGUES, M. A. **Curso de direito eleitoral**. Salvador: JusPodivm, 2016.

MEIRELLES, H. L. **Direito administrativo brasileiro**. 23. ed. São Paulo: Malheiros, 1998.

MENDES, A. C. **Introdução à teoria das inelegibilidades**. São Paulo: Malheiros, 1994.

MICHELS, V. M. N. **Direito eleitoral**. Porto Alegre: Livraria do Advogado, 1998.

MORAIS, A. **Direito constitucional**. 22. ed. São Paulo: Atlas, 2007.

NERY JÚNIOR, N.; NERY, R. M. A. **Código de Processo Civil comentado e legislação processual civil extravagante em vigor**: atualizado até 22.02.2001. 5. ed. São Paulo, Revista dos Tribunais, 2001.

NIESS, P. H. T. A ação rescisória na visão do STF e do TSE e outras anotações. **Paraná Eleitoral**, Curitiba, n. 30, p. 25-38, jan./ mar. 2000.

NIESS, P. H. T. **Ação rescisória eleitoral**. Belo Horizonte: Del Rey, 1997.

NIESS, P. H. T. **Direitos políticos, condições de elegibilidade e inelegibilidades**. São Paulo: Saraiva, 1994.

PARANÁ. Ministério Público. Concurso para Promotor de Justiça Substituto do Paraná. Prova preambular: questão 18, assertiva III. 22 jun. 2008. Disponível em: <http://concursos.mppr. mp.br/concursos/detalhes_concurso/1>. Acesso em: 29 fev. 2020.

PEREIRA, R. N. O poder normativo do Tribunal Superior Eleitoral. **Correio Braziliense**, Caderno Direito e Justiça, 2 jun. 2002.

PERNAMBUCO. Lei n. 11.304, de 28 de dezembro de 1995. **Diário Oficial do Estado**, 28 dez. 1995. Disponível em: <http://legis. alepe.pe.gov.br/texto.aspx?id=2249&tipo=TEXTOATUALIZ ADO>. Acesso em: 29 fev. 2020.

PORTUGAL. **Constituição da República Portuguesa**. Lisboa, 25 de abril de 1976. Disponível em: <https://www.parlamento. pt/Legislacao/paginas/constituicaorepublicaportuguesa.aspx>. Acesso em: 29 fev. 2020.

PORTUGAL. Lei n. 14, de 25 de abril de 1979. **Diário da República**, 16 maio 1979. Disponível em: <https:// dre.pt/web/guest/pesquisa/-/search/382590/details/ normal?q=Lei+n.%C2%BA%2014%2F79%2C%20 de+16+de+maio>. Acesso em: 12 fev. 2020.

RAMAYANA, M. **Direito eleitoral**. 8. ed. Niterói: Impetus, 2008.

RAMAYANA, M. **Direito eleitoral**: noções gerais. Rio de Janeiro: Tele-jur, 2002. 170 min.

RAMAYANA, M. **Lei 9.504 de 03/09/97**. Rio de Janeiro: Tele-jur, 2002. 84 min.

RAMAYANA, M. **Lei das inelegibilidades**. Rio de Janeiro: Tele-jur, 2002. 84 min.

Rogério Carlos Born

REIS, M. J.; CASTRO, E. de R.; OLIVEIRA, M. R. (Coord.). **Ficha limpa**: interpretada por juristas e responsáveis pela iniciativa popular. Bauru: Edipro, 2010.

RIBEIRO, F. **Direito eleitoral**. 4. ed. Rio de Janeiro: Forense, 1997.

ROSSI, L. B. et al. **Direito eleitoral e ciência política**. Goiânia: Espaço Acadêmico, 2018.

SALGADO, E. D. **Princípios constitucionais eleitorais**. Belo Horizonte: Fórum, 2010.

SALGADO, E. D.; DANTAS, I. (Coord.). **Partidos políticos e seu regime jurídico**. Curitiba: Juruá, 2013.

SANTA CATARINA. Constituição (1989). **Diário da Constituinte**, Florianópolis, 5 out. 1989. Disponível em: <http://leis.alesc. sc.gov.br/html/constituicao_estadual_1989.html>. Acesso em: 29 fev. 2020.

SANTANO, A. C. **Candidaturas independentes**. Curitiba: Íthala, 2018.

SANTANO, A. C. **O financiamento da política**: teoria geral e experiências no direito comparado. 2. ed. Curitiba: Íthala, 2018.

SCOLESE, E.; CORRÊA, H. **Eleições na estrada**: jornalismo e realidade nos grotões do país. São Paulo: Publifolha, 2009.

SELMA: uma luta pela igualdade. Direção: Ava DuVernay. Reino Unido/EUA, 2015. 128 min.

SENADO FEDERAL. Projeto de Lei do Senado n. 30. Dá nova redação aos arts. 23 e 25 da Lei nº 9.096, de 19 de setembro de 1995 (Lei dos Partidos Políticos) dispondo sobre o direito à objeção de consciência. Autoria: Senador Marco Maciel. 24 fev. 2005. Disponível em: <http://www.senado.gov.br/atividade/ materia/detalhes.asp?p_cod_mate=72536>. Acesso em: 7 nov. 2019.

SILVA, J. A. **Ação popular constitucional**. São Paulo: Revista dos Tribunais, 1968.

SILVA, J. A. **Curso de direito constitucional positivo**. 15. ed. São Paulo: Malheiros, 1998.

SOBREIRO NETO, A. A. **Direito eleitoral**: teoria e prática. 4. ed. Curitiba: Juruá, 2008.

SPAKI, M.; BORN, R. C.; BOBATO, Z. **Cartilha de orientação política**: os cristãos e as eleições 2018 – "Alegres por causa da esperança". Curitiba: CNBB, 2018.

STF – Supremo Tribunal Federal. Ação Direta de Inconstitucionalidade – Medida Cautelar n. 1.127/DF. Relator: Ministro Paulo Brossard. **Diário da Justiça Eletrônico**, Brasília, DF, 29 jun. 2001a.

STF – Supremo Tribunal Federal. Ação Direta de Inconstitucionalidade n. 1.351/DF. Relator: Ministro Marco Aurélio Mello. **Diário da Justiça Eletrônico**, Brasília, DF, 30 mar. 2007.

STF – Supremo Tribunal Federal. Ação Direta de Inconstitucionalidade n. 1.459/DF. Relator: Ministro Sydney Sanches. **Diário da Justiça Eletrônico**, Brasília, DF, 7 maio 1999.

STF – Supremo Tribunal Federal. Ação Direta de Inconstitucionalidade n. 1.480/DF (Medida Cautelar). Relator: Ministro Celso de Mello. **Diário da Justiça Eletrônico**, Brasília, DF, 8 ago. 2001b.

STF – Supremo Tribunal Federal. Ação Direta de Inconstitucionalidade – medida cautelar n. 1.805/DF. Relator: Ministro Néri da Silveira. **Diário da Justiça Eletrônico,** Brasília, DF, 14 nov. 2003. Disponível em: <https://stf.jusbrasil. com.br/jurisprudencia/741152/medida-cautelar-na-acao-direta-de-inconstitucionalidade-adi-mc-1805-df>. Acesso em: 15 fev. 2020.

STF – Supremo Tribunal Federal. Ação Direta de Inconstitucionalidade n. 3.999/DF. Relator: Ministro Joaquim Barbosa. **Diário da Justiça Eletrônico**, Brasília, DF, 17 abr. 2009. Disponível em: <https://stf.jusbrasil.com.br/ jurisprudencia/14716877/acao-direta-de-inconstitucionalid ade-adi-3999-df>. Acesso em: 15 fev. 2020.

STF – Supremo Tribunal Federal. Ação Direta de Inconstitucionalidade – medida liminar n. 4.451/DF. Relator: Ministro Alexandre de Moraes. **Diário da Justiça Eletrônico**, Brasília, DF, 24 ago. 2010.

STF – Supremo Tribunal Federal. Ação Direta de Inconstitucionalidade n. 5.525/DF. Relator: Ministro Roberto Barroso. **Diário da Justiça Eletrônico**, Brasília, DF, 9 mar. 2018. Disponível em: <http://stf.jus.br/portal/diarioJustica/ verDiarioProcesso.asp?numDj=275&dataPublicacaoDj=12/12/2 019&incidente=4982251&codCapitulo=2&numMateria=32168 &codMateria=8> Acesso em: 15 fev. 2020.

STF – Supremo Tribunal Federal. Agravo de Instrumento n. 135.452/DF. Relator: Ministro Carlos Velloso. **Diário da Justiça Eletrônico**, Brasília, DF, 14 jun. 1991.

STF – Supremo Tribunal Federal. Habeas corpus n. 99.490/ SP. Relator: Ministro Joaquim Barbosa. **Diário da Justiça Eletrônico**, Brasília, DF, 31 jan. 2011.

STF – Supremo Tribunal Federal. Inquérito n. 4.435. Relator: Ministro Roberto Barroso. **Diário da Justiça Eletrônico**, Brasília, DF, 11 abr. 2019.

STF – Supremo Tribunal Federal. Mandado de Segurança n. 26.604-0/DF. Relatora: Ministra Cármen Lúcia. **Diário da Justiça Eletrônico**, Brasília, DF, 3 out. 2008. Disponível em: <http://www.sbdp.org.br/arquivos/material/1192_MS_26604_ementa.pdf>. Acesso em: 15 fev. 2020.

STF – Supremo Tribunal Federal. Questão de ordem no segundo recurso criminal n. 1.468/RJ. Relator: Ministro Ilmar Galvão. Relator para o acórdão: Ministro Moreira Alves. Revisor: Ministro Nelson Jobim. **Diário da Justiça Eletrônico**, Brasília, DF, 16 ago. 2000.

STJ – Superior Tribunal de Justiça. Embargos de Declaração no Recurso Especial n. 538.240/MG. Relatora: Ministra Eliana Calmon. **Diário da Justiça Eletrônico**, Brasília, DF, 30 abr. 2007.

STJ – Superior Tribunal de Justiça. Recurso em Habeas Corpus n. 21.628-SP. Relatora: Ministra Laurita Vaz. **Diário da Justiça Eletrônico**, Brasília, DF, 3 fev. 2009a.

STJ – Superior Tribunal de Justiça. Súmula n. 192. **Diário da Justiça Eletrônico**, 1º ago. 1997. Disponível em: <http://www.tse.jus.br/legislacao/codigo-eleitoral/sumulas/sumulas-do-stj/sumula-nb0-192>. Acesso em: 29 fev. 2020.

STJ – Superior Tribunal de Justiça. Súmula n. 368. **Diário da Justiça Eletrônico**, 3 dez. 2008. Disponível em: <http://www.tse.jus.br/legislacao/codigo-eleitoral/sumulas/sumulas-do-stj/sumula-nb0-368-stj>. Acesso em: 15 fev. 2020.

STJ – Superior Tribunal de Justiça. Súmula n. 374. **Diário da Justiça Eletrônico**, 30 mar. 2009b. Disponível em: <http://www.tse.jus.br/legislacao/codigo-eleitoral/sumulas/sumulas-do-stj/sumula-nb0-374-stj>. Acesso em: 15 fev. 2020.

STOCO, R.; STOCO, L. O. **Legislação eleitoral interpretada**: doutrina e jurisprudência. 2. ed. São Paulo: Revista dos Tribunais, 2006.

TJ-PR – Tribunal de Justiça do Estado do Paraná. Código de normas da Corregedoria-Geral da Justiça do Tribunal de Justiça do Estado do Paraná. **Foro Judicial**: Provimento n. 60/2005 e alterações. Disponível em <https://www.tjpr.jus.br/documents/11900/499063/C%C3%B3digo+de+Normas+-+Foro+Judicial+-+31-08-2015/af1b6cb1-016b-460a-8a30-d9b746d406c1>. Acesso em: 11 mar. 2020.

TJ-SE – Tribunal de Justiça de Sergipe. **Concurso para o cargo de Juiz Substituto do Estado de Sergipe, questão 6, assertiva "b", prova objetiva aplicada em 8 jun. 2008.** Cespe/UNB. Disponível em: <http://www.cespe.unb.br/concursos/_antigos/2007/TJSE2007/arquivos/TJSE07_001_1.PDF>. Acesso em: 14 mar. 2020

TRE-DF – Tribunal Regional Eleitoral do Distrito Federal. Instrução n. 34. Relator: Juiz José Eduardo Rangel de Alckmin. **Diário da Justiça**, 24 abr. 1998.

TRE-GO – Tribunal Regional Eleitoral de Goiás. Representação n. 060314797. Relator: Juliano Taveira Bernardes. **Diário da Justiça**, 1º out. 2018.

TRE-MG – Tribunal Regional Eleitoral de Minas Gerais. Recurso Eleitoral 5.674. Relator Antônio Romanelli. **Diário da Justiça Eletrônico**, 3 fev. 2009.

TRE-PR – Tribunal Regional Eleitoral do Paraná. Recurso Eleitoral n. 914. Relator: Desembargador Roberto Pacheco Rocha. **Diário da Justiça**, 28 ago. 2000.

TRE-PR – Tribunal Regional Eleitoral do Paraná. Recurso Eleitoral n. 2.214/Fênix. Relator: Juiz Manoel Caetano Ferreira Filho. **Diário da Justiça**, 4 ago. 2004a.

TRE-PR – Tribunal Regional Eleitoral do Paraná. Recurso Eleitoral n. 2.238/Santo Inácio. Relator: Juiz Fernando Quadros da Silva. **Diário da Justiça**, 3 ago. 2004b.

TRE-PR – Tribunal Regional Eleitoral do Paraná. Recurso Eleitoral n. 28.293/Ivaté. Relator: Desembargador José Ulysses Silveira Lopes. **Diário da Justiça**, 30 ago. 2004c.

TRE-PR – Tribunal Regional Eleitoral do Paraná. Representação n. 0600824-27.2018.6.16.0000. Relatora: Graciane Aparecida do Valle Lemos. **Diário da Justiça**, 12 set. 2018.

TRE-RN – Tribunal Regional Eleitoral do Rio Grande do Norte. Representação n. 060058257. Relator: Almiro José da Rocha Lemos. **Diário da Justiça**, 12 set. 2018.

TRE-SC – Tribunal Regional Eleitoral de Santa Catarina. Recurso de cancelamento de inscrições de eleitores n. 16.117/Laurentino. **Diário da Justiça**, 21 mar. 2000.

TRE-SP – Tribunal Regional Eleitoral de São Paulo. Recurso Cível n. 28.553/São José do Rio Preto/SP. Relator: Juiz Waldir Sebastião de Nuevo Campos Júnior. **Diário Oficial do Estado**, São Paulo, 31 maio 2007.

TRE-SP – Tribunal Regional Eleitoral de São Paulo. Recurso Eleitoral n. 14.428. Relator juiz Souza Pires. **Diário Oficial do Estado**, São Paulo, 7 ago. 2000.

TSE – Tribunal Superior Eleitoral. Agravo de Instrumento n. 2.007. Decisão monocrática, 1º ago. 2018. Relator: Ministro Admar Gonzaga Neto. **Diário da Justiça Eletrônico**, Brasília, DF, 6 ago. 2018a.

TSE – Tribunal Superior Eleitoral. Agravo de Instrumento n. 11.632. Relator: Ministro Carlos Velloso. **Diário da Justiça Eletrônico**, Brasília, DF, 7 out. 1994.

TSE – Tribunal Superior Eleitoral. Agravo de Instrumento n. 13.146. Relator: Ministro Gilmar Mendes. **Diário da Justiça Eletrônico**, Brasília, DF, 2 ago. 2017a.

TSE – Tribunal Superior Eleitoral. Agravo de Instrumento n. 81.736. Relatora: Ministra Rosa Weber. **Diário da Justiça Eletrônico**, Brasília, DF, 5 mar. 2018b.

TSE – Tribunal Superior Eleitoral. Agravo de Instrumento n. 181.917. Relator: Ministro Arnaldo Versiani. **Diário da Justiça Eletrônico**, Brasília, DF, 12 mai. 2011a.

TSE – Tribunal Superior Eleitoral. Agravo de Instrumento n. 369.337. Relator: Ministro Marcelo Ribeiro. **Diário da Justiça Eletrônico**, Brasília, DF, 15 fev. 2011b.

TSE – Tribunal Superior Eleitoral. Agravo de Instrumento n. 375.310. Relator: Ministro Arnaldo Versiani. **Diário da Justiça Eletrônico**, Brasília, DF, 6 jun. 2011c.

TSE – Tribunal Superior Eleitoral. Agravo Regimental no Agravo de Instrumento n. 781.963. Relator: Ministro Gilmar Mendes. Diário da Justiça Eletrônico, Brasília, DF, 3 fev. 2017b.

TSE – Tribunal Superior Eleitoral. Agravo Regimental em Medida Cautelar n. 2.303/Dirce Reis-SP. Relator: Ministro Carlos Eduardo Caputo Bastos. **Diário da Justiça Eletrônico**, Brasília, DF, 5 jun. 2008a. Disponível em: <http://www.tse.jus.br/hotsites/catalogo-publicacoes/pdf/revista_jurisprudencia/RJTSE19_3.pdf>. Acesso em: 15 fev. 2020.

TSE – Tribunal Superior Eleitoral. Agravo Regimental em Recurso Especial Eleitoral n. 334-37/Campo Largo – PR. Relatora: Ministra Luciana Lóssio. **Diário da Justiça Eletrônico**, Brasília, DF, 30 out. 2012a.

TSE – Tribunal Superior Eleitoral. Agravo Regimental em Recurso Especial Eleitoral n. 20.608/Paranatinga – MT. Relatora: Ministra Luciana Lóssio. **Diário da Justiça Eletrônico**, Brasília, DF, 2 maio 2013a.

TSE – Tribunal Superior Eleitoral. Agravo Regimental em Recurso Especial Eleitoral n. 26.587/Brasília – DF. Relator: Ministro Gerardo Grossi. **Diário da Justiça Eletrônico**, Brasília, DF, 20 set. 2006a.

TSE – Tribunal Superior Eleitoral. Agravo Regimental em Recurso Especial Eleitoral n. 32.753. Relatora: Ministra Eliana Calmon. **Diário da Justiça Eletrônico**, Brasília, DF, 21 out. 2008b.

TSE – Tribunal Superior Eleitoral. Agravo Regimental em Recurso Ordinário n. 460.379. Relator: Ministro Marcelo Henriques Ribeiro de Oliveira. **Diário da Justiça Eletrônico**, Brasília, DF, 6 out. 2010a.

TSE – Tribunal Superior Eleitoral. Agravo Regimental no Agravo de Instrumento n. 781.963/RJ. Relator: Ministro Gilmar Mendes. **Diário da Justiça Eletrônico**, Brasília, DF, 3 fev. 2017b.

TSE – Tribunal Superior Eleitoral. Consulta n. 1.164/DF. Relator: Ministro Cesar Asfor Rocha. **Diário da Justiça Eletrônico**, Brasília, DF, 7 out. 2005a.

TSE – Tribunal Superior Eleitoral. Consulta n. 9.274/PR. Relator: Ministro Sebastião Reis. **Diário da Justiça Eletrônico**, Brasília, DF, 18 ago. 1988.

TSE – Tribunal Superior Eleitoral. Consulta n. 10.694. Relator: Ministro Henrique Neves da Silva. **Diário da Justiça Eletrônico**, Brasília, DF, 9 maio 2016a.

TSE – Tribunal Superior Eleitoral. Consulta n. 20.598/Brasília-DF. Relator: Ministro Walter Ramos da Costa Porto. **Diário da Justiça Eletrônico**, Brasília, DF, 26 ago. 2000a.

TSE – Tribunal Superior Eleitoral. Resolução n. 20.958, de 18 de dezembro de 2001. **Diário da Justiça**, Brasília, DF, 26 fev. 2002. Disponível em: <http://www.tse.jus.br/legislacao/codigo-eleitoral/normas-editadas-pelo-tse/resolucao-nb0-20.958-de-18-de-dezembro-de-2001-brasilia-2013-df>. Acesso em: 29 fev. 2020.

TSE – Tribunal Superior Eleitoral. Consulta n. 38.580. Relator: Ministro Henrique Neves da Silva. **Diário da Justiça Eletrônico**, Brasília, DF, 2 ago. 2017c.

TSE – Tribunal Superior Eleitoral. Consulta n. 79.636. Relator: Ministro Marco Aurélio. **Revista de Jurisprudência do Tribunal Superior Eleitoral**, v. 21, n. 3, p. 92, 16 jun. 2010b.

TSE – Tribunal Superior Eleitoral. Embargos de Declaração em Agravo Regimental em Agravo de Instrumento n. 6.642. Relator: Ministro Antonio Cezar Peluso. **Diário da Justiça Eletrônico**, Brasília, DF, 13 jun. 2007a.

TSE – Tribunal Superior Eleitoral. Embargos de Declaração em Agravo Regimental em Recurso Especial Eleitoral n. 31.279/ Rio de Janeiro-RJ. Relator: Ministro Felix Fischer. **Diário da Justiça Eletrônico**, Brasília, DF, 11 out. 2008c.

TSE – Tribunal Superior Eleitoral. Embargos de Declaração em Recurso Especial Eleitoral n. 25.855/Pojuca-BA. Relator: Ministro Carlos Augusto Ayres De Freitas Britto. **Diário da Justiça Eletrônico**, Brasília, DF, 11 abr. 2008d.

TSE – Tribunal Superior Eleitoral. *Habeas Corpus* n. 20.302. Decisão monocrática, 15 maio 2013. Relator: Ministro José Antônio Dias Toffoli. **Diário da Justiça Eletrônico**, Brasília, DF, 22 maio 2013b.

TSE – Tribunal Superior Eleitoral. Processo Administrativo n. 6.971/Fortaleza-CE. Relator: Ministro José Guilherme Villela. **Diário de Justiça Eletrônico**, Brasília, DF, 17 ago. 1984.

TSE – Tribunal Superior Eleitoral. Processo Administrativo n. 20.249. Relator: Ministro Gilmar Mendes. **Diário da Justiça Eletrônico**, Brasília, DF, 15 fev. 2017d.

TSE – Tribunal Superior Eleitoral. Processo Administrativo n. 108.906. Relator: Ministro Marco Aurélio. **Diário da Justiça Eletrônico**, Brasília, DF, 16 set. 2010c.

TSE – Tribunal Superior Eleitoral. Processo Administrativo n. 163.959. Relator: Ministro Dias Toffoli. **Diário da Justiça Eletrônico**, Brasília, DF, 4 nov. 2014a.

TSE – Tribunal Superior Eleitoral. Processo Administrativo n. 348.38. Relator: Ministro Aldir Passarinho Junior. **Diário da Justiça Eletrônico**, Brasília, DF, 26 nov. 2010d.

TSE – Tribunal Superior Eleitoral. Processo Administrativo n. 57.514. Relatora: Ministra Luciana Lóssio. **Diário da Justiça Eletrônico**, Brasília, DF, 22 ago. 2014b.

TSE – Tribunal Superior Eleitoral. Recurso em Habeas Corpus n. 103.379/Maceió-AL. Relatora: Ministra Nancy Andrighi. **Diário da Justiça Eletrônico**, Brasília, DF, 30 maio 2012b.

TSE – Tribunal Superior Eleitoral. Recurso em Mandado de Segurança n. 167/Montes Claros-MG. Relator: Ministro Waldemar Zveiter. **Diário da Justiça Eletrônico**, Brasília, DF, 27 abr. 2001a.

TSE – Tribunal Superior Eleitoral. Recurso Especial n. 1.943/Irai-RS. Relator: Ministro Pedro Paulo Pena e Costa. **Diário da Justiça Eletrônico**, Brasília, DF, 10 jul. 1952.

TSE – Tribunal Superior Eleitoral. Recurso Especial n. 10.880. Relator: Ministro Admar Gonzaga. **Diário da Justiça Eletrônico**, Brasília, DF, 17 ago. 2017e.

TSE – Tribunal Superior Eleitoral. Recurso Especial n. 11.228/Bannach-PA. Relator: Ministro Luiz Fux. **Diário da Justiça Eletrônico**, Brasília, DF, 4 out. 2016b.

TSE – Tribunal Superior Eleitoral. Recurso Especial n. 11.939. Relatora: Ministra Luciana Lóssio. **Diário da Justiça Eletrônico**, Brasília, DF, 4 ago. 2014c.

TSE – Tribunal Superior Eleitoral. Recurso Especial n. 19.274/Campo Novo-RS. Relator: Ministro Walter Ramos da Costa Porto. **Diário da Justiça Eletrônico**, Brasília, DF, 25 maio 2001b.

TSE – Tribunal Superior Eleitoral. Recurso Especial n. 19.433. Relator: Ministro Fernando Neves. **Diário da Justiça Eletrônico**, Brasília, DF, 23 ago. 2002a.

TSE – Tribunal Superior Eleitoral. Recurso Especial n. 171.502. Decisão Monocrática de 27 ago. 2015. Relator: Ministro Henrique Neves da Silva. **Diário da Justiça Eletrônico**, Brasília, DF, 31 ago. 2015a.

TSE – Tribunal Superior Eleitoral. Recurso Especial n. 186.819/ Toledo-PR. Relator: Ministro Henrique Neves da Silva. **Diário da Justiça Eletrônico**, Brasília, DF, 5 nov. 2015b.

TSE – Tribunal Superior Eleitoral. Recurso Especial n. 2.939. Relator: Ministro Arnaldo Versiani. **Revista de Jurisprudência do Tribunal Superior Eleitoral**, v. 24, n. 1, p. 298, 6 nov. 2012c.

TSE – Tribunal Superior Eleitoral. Recurso Especial n. 5.650. Relatora: Ministra Luciana Lóssio. **Diário da Justiça Eletrônico**, Brasília, DF, 22 set. 2016c.

TSE – Tribunal Superior Eleitoral. Recurso Especial n. 21.992. Relator: Ministro Gomes de Barros. **Diário da Justiça Eletrônico**, Brasília, DF, 1º abr. 2005b.

TSE – Tribunal Superior Eleitoral. Recurso Especial n. 24.564. Relator: Ministro Gilmar Mendes. **Diário da Justiça Eletrônico**, Brasília, DF, 1 out. 2004a.

TSE – Tribunal Superior Eleitoral. Recurso Especial n. 25.015. Relator: Ministro Gomes de Barros. **Diário da Justiça Eletrônico**, Brasília, DF, 30 set. 2005c.

TSE – Tribunal Superior Eleitoral. Recurso Especial n. 29.769. Relator: Ministro Marcelo Ribeiro. **Diário da Justiça Eletrônico**, Brasília, DF, 11 dez. 2008e.

TSE – Tribunal Superior Eleitoral. Recurso Especial n. 29.803, Decisão Monocrática de 28 abr. 2011. Relator: Ministro Marco Aurélio Mendes de Farias Mello. **Diário da Justiça Eletrônico**, Brasília, DF, 11 mai. 2011d.

TSE – Tribunal Superior Eleitoral. Recurso Especial n. 32.067. Decisão Monocrática de 10 set. 2015. Relator: Ministro Antonio Herman de Vasconcellos e Benjamin. **Diário da Justiça Eletrônico**, Brasília, DF, 23 set. 2015c.

TSE – Tribunal Superior Eleitoral. Recurso Especial n. 43.736. Relatora: Ministra Cármen Lúcia. **Diário da Justiça Eletrônico**, Brasília, DF, 13 jun. 2011e.

TSE – Tribunal Superior Eleitoral. Recurso Especial n. 720/ Balneário Rincão-SC. Relatora: Ministra Laurita Vaz. **Diário da Justiça Eletrônico**, Brasília, DF, 1º ago. 2013c.

TSE – Tribunal Superior Eleitoral. Recurso Extraordinário n. 629.516/SC. Relator: Ministro Ricardo Lewandowski. **Diário da Justiça Eletrônico**, Brasília, DF, 12 maio 2011f.

TSE – Tribunal Superior Eleitoral. Recurso Ordinário n. 181.952. Decisão Monocrática. Relator: Ministro Henrique Neves da Silva. **Diário da Justiça Eletrônico**, Brasília, DF, 3 out. 2014d.

TSE – Tribunal Superior Eleitoral. Recurso Ordinário n. 97.150. Relatora: Ministra Maria Thereza de Assis Moura. **Diário da Justiça Eletrônico**, Brasília, DF, 2 out. 2014e.

TSE – Tribunal Superior Eleitoral. Representação n. 1.406. Relator: Ministro Joelson Dias. **Diário da Justiça Eletrônico**, Brasília, DF, 10 maio 2010e.

TSE – Tribunal Superior Eleitoral. Resolução n. 18.504. Relator(a) Min. Sepúlveda Pertence. **Diário da Justiça**, 16 fev. 1992.

TSE – Tribunal Superior Eleitoral. Resolução n. 20.505, de 16 de novembro de 1999. **Diário da Justiça**, 30 nov. 1999. Disponível em: <http://www.tse.jus.br/legislacao-tse/res/1999/RES205051999.htm>. Acesso em: 12 fev. 2020.

TSE – Tribunal Superior Eleitoral. Resolução n. 20.958, de 18 de dezembro de 2001. **Diário da Justiça**, Brasília, DF, 26 fev. 2002b. Disponível em: <http://www.tse.jus.br/legislacao/codigo-eleitoral/normas-editadas-pelo-tse/resolucao-nb0-20.958-de-18-de-dezembro-de-2001-brasilia-2013-df>. Acesso em: 29 fev. 2020.

TSE – Tribunal Superior Eleitoral. Resolução n. 21.009, de 5 de março de 2002. **Diário de Justiça**, 15 mar. 2002c. Disponível em: <http://www.tse.jus.br/legislacao/codigo-eleitoral/normas-editadas-pelo-tse/resolucao-nb0-21.009-de-5-de-marco-de-2002-brasilia-2013-df>. Acesso em: 12 fev. 2020.

TSE – Tribunal Superior Eleitoral. Resolução n. 21.538, de 14 de outubro de 2003. **Diário da Justiça**, 3 nov. 2003a. Disponível em: <http://www.tse.jus.br/legislacao/codigo-eleitoral/normas-editadas-pelo-tse/resolucao-nb0-21.538-de-14-de-outubro-de-2003-brasilia-2013-df>. Acesso em: 18 mar. 2020.

TSE – Tribunal Superior Eleitoral. Resolução n. 21.726, 27 de abril de 2004. **Diário da Justiça**, 7 maio 2004b. Disponível em: <http://www.tse.jus.br/legislacao-tse/res/2004/RES217262004.htm>. Acesso em: 12 fev. 2020.

TSE – Tribunal Superior Eleitoral. Resolução 21.788, de 1º de julho de 2004. **Diário da Justiça**, 5 jul. 2004c. Disponível em <http://www.tse.jus.br/legislacao-tse/res/2004/PO-RES217872004.pdf>. Acesso em 14 mar. 2020.

TSE – Tribunal Superior Eleitoral. Resolução n. 21.787, de 1º de junho de 2004. **Diário da Justiça**, 5 jul. 2004d. Disponível em: <http://www.tse.jus.br/legislacao-tse/res/2004/RES217872004.html>. Acesso em: 12 fev. 2020.

TSE – Tribunal Superior Eleitoral. Resolução n. 21.853, 1º de julho de 2004. **Diário da Justiça**, 19 jul. 2004e. Disponível em: <http://www.tse.jus.br/legislacao-tse/res/2004/RES218532004.html>. Acesso em: 12 fev. 2020.

TSE – Tribunal Superior Eleitoral. Resolução n. 22.088, de 20 de setembro de 2005. **Diário da Justiça**, 7 out. 2005d. Disponível em: <http://www.tre-rj.jus.br/site/webtemp/270320141320_arq_081381.pdf>. Acesso em: 12 fev. 2020.

TSE – Tribunal Superior Eleitoral. Resolução n. 22.376, de 17 de agosto de 2006. **Diário da Justiça**, 28 ago. 2006b. Disponível em: <http://www.tse.jus.br/legislacao-tse/res/2006/RES223762006.pdf>. Acesso em: 12 fev. 2020.

TSE – Tribunal Superior Eleitoral. Resolução n. 22.563, 1º de agosto de 2007. Consulta 1.423–DF. Relator ministro José Delgado. **Diário da Justiça**, 1º ago. 2007a. Disponível em: <http://sedesc1-03.inter.apps.tse.jus.br:8080/sjur-pesquisa/pesquisa/actionBRSSearchServers.do?tribunal=TSE&livre=&numeroProcesso=22563>. Acesso em: 14 mar. 2020.

TSE – Tribunal Superior Eleitoral. Resolução n. 22.580, de 30 de agosto de 2007. Relator: ministro Caputo Bastos. **Diário da Justiça**, 30 ago. 2007b. Disponível em: <http://sedesc1-03.inter.apps.tse.jus.br:8080/sjur-pesquisa/pesquisa/actionBRSSearchServers.do?tribunal=TSE&livre=&numeroProcesso=22580>. Acesso em: 14 mar. 2020.

TSE – Tribunal Superior Eleitoral. Resolução n. 22.610, de 25 de outubro de 2007. **Diário da Justiça**, 30 out. 2007c. Disponível em: <http://www.mpsp.mp.br/portal/page/portal/home/banco_imagens/flash/LegislacaoEleitoral2012/resolucao22610.pdf>. Acesso em: 12 fev. 2020.

TSE – Tribunal Superior Eleitoral. Resolução n. 23.086, de 24 de março de 2009. **Diário de Justiça Eletrônico**, 1º set. 2009. Disponível em: <http://www.tse.jus.br/legislacao-tse/res/2009/RES230862009.htm>. Acesso em: 14 mar. 2020.

TSE – Tribunal Superior Eleitoral. Resolução n. 23.251, de 15 de abril de 2010. **Diário da Justiça Eletrônico**, 20 maio 2010f. Disponível em: <http://www.tse.jus.br/legislacao-tse/res/2010/RES232512010.htm>. Acesso em: 12 fev. 2020.

TSE – Tribunal Superior Eleitoral. Resolução n. 23.596, de 20 de agosto de 2019. **Diário da Justiça Eletrônico**, 28 ago. 2019. Disponível em: <http://www.tse.jus.br/legislacao/compilada/res/2019/resolucao-no-23-596-de-20-de-agosto-de-2019>. Acesso em: 14 mar. 2020.

TSE – Tribunal Superior Eleitoral. Súmula n. 20. **Diário da Justiça Eletrônico**, 23 ago. 2000b. Disponível em: <http://www.tse.jus.br/legislacao/codigo-eleitoral/sumulas/sumulas-do-tse/sumula-nb0-20>. Acesso em: 29 fev. 2020.

TSE – Tribunal Superior Eleitoral. Súmula n. 53. **Diário da Justiça Eletrônico**, 28 jun. 2016d. Disponível em: <http://www.tse.jus.br/legislacao/codigo-eleitoral/sumulas/sumulas-do-tse/sumula-tse-no-53>. Acesso em: 29 fev. 2020.

TSE – Tribunal Superior Eleitoral. Súmula n. 67. **Diário da Justiça Eletrônico**, 28 jun. 2016e. Disponível em: <http://www.tse.jus.br/legislacao/codigo-eleitoral/sumulas/sumulas-do-tse/sumula-tse-no-67>. Acesso em: 29 fev. 2020.

VARGAS, T. **Senhor senador, senhor ministro**. Curitiba: Imprensa Oficial do Paraná, 1992.

WAAL, F. de. **Chimpanzee Politics**: Power and Sex Among Apes. Baltimore: Johns Hopkins University Press, 2010.

WARDLE, C.; DERAKHSHAN, H. **Information Disorder**: Toward an Interdisciplinary Framework for Research and Policy Making. Strasbourg: Council of Europe, 2017.

ZILIO, R. L. **Crimes eleitorais**: direito material e processual eleitoral – uma análise objetiva crimes eleitorais em espécie. 3. ed. Salvador: Juspodivm, 2017.

ZILIO, R. L. **Direito eleitoral**. 5. ed. Porto Alegre: Verbo Jurídico, 2016.

ZILIO, R. L.; GONÇALVES, L. C. dos S. **Comentários às súmulas do TSE**. Salvador: Juspodivm, 2017.

ZIMMERMAN, A. **Direito direito nos jornais**: as palavras que aproximam e separam jornalistas de advogados. 2. ed. Curitiba: Juruá, 2011.

Lista de siglas

CC – Código Civil
CGSN – Comitê Gestor do Simples Nacional
CNJ – Conselho Nacional de Justiça
CNPJ – Cadastro Nacional da Pessoa Jurídica
CP – Código Penal
CPC – Código de Processo Civil
CPF – Cadastro de Pessoa Física
CPP – Código de Processo Penal
CRFB – Constituição Da República Federativa Do Brasil
DUDH – Declaração Universal dos Direitos Humanos
FEFC – Fundo Especial de Financiamento de Campanha
GRU – Guia de Recolhimento da União
IBGE – Instituto Brasileiro de Geografia e Estatística
INPC – Índice Nacional de Preços ao Consumidor
OAB – Ordem dos Advogados do Brasil
STF – Supremo Tribunal Federal
STJ – Superior Tribunal de Justiça
TSE – Tribunal Superior Eleitoral
TRE – Tribunal Regional Eleitoral

Respostas

Capítulo 1

Questões para revisão

1. b

    A alternativa "a" está incorreta em razão de a Constituição prever, no art. 16, que: "A lei que alterar o processo eleitoral entrará em vigor na data de sua publicação, não se aplicando à eleição que ocorra até um ano da data de sua vigência" (Brasil, 1988). A alternativa "c" está incorreta porque, conforme a Constituição, no art. 121, a parte segunda do Código Eleitoral está reservada à lei complementar. A alternativa "d" está incorreta porque a Constituição, no art. 22, parágrafo único, prevê que "Lei complementar poderá autorizar os Estados a legislar sobre questões específicas das matérias relacionadas neste artigo". A alternativa "e" está incorreta porque a Constituição, no art. 62, § 1º, prevê que "é vedada a edição de medidas provisórias sobre matéria: I–relativa a: (a) nacionalidade, cidadania, direitos políticos, partidos políticos e direito eleitoral".

2. a

A alternativa "b" está incorreta porque somente as resoluções do Tribunal Superior Eleitoral possuem força de lei ordinária, não alcançado os tribunais regionais, os juízos e as juntas eleitorais. A alternativa "c" está incorreta porque as consultas são restritas às autoridade ou aos órgãos de partido (Brasil, 1965b, art. 23, XI; art. 30, VII). A alternativa "d" está incorreta porque o Tribunal Superior Eleitoral não responde consulta em concreto (Brasil, 1965b, art. 23, XI). A alternativa "e" está incorreta porque a edição das resoluções também está prevista no art. 105 da Lei n. 9.504/1997 (Lei das Eleições).

3. e

A alternativa "a" está incorreta porque o *habeas data* deverá ser impetrado na Justiça comum dos estados e do Distrito Federal, conforme consta no Verbete 368 da Súmula do Superior Tribunal de Justiça (STJ), o qual prevê que "compete à **Justiça Comum estadual** processar e julgar os pedidos de retificação de dados cadastrais da Justiça Eleitoral" (STJ, 2008, grifo nosso). A alternativa "b" está incorreta porque, segundo a jurisprudência, as matérias *interna corporis* dos partidos são dirimidas na Justiça comum dos estados e do Distrito Federal. A alternativa "c" está incorreta porque o *habeas corpus* deverá ser impetrado na Justiça comum dos estados e do Distrito Federal, por se tratar de ato normativo de autoridade estadual em matéria não eleitoral. A alternativa "d" está incorreta porque o trabalho dos cabos eleitorais tem por base o capítulo de prestação de serviços do Código Civil (Lei n. 10.406/2002) e os conflitos decorrentes são dirimidos na Justiça do Trabalho.

4. O Código Eleitoral e a Lei das Eleições concederam ao Tribunal Superior Eleitoral a seguinte competência: "atendendo ao caráter regulamentar e sem restringir direitos ou estabelecer sanções distintas das previstas nesta Lei, poderá expedir todas as instruções necessárias para sua fiel execução" (Brasil, 1997, art. 105). As resoluções do Tribunal Superior Eleitoral, na jurisprudência são dotadas de força de lei complementar, embora este seja divergente na doutrina.

5. O princípio da anterioridade eleitoral está previsto no art. 16 da Constituição, o qual estabelece que: "A lei que alterar o processo eleitoral entrará em vigor na data de sua publicação, não se aplicando à eleição que ocorra até um ano da data de sua vigência" (Brasil, 1988).

Questões para reflexão

A finalidade destas questões é estimular o debate entre os acadêmicos. Por isso, as respostas a seguir são meramente opinativas e servem apenas para dar um primeiro impulso às discussões.

1. Nos cartórios eleitoral, em regra, as intimações e citações pessoais são realizadas por oficiais de justiça *ad hoc* que não possuem a qualificação necessária para serem avaliadores. Assim, os cartórios não possuem estrutura para as execuções fiscais e, para cumprir a lei, têm contado com o apoio de outros órgãos.

2. O Supremo Tribunal Federal declarou todos os dispositivos contidos em emendas constitucionais que afastam o princípio da anterioridade eleitoral por entender que é um direito fundamental de proteção do eleitor e, como cláusula pétrea, não poderá ser afastada.

Rogério Carlos Born

Capítulo 2

Questões para revisão

1. c

   A alternativa "a" está incorreta porque a Constituição prevê, no art. 60, § 4º, que: "Não será objeto de deliberação a proposta de emenda tendente a abolir: [...] II – o voto direto, secreto, universal e periódico" (Brasil, 1988), não vedando a possibilidade da edição de emenda que torne o voto facultativo. A alternativa "b" está incorreta porque o Código Eleitoral, no art. 224, prevê que a nulidade que provoca novas eleições é causada pelo candidato inelegível, e não pelo eleitor. A alternativa "d" está incorreta porque, no voto branco, o eleitor "sabe votar", mas não quer ou não tem candidato, ao passo que no voto nulo o eleitor não sabe votar. A alternativa "e" está incorreta porque o eleitor somente poderá justificar se não estiver em seu município.

2. d

   A alternativa "a" está incorreta porque a Constituição não veda a edição de emenda que torne o voto facultativo, conforme rege o art. 60, § 4º: "Não será objeto de deliberação a proposta de emenda tendente a abolir: [...] II–o voto direto, secreto, universal e periódico" (Brasil, 1988). A alternativa "b" está incorreta porque os analfabetos, embora sejam eleitores facultativos, são inalistáveis e inelegíveis (Brasil, 1988, art. 14, § 4º). A alternativa "c" está incorreta porque a Constituição prevê a facultatividade do alistamento e do voto aos 70 anos de idade (Brasil, 1988, art. 14, II, "b"). A alternativa "e" está incorreta porque os conscritos são inalistáveis a partir da incorporação às Forças Armadas.

3. a

A alternativa "b" está incorreta porque a residência com ânimo definitivo é um conceito de domicílio civil e a definição de *domicílio eleitoral* é prevista em lei especial: o Código Eleitoral. A alternativa "c" está incorreta, haja vista que a transferência do domicílio eleitoral depende da residência mínima de três meses no novo endereço e o interstício de um ano como eleitor no domicílio eleitoral, exceto para servidores públicos transferidos *ex officio*. A alternativa "d" está incorreta porque, embora o domicílio seja por eleição, a elegibilidade somente poderá ser requerida no município escolhido para o exercício do voto. A alternativa "e" está incorreta, uma vez que a lei se contenta com a declaração do domicílio, sob as penas da lei, pelo eleitor e o código de normas de alguns tribunais regionais, que exige a comprovação documental do domicílio.

4. O Código Eleitoral estabelece no art. 55, § 1º, que o domicílio deverá ser comprovado nas transferências por atestado de autoridade policial ou provada por outros meios convincentes. Posteriormente, a Lei n. 6.996/1982, no art. 8º, III, estabeleceu que a residência será declarada, sob as penas da lei, pelo próprio eleitor. Ocorre que alguns tribunais regionais eleitorais ainda exigem a comprovação de endereço.

5. Não. A Constituição brasileira, se houver reciprocidade, equipara os portugueses residentes no Brasil aos brasileiros naturalizados, permitindo o exercício dos direitos políticos pelos portugueses que possuírem o seu domicílio por, no mínimo, três anos.

Rogério Carlos Born

Questões para reflexão

A finalidade destas questões é estimular o debate entre os acadêmicos. Por isso, as respostas a seguir são meramente opinativas e servem apenas para dar um primeiro impulso às discussões.

1. A governabilidade dependerá da habilidade do prefeito eleito em conquistar a confiança da população já nas primeiras medidas de governo e de uma eficiente coalizão com a Câmara Municipal. Isso dependerá do número de vereadores que integram o centro-direita ou a esquerda, conforme a posição ideológica do prefeito. No entanto, é uma questão aberta para debate em grupo.

2. Desde que não haja alguma restrição aos direitos políticos, Pedro possui o direito de votar e, se alfabetizado, de ser votado. A Lei exige apenas que o eleitor declare o endereço sob as penas da lei e, se houver dúvidas, o juiz poderá verificar pessoalmente ou por oficial de justiça a veracidade das informações.

Capítulo 3

Questões para revisão

1. b

    A alternativa "a" está incorreta porque a Tratado de Cooperação e Amizade entre Brasil e Portugal prevê a hipótese de suspensão de eleitor brasileiro que exerce os direitos políticos em Portugal. A alternativa "c" está incorreta, haja vista que o brasileiro que perdeu os direitos políticos não pode reabilitá-lo, mas poderá readquirir novos direitos políticos, como é o caso do descumprimento do serviço militar e a prestação alternativa no ano em que o cidadão completa 45 anos de idade.

A alternativa "d" está incorreta, pois somente são suspensos os direitos políticos daqueles que possuem condenação definitiva. A alternativa "e" está incorreta porque, para a inelegibilidade, basta a condenação por órgão colegiado, independente do trânsito em julgado.

2. c

A alternativa "a" está incorreta porque o candidato inadimplente deverá obter a sua quitação eleitoral antes do registro da candidatura e do prazo final para regularização, se o título estiver cancelado. A alternativa "b" está incorreta, haja vista que o militar poderá se candidatar sem filiação partidária. A alternativa "d" está incorreta, uma vez que os brasileiros natos não poderão concorrer aos cargos eletivos de presidente e vice-presidente da República e, embora possam ser deputados federais ou senadores, não poderão presidir as casas legislativas. A alternativa "e" está incorreta porque o prazo de residência foi reduzido para seis meses.

3. e

A alternativa "a" está incorreta, uma vez que o processo de *impeachment* é presidido pelo presidente do Supremo Tribunal Federal (STF). A alternativa "b" está incorreta porque a inelegibilidade poderá ser afastada também pelo próprio órgão competente para o julgamento. A alternativa "c" está incorreta, haja vista que a inelegibilidade reflexa atinge somente a circunscrição eleitoral do ocupante do cargo público, que, no caso, é somente o Paraná. A alternativa "d" está incorreta, haja vista que, para concorrer ao cargo de prefeito, o governador também é obrigado a renunciar ao cargo.

4. A suspensão dos direitos políticos nas condenações criminais possuem a natureza jurídica de efeito da condenação com

duração coincidente com a pena aplicada, ao passo que nas condenações pela prática de ato de improbidade é a própria pena aplicada proporcionalmente à gravidade do delito na decisão condenatória.

5. No caso do impedimento do então presidente Fernando Collor de Mello, o presidente deposto perdeu o cargo e cumpriu a inabilitação para o exercício de qualquer cargo público por oito anos, sendo eleito posteriormente como senador pelo estado de Alagoas após o cumprimento. Em relação à Dilma Roussef, o Senado fracionou as sanções, entendendo que havia fundamento para a perda do cargo, mas que não havia motivação para inabilitação para o exercício de futuros cargos eletivos, mantendo intacta a sua elegibilidade. A ex-presidente concorreu no pleito imediato ao Senado por Minas Gerais, mas não foi eleita.

Questões para reflexão

A finalidade destas questões é estimular o debate entre os acadêmicos. Por isso, as respostas a seguir são meramente opinativas e servem apenas para dar um primeiro impulso às discussões.

1. A princípio, embora se trate de condição de "elegibilidade", os regimentos internos da câmaras municipais exigem a idade de 21 anos para concorrer à presidência da casa legislativa. Na prática, é incompatível a assunção ao cargo de prefeito, mas a legislação deixou *in albis* a questão.

2. Existem duas leis que prescrevem a aplicação da suspensão e não a perda: a Lei do Serviço Militar e o Código de Processo Penal. Apesar disso, a maioria das sentenças têm prescrito a perda dos direitos políticos.

Capítulo 4

Questões para revisão

1. d

   A alternativa "a" está incorreta porque a vedação se restringe apenas a que a propaganda intrapartidária chegue ao público externo, não impedindo que se noticie a convenção. A alternativa "b" está incorreta porque alcança os bens privados de uso público, como estacionamentos, templos, estádios, escolas etc. A alternativa "c" está incorreta porque a finalidade é afastar a corrupção eleitoral pelo oferecimento do lazer, o que impede que mesmo o artista candidato se apresente no comício. A alternativa "e" está incorreta porque a veiculação da propaganda está disciplinada exclusivamente pela legislação eleitoral.

2. b

   A alternativa "a" está incorreta porque não é possível realizar propaganda eleitoral no sítio da empresa do candidato e é obrigatório informar à Justiça Eleitoral. A alternativa "c" está incorreta, uma vez que não é permitida a repercussão por impulsionamento, inclusive, é crime de "boca de urna" previsto no art. 39, § 5º, IV, da Lei n. 9.504/1997. A alternativa "d" está incorreta porque o direito de crítica é relativo, sendo vinculado à verdade e à proibição do anonimato. A alternativa "e" está incorreta porque cabe o direito de resposta nas redes sociais segundo a jurisprudência

3. e

   A alternativa "a" está incorreta porque a divulgação das enquetes e sondagens de qualquer espécie foi proibida desde a minirreforma de 2015. A alternativa "b" está incorreta, haja vista que as regras dos debates são acordadas em

Rogério Carlos Born

comum acordo entre os partidos e, somente se não se chegar a um consenso, é que se aplicam as regras engessadas da Lei n. 9.504/1997. A alternativa "c" está incorreta, uma vez que, se houverem dois candidatos, o debate é realizado em forma de entrevista. A alternativa "d" está incorreta, uma vez que os debates somente são possíveis a partir da escolha na convenção.

4. No primeiro turno das eleições para os cargos do Poder Executivo e nos pleitos para o Legislativo, apenas 10% serão distribuídos igualitariamente entre todos os partidos que tenham candidato, sendo 90% proporcionalmente rateados de acordo com o número de representantes na Câmara dos Deputados resultante da eleição (Lei n. 9.504/1997, art. 47, I).

5. Bens públicos de uso comum por equiparação são "aqueles a que a população em geral tem acesso, tais como cinemas, clubes, lojas, centros comerciais, templos, ginásios, estádios, ainda que de propriedade privada" (Brasil, 1997, art. 37, § 4º).

Questões para reflexão

A finalidade destas questões é estimular o debate entre os acadêmicos. Por isso, as respostas a seguir são meramente opinativas e servem apenas para dar um primeiro impulso às discussões.

1. Esse fenômeno ocorreu nas últimas eleições americanas e, ao que parece, foi importado pelo Brasil, principalmente por mensagens compartilhadas pelo WhatsApp. Existe a necessidade urgente de regulamentação da propaganda pelas redes sociais.

2. Embora seja uma questão subjetiva, a divulgação de pesquisas pode influenciar as eleições dentro de um contexto. O estatístico Antônio Carlos Almeida (2008), no livro *A cabeça do eleitor*, traz inúmeros experimentos científicos que demonstram que

as pesquisas não influenciam a decisão do eleitor, principalmente, nas eleições ao Senado.

Capítulo 5

Questões para revisão

1. a

   A alternativa "b" está incorreta, pois os advogados são indicados somente pelo Tribunal de Justiça. A alternativa "c" está incorreta porque as juntas eleitorais continuam previstas na Constituição e no Código Eleitoral e sua competência é tutelar a apuração das urnas e a diplomação dos eleitos nas eleições municipais. A alternativa "d" está incorreta, uma vez que os presidentes das mesas estão subordinados exclusivamente ao juiz eleitoral, e não ao chefe de cartório. A alternativa "e" está incorreta porque o Tribunal Superior Eleitoral compor-se-á, no mínimo, de sete membros.

2. c

   A alternativa "a" está incorreta, pois os recursos contra expedição do diploma são dirigidos diretamente aos tribunais eleitorais. A alternativa "b" está incorreta, uma vez que se aplica subsidiariamente às disposições gerais do Código de Processo Civil. A alternativa "d" está incorreta, haja vista que o prazo geral eleitoral é de três dias. A alternativa "e" está incorreta porque os tribunais eleitorais são órgãos consultivos de autoridades e partidos políticos de lei em tese.

3. d

   A alternativa "a" está incorreta, porque os advogados que integram o quinto constitucional podem advogar em outros juízos que não integrem a Justiça Eleitoral. A alternativa "b" está incorreta, haja vista que todas as ações penais na Justiça Eleitoral são públicas incondicionadas ou privadas subsidiárias da pública. A alternativa "c" está incorreta, uma vez que é possível a prisão decorrente de flagrante delito ou com sentença penal condenatória. A alternativa "e" está incorreta, pois os delitos eleitorais de menor potencial ofensivo são julgados pela Justiça Eleitoral com o rito da Lei n. 9.099/1995.

4. Os crimes políticos, segundo o Supremo Tribunal Federal (STF), são exclusivamente os tipificados na Lei de Segurança Nacional, o que não abrange os crimes eleitorais, que são classificados como comuns. A competência para o processo e o julgamento dos crimes políticos é da vara da Justiça Federal com recurso ordinário direto para o STF, com supressão legal de instância do Tribunal Regional Federal.

5. As juntas eleitorais são órgãos de primeiro grau nas eleições municipais e são formadas por dois a quatro cidadãos idôneos. Sua competência é a apuração e, da junta mais antiga do município, a diplomação dos prefeitos e vereadores eleitos.

Questões para reflexão

A finalidade destas questões é estimular o debate entre os acadêmicos. Por isso, as respostas a seguir são meramente opinativas e servem apenas para dar um primeiro impulso às discussões.

1. A fixação da competência dos juízes auxiliares, em tese, seria inconstitucional. Porém, toda norma que não sofre o controle de constitucionalidade é presumidamente constitucional e deverá ser aplicada. Não há reclamações quanto à competência dos juízes auxiliares, uma vez que é extremamente dinâmica e agiliza os julgamentos dos tribunais eleitorais.

2. A legitimidade para atuação em juízo dos eleitores adolescentes não tem uma conclusão, pois nunca houve o ajuizamento de ações nesse sentido. Nelson Nery Júnior e Rosa Nery (2001) defendem a legitimação desses eleitores

Capítulo 6

Questões para revisão

1. e

   A alternativa "a" está incorreta, pois os partidos são pessoas jurídicas de direito privado. A alternativa "b" está incorreta, haja vista que os partidos têm imunidade tributária. A alternativa "c" está incorreta, uma vez que os partidos deverão prever no estatuto um órgão julgador antes da infração partidária. A alternativa "d" está incorreta porque a ação de perda do mandato eletivo não é matéria *interna corporis*.

2. b

   A alternativa "a" está incorreta, porque as pessoas jurídicas são proibidas de doar para campanhas. A alternativa "c" está incorreta, pois a rejeição das contas, por si só, não gera a inelegibilidade. A alternativa "d" está incorreta, uma vez que os desistentes também são obrigados a prestação de contas de campanha. A alternativa "e" está incorreta, haja vista que é permitida a doação de pessoas físicas fazendo um financiamento misto de campanha.

3. a

   A alternativa "b" está incorreta, uma vez que a idade mínima é aferida na posse, exceto para candidato a vereador. A alternativa "c" está incorreta, haja vista que o mínimo de 30% é para ambos os sexos. A alternativa "d" está incorreta, pois o número

Rogério Carlos Born

máximo é de setenta deputados por estado. A alternativa "e" está incorreta, pois não é necessária uma nova convenção nas eleições proporcionais.

4. No Distrito Federal e nos estados com até doze deputados federais, basta multiplicar por três o número de deputados federais. Por exemplo, no Distrito Federal, multiplica-se o número de oito deputados federais por três, extraindo-se vinte e quatro deputados distritais; ao passo que na Paraíba se multiplica dez deputados federais por três, alcançando-se o número de trinta deputados estaduais. Nessas unidades da federação, cada partido poderá registrar até 200% das respectivas vagas de candidatos a deputado federal, estadual ou distrital (Lei n. 9.504/1997, art. 10, II).

5. Os partidos possuem personalidade jurídica e judiciária, e as coligações, somente a judiciária. Os partidos são pessoas jurídicas de direito privado e, portanto, possuem legitimidade ativa e passiva para atuar em juízo. As coligações são apenas acordos entre partidos que se auxiliam mutuamente para somar o voto dos eleitores fiéis e aumentar o horário eleitoral no rádio e na televisão. Não são entes despersonalizados, mas que podem atuar em juízo, afastando, inclusive, a legitimação dos partidos associados, exceto para discutir a formação da própria coligação.

Questões para reflexão

A finalidade destas questões é estimular o debate entre os acadêmicos. Por isso, as respostas a seguir são meramente opinativas e servem apenas para dar um primeiro impulso às discussões.

1. Nesse caso, as doações não tiveram o potencial de alterar o equilíbrio dos pleitos e não houve abuso do poder econômico.
2. Para aferição dessa candidatura, a análise depende do ponto de vista do julgador quanto à aplicação de princípios constitucionais e à intenção do legislador.

Sobre o autor

Rogério Carlos Born é doutorando e mestre em Direito Constitucional na área de concentração em direitos fundamentais e democracia; cientista político e bacharel em Direito; bacharelando em Jornalismo e Relações Internacionais; especialista em Direito Eleitoral e Processual Eleitoral, Direito Militar, Direito Público e Maçonologia: história e filosofia; e pós-graduando em Metodologia do Ensino Superior.

Professor de graduação em Direito e Ciências Contábeis, no Centro Universitário UniDomBosco, e de Ciência Política, Relações Internacionais e Gestão Pública e Segurança, no Centro Universitário Internacional (Uninter). É também professor de capacitação e aperfeiçoamento em Direito Eleitoral e Partidário da UniPública – Escola de Gestão Pública. Coordenador dos cursos de pós-graduação em Direito Eleitoral e Partidário da UniDomBosco e do MBA em Direito Eleitoral Municipal da UniPública. Editor-chefe da Paraná Eleitoral, revista brasileira de direito eleitoral e ciência política da Escola Judiciária Eleitoral do Paraná. Membro da Academia Brasileira de Direito Eleitoral (Abradep); membro consultor da Comissão de Direito Internacional da Ordem dos Advogados do Brasil – OAB-Seccional do Paraná (2013-2018); membro do Conselho Editorial da Revista *Populus*, editada pelo Tribunal Regional Eleitoral da Bahia (TRE-BA);

membro da cadeira 3 – Patrono Dom Pedro Filipak, da Academia de Letras, Artes e Ciências do Centro-Sul do Paraná; membro de bancas de concursos para ingresso na magistratura.

Autor das obras: *Ação rescisória no direito eleitoral no novo Código de Processo Civil* (7ª edição); *Direito eleitoral internacional e comunitário* (3ª edição); *Direito eleitoral militar* (2ª edição); *Objeção de consciência e as restrições aos direitos políticos fundamentais; Sentença no direito penal militar: teoria e prática; Assédio sexual nas relações de trabalho; Direito eleitoral para concursos; Direito penal militar para concursos; Direito processual penal militar para concursos; Valores políticos, cívicos e culturais; Panorama do direito eleitoral e partidário* e *Panorama do direito militar e humanitário* (no prelo).

Coautor da obra *Tratado de direito eleitoral*, que reúne as maiores autoridades da matéria no Brasil, a convite dos organizadores, o ministro Luiz Fux e os advogados Luiz Fernando Casagrande Pereira e Walber de Moura Agra. Autor da *Cartilha do eleitor brasileiro no exterior*, editada pela Comissão de Direito Internacional da OAB-Seccional do Paraná. Autor das *Cartilhas de Orientação Política–Eleições 2012 a 2020*, em coautoria com o Bispo Dom Mário Spaki e o Professor Doutor Zaqueu Luiz Bobato, editada pela Conferência Nacional dos Bispos do Brasil (CNBB).

Ainda como acadêmico, foi agraciado com o Prêmio Arnaldo Süssekind, pelo primeiro lugar no Concurso Nacional de Monografias Jurídicas promovido pela *Revista Consulex*, de Brasília. Em 2019, recebeu Prêmio Dom Bosco Professor Criativo, outorgado pela UniDomBosco e, em 2003, a "Moção" de Reconhecimento Público da Faculdade de Direito de Curitiba (UniCuritiba).

Assessor de Comunicação da Associação Musical Mafrense – Banda Padre José Maurício. Idealizador e coordenador do Programa "Universidade Eleitoral do Paraná", da Escola Judiciária Eleitoral do Paraná, que engloba o Grupo de Pesquisas em Direito Eleitoral e Ciência Política e o Encontro Acadêmico da Justiça Eleitoral. Idealizador e coordenador do Programa "Sábado do Saber® – Ciclo de Palestras e Debates Acadêmicos" e do Ambiente de Pesquisas "Leitores & Eleitores®", desenvolvidos na UniDomBosco.

www.rogerioborn.com.br
Facebook, Instagram e Youtube: rogeriocarlosborn
Correio eletrônico: rcborn@uol.com.br

Rogério Carlos Born

Impressão:
Maio/2020